U0607352

千古奇文枕边书

李楠/编著

中国文史出版社

图书在版编目（CIP）数据

千古奇文枕边书 / 李楠编著. —北京 : 中国文史出版社, 2022.11
ISBN 978-7-5205-4038-4

Ⅰ. ①千… Ⅱ. ①李… Ⅲ. ①中华文化－文集 Ⅳ. ①K203-53

中国国家版本馆 CIP 数据核字(2023)第 050998 号

责任编辑：戴小璇　詹红旗

出版发行：中国文史出版社
社　　址：北京市海淀区西八里庄 69 号院　　邮编：100142
电　　话：010- 81136606　　81136602　81136603(发行部)
传　　真：010-81136655
印　　装：廊坊市海涛印刷有限公司
经　　销：全国新华书店
开　　本：990 毫米×1230 毫米　　1/16
印　　张：18
字　　数：268 千字
版　　次：2023 年 6 月北京第 1 版
印　　次：2026 年 1 月第 2 次印刷
定　　价：56.00 元

出版说明

中华民族生生不息，华夏文明源远流长。无数先贤圣哲、千古奇才，呕心沥血，穷究数载，挥动如椽大笔，写就诸多经典之作。优美华章，可谓汗牛充栋，无疑是一座巨大的精神宝库。其中诸多“奇文”，或为处世之至理，或为劝世之良言，或为雄辩之机锋，或为谐趣之妙语，其状物之精、明理之深、辞藻之工，常常令人拍案叫绝，实为传统文化之佳酿。虽跨越漫漫历史长河，如今读来，仍是沁人心脾，回味无穷。

本书立足于“奇”“妙”二字。所收文章，有的构思独特，天马行空；有的文字绝美，妙笔生花；有的雄辩滔滔，条分缕析；有的幽默有趣，诙谐机智；有的慷慨激昂，振聋发聩；有的感人至深，催人泪下……所选文体，诗词歌赋、散文小品、时政策论、书檄箴铭，包罗并蓄，不一而足。

综观全书六十四文，并不唯猎奇为上，其内容积极健康，赏心悦目，广闻博览；更不乏名言警句，深含哲理，发心启智。读者信手一翻，不无裨益；枕边闲览，受益无穷。

目录

第一章　先秦奇文

第二章　秦汉奇文

第三章　三国两晋南北朝奇文

第四章　隋唐五代奇文

第五章　宋元奇文

第六章　明清奇文

先秦奇文

- 击壤歌
- 尧戒
- 采薇歌
- 关雎
- 湘夫人
- 易水歌

击壤歌①

——歌谣之祖，天下太和

经典原文

日出而作②，日入而息③；
凿井而饮，耕田而食。
帝力于我何有哉④！

字词注解

① 击壤：古代的一种游戏。先将一壤置于地，然后在三四十步远处，以另一壤击之，中者为胜。壤，古代的一种儿童玩具，以木做成，前宽后窄，长一尺多，形如鞋。

② 作：起床，指开始劳动。

③ 日入：指太阳落山。息：休息。

④ 帝力：尧帝的力量。何有：有什么（影响）。

奇文共赏

《击壤歌》是一首远古先民咏赞美好生活的歌谣。它通过口语化的表述方式，描绘出了一幅生动的田园风景画面。

这首歌谣的前四句概括描述了当时人们最原始的生产方式和生活方式。

前两句“日出而作，日入而息”，用极其简朴的语言描述了远古人们的生存状况——劳动：太阳出来就起来干活，太阳下山了就休息睡觉。生活虽然简单，却也无忧无虑。

后两句“凿井而饮，耕田而食”，描述的是远古人们的生存状况的另一方面——吃和喝：自己凿井饮水，自己种地收获粮食。人们自力更生，自劳自足。

当时人们生活虽然劳累辛苦，但自由自在，不受约束。在此基础上，歌谣的最后一句点明题旨：这种自然顺生的生存方式和自由自在的生活，又何须外力的干涉和帝王的管理指导呢？这样安闲自乐的生活，给个帝王也不愿意换。这句诗反映了远古农民旷达的处世态度，反映了当时人们对自然古朴的生产生活方式的自豪和满足，反映了农民对自我力量的充分肯定，也隐隐反映了人们对权力的大胆蔑视。

这首歌谣描述了远古时代人们的生存状况，表现了原始社会中人们朴素唯物主义的思想感情，从中可以看到老子所描述的“甘其食，美其服，安其居，乐其俗”的生活状态。

整首歌谣风格极为质朴，没有任何渲染和雕饰，艺术形象鲜明生动。全歌用语纯净，不染尘灰，意境高远，文字流畅，展现出农耕时代上古先民的幸福生活场景，诠释了一种原始的自由安闲和自给自足的简单快乐。歌者无忧无虑的生活状态以及怡然自得的神情，都表现得十分自然真切。

作者简介

《击壤歌》当为中国歌谣之祖，无具体作者，大约流传于距今4000多年前的原始社会时期。

传说在尧帝的时代，“天下太和，百姓无事”，老百姓过着安定舒适的日子。人们在耕作之余，一边悠闲地做着“击壤”的游戏，一边唱着这首歌。

尧戒

——唐尧作戒，第一铭文

经典原文

唐尧作戒[①]自警曰：

颤颤栗栗，日谨[②]一日。

人莫踬[③]于山，而踬于垤[④]。

字词注解

① 戒：警戒，相当于座右铭。

② 谨：谨慎。

③ 踬：被东西绊倒；事情不顺利，受挫折。

④ 垤：小土堆。

奇文共赏

相关史料称，《尧戒》是中华民族有史以来的第一条座右铭。

传说尧自被封于陶开始，就以此为戒。他鄙弃当时部落酋长中存在的骄奢淫逸、欺压奴隶的不良作风，小心谨慎地处理各种事务，赢得了人们的爱戴。

前两句“颤颤栗栗，日谨一日”，是尧表明自己为君的思想品质、人品性格、立身之本和工作态度，是全戒的主题。“颤颤栗栗”是讲为国之君首先要明白自己责任重大，身在其位要如履薄冰，不可辜负君之重任、民之厚望，对臣民要毕恭毕敬，自己甘做臣民的奴仆，真诚表明了自己对待人民群众的态度。“日谨一日”是尧表明自己表里如一、言行一致、始终如一的坚定的工作态度。帝尧在位70年，治陶、治唐，管理天下，政绩卓著，有口皆碑。在年老传位时，他经多方考察，最终把权力禅让给在百姓中威信很高的舜，而没有交给只知游山玩水、吃喝玩乐的不肖儿子丹朱，从而造就了历史上“尧天舜日”的黄金时代。

后两句“人莫踬于山，而踬于垤”，意思是说：人一般不会被大山绊倒，而往往会被小土堆绊倒。这是尧帝的思想方法和治国方略。要治理好一方水土，管理好臣民，就要谨慎处理好任何一件小事，不要等其积成大祸后才引起重视，到那时候已经晚了

全文短小精悍，言精意切，内涵博大，对后人来说，无论是治国理政，还是工作处世，均可以此为戒。

作者简介

尧（约公元前2447—公元前2307年），姓伊祁，名放勋，古唐国（今山西临汾尧都区，古称河东地区）人。中国上古时期部落联盟首领，“五帝”之一。

尧为帝喾之子，母为陈锋氏。13岁封于陶（山东菏泽市定陶区），15岁辅佐兄长帝挚，改封于唐地，号为陶唐氏。20岁，尧代挚为天子，定都平阳。尧立70年后得舜，20年后，禅位于舜。尧禅位28年后死去，葬于谷林（山东省菏泽市鄄城县境内）。

采薇歌

——以暴易暴，不知其非

经典原文

登彼西山[①]兮，采其薇[②]矣。
以暴易暴兮，不知其非矣。
神农虞夏[③]忽焉没兮，我适安[④]归矣?
于嗟徂兮[⑤]，命之衰矣!

字词注解

①西山：指首阳山，位于甘肃省定西市渭源县莲峰镇张家滩村和古迹坪村交汇处。

②薇：俗称“野豌豆”，多年生草本植物，结荚果，中有种子，可食；嫩茎和叶可做蔬菜。

③神农：炎帝，中国上古时期姜姓部落的首领尊称。虞：指虞舜王朝，夏、商、周三代之前的一个新兴王朝。夏：中国史书记载的第一个朝代夏朝。

④适：往，去。安：哪里。

⑤于嗟：叹息声。于，通“吁”。徂：往。一说借为“殂”，死去的意思。

奇文共赏

《采薇歌》最早见于《史记·伯夷列传》。

书中说，伯夷、叔齐在逃离孤竹国之后，先后都去投靠了西伯侯姬昌（即后来的周文王）。姬昌去世不久，其子姬发（即后来的周武王）起兵讨伐商朝的末代君主纣。

《史记·伯夷列传》载："伯夷、叔齐叩马而谏曰：'父死不葬，爰及干戈，可谓孝乎？以臣弑君，可谓仁乎？'左右欲戮之。太公曰：'此义人也。'扶而去之。武王已平殷乱，天下宗周，而伯夷、叔齐耻之，义不食周粟，隐于首阳山，采薇而食之。及饿且死，作歌……遂饿死于首阳山。"

可见，伯夷、叔齐兄弟俩是以家庭内部倡"孝"、庙堂之上倡"仁"来反对武王伐纣的。而在周朝建国后，二人宁可饿死，也不愿为周朝出力。

在历史上，伯夷、叔齐被认为是"舍生取义"的典型，备受后人称赞：孔子说他们"求仁而得仁"，是"古之贤人"（《论语·述而》）；韩愈更作有《伯夷颂》，专文加以颂扬。

《采薇歌》即是伯夷、叔齐"义不食周粟"，饿死之前的绝命辞。

歌词前两句直述登上首阳山的高处采薇充饥，字句平浅，感情也似乎平淡，其中却包含有决不与周王朝合作这一鲜明的态度。所说的虽是采薇这一件实事，但也不妨看作是一纸"耻食周粟"的宣言。三、四句说明不合作的原因，认为武王伐纣是"以暴易暴"，而非以仁义王天下，是不可取的，批评武王没有认识到这个错误。这是表明自己政治上的立场与态度，不赞成"以暴易暴"。下面几句是感叹自己生不逢时，天下之大，却找不到一个安身立命之

处，内心充满了失落感。唐人司马贞在串讲末二句时分析说："言己今日饿死，亦是运命衰薄，不遇大道之时，至幽忧而饿死。"

全诗情理交融，在"以暴易暴"的议论中渗透着鄙弃暴力的强烈感情，在"我安适归"与"命之衰矣"的感慨中隐含有同周王朝势难两立的情感流露。作品用语简洁，结构上转折自然，首尾呼应，一气呵成。

可以说，《采薇歌》是一首袒露心迹、毫不矫饰的抒情诗，也是一首爱憎分明、议论风发的政治诗。

作者简介

伯夷、叔齐，是商朝末年孤竹国国君墨胑初的长子和幼子。邢昺疏引《春秋少阳篇》："伯夷姓墨，名允，字公信。伯，长也；夷，谥。叔齐名智，字公达。伯夷之弟，齐亦谥也。"

孤竹君生前打算让位给叔齐。在他去世后，叔齐要让位给伯夷，伯夷不受逃去；叔齐也不肯继位而逃去，王位便由中子继承。周武王伐纣，二人叩马谏阻。武王灭商后，他们耻食周粟，采薇而食，饿死于首阳山。

伯夷、叔齐独行其志，耻食周粟，饿死首阳山以后，在当时与后世都产生了广泛的影响。许多名人，包括著名思想家、政治家、史学家、艺术家、文人学者、帝王将相，纷纷以各种形式歌颂与褒扬伯夷、叔齐。

伯夷、叔齐的行为契合了后世儒家的价值观。儒家认为，人生价值不在于你能获得什么功名利禄，而在于你对社会做出了什么贡献，在后世对你的评价中来体现人生价值，这就是所谓的留名千古。所以孟子强调说："伯夷叔齐……奋乎百世之上，百世之下，闻者莫不兴起也，非圣贤而能若是乎！"

当然，从二人的思想认知与行为来看，其违背历史发展潮流的观点与自杀殉道的做法都是不足取的。

关雎

——桃之夭夭，灼灼其华

经典原文

关关雎鸠[①]，在河之洲[②]。窈窕淑女[③]，君子好逑[④]。
参差荇菜[⑤]，左右流之[⑥]。窈窕淑女，寤寐[⑦]求之。
求之不得，寤寐思服[⑧]。悠哉悠哉，辗转反侧。
参差荇菜，左右采之。窈窕淑女，琴瑟友之[⑨]。
参差荇菜，左右芼[⑩]之。窈窕淑女，钟鼓乐之[⑪]。

字词注解

① 关关：象声词，形容雌雄二鸟相互应和的叫声。雎鸠：一种水鸟名，即鱼鹰。

② 洲：水中的陆地。

③ 窈窕：本意是指心灵仪表兼美的女子，现引申为身材体态美好的样子。窈，深邃，喻女子心灵美。窕，幽美，喻女子仪表美。淑：美好，善良。

④ 好逑：好的配偶。逑，匹配。

⑤ 参差：长短不齐的样子。荇菜：水草类植物。圆叶细茎，根生水底，叶浮在水面，可供食用。

⑥ 左右流之：时而向左、时而向右地择取荇菜。这里是以努力求取荇

菜，隐喻君子努力追求淑女。流：义同“求”，这里指摘取。

⑦ 寤寐：醒和睡。指日夜。

⑧ 思服：思念。服，想。

⑨ 琴瑟友之：弹琴鼓瑟来亲近她。友，此处用作动词，有亲近之意。

⑩ 芼：择取，挑选。

⑪ 钟鼓乐之：用钟鼓奏乐来使她快乐。乐，使动用法，使……快乐。

奇文共赏

《关雎》为先秦时代华夏族民歌，出自《诗经·国风·周南》，是《诗经》中的第一篇诗歌，也是《诗经》中最著名的一首。

此诗内容很单纯，描写了君子对淑女的爱慕之情以及追求不得的苦恼与哀愁。此诗古时被认为是歌颂“后妃之德”的，但后人一般视为周秦时期爱情诗的典范。

这首诗的主要表现手法是“比”和“兴”，这两种手法都是《诗经》中常用的文学表达方式。“比”就是比喻，“兴”是先说一件事以引起所要说的事。

此诗在艺术上巧妙地采用了“兴”的表现手法：首章以雎鸟相向合鸣，相依相恋，兴起淑女陪伴君子的联想；以下各章，又以采荇菜这一行为兴起主人公对女子疯狂地相思与追求。

全诗语言优美，善于运用双声、叠韵和重叠词，增强了诗歌的音韵美和写人状物、拟声传情的生动性。

《诗经·国风》中的很多歌谣，都是既具有一般的抒情意味、娱乐功能，又兼有礼仪上的实用性。只是有些诗原来派什么用处后人不清楚了，就仅当作普通的歌曲来看待。

孔子对《关雎》有着很高的评价，认为其“乐而不淫，哀而不伤”。而这正是儒家所肯定的一种艺术风格，所以孔子在选编《诗经》时将其放在《诗经》的第一篇。孔子从中看到了一种具有广泛意义的中和之美，借以提倡他所尊奉的自我克制、重视道德修养的人生态度；《毛诗序》则把它推许为可以“风天下而正夫妇”的道德教材。这两者视角虽有些不同，但在根本上仍有一致之处。

作者简介

本文是《诗经》中的第一篇诗歌。《诗经》是我国最早的一部诗歌总集，是我国古代诗歌的开端，相传由孔子编定。《诗经》收集了公元前11世纪至前6世纪的古代诗歌305首；除此之外还有6篇有题目、无内容，即有目无辞，称为“笙诗六篇”（南陔、白华、华黍、由康、崇伍、由仪），反映了西周初期到春秋中叶约500年间的社会面貌。《诗经》对后代诗歌发展有深远的影响，成为中国古典文学现实主义传统的源头。

《诗经》按“风”“雅”“颂”三类编辑。“风”是周代各地的歌谣；“雅”是周人的正声雅乐，又分《小雅》和《大雅》；“颂”是周王庭和贵族宗庙祭祀的乐歌，又分为《周颂》《鲁颂》和《商颂》。

《国风》是《诗经》的一部分，大抵是周初至春秋间各诸侯国华夏族民间诗歌，是《诗经》中的精华，是华夏民族文艺宝库中璀璨的明珠。《周南》是《诗经·国风》中的部分作品。周朝时期采集的诗篇，因在周王都城的南面而得名；同时“南”又是方位之称，在周代习惯将江汉流域的一些小国统称之“南国”或“南土”“南邦”等，所以诗的编辑者便将采自江汉流域许多小国的歌词，连同受“南音”影响的周、召一些地方采来的歌词，命名为“周南”，以与其他十四国风在编排的形式上整齐划一。

《周南》包括十一篇诗歌：关雎、葛覃、卷耳、樛木、螽斯、桃夭、兔罝、芣苡、汉广、汝坟和麟之趾。

湘夫人

——沅茝澧兰，思未敢言

经典原文

帝子[①]降兮北渚，目眇眇兮愁予[②]。
袅袅兮秋风，洞庭波兮木叶下。
登白薠兮骋望[③]，与佳期兮夕张[④]。
鸟何萃[⑤]兮蘋中，罾[⑥]何为兮木上？
沅有茝兮澧有兰[⑦]，思公子[⑧]兮未敢言。
荒忽[⑨]兮远望，观流水兮潺湲。
麋何食兮庭中，蛟何为兮水裔[⑩]？
朝驰余马兮江皋[⑪]，夕济兮西澨[⑫]。
闻佳人兮召予，将腾驾兮偕逝[⑬]。
筑室兮水中，葺之兮荷盖[⑭]。
荪壁兮紫坛[⑮]，播芳椒[⑯]兮成堂。
桂栋兮兰橑[⑰]，辛夷楣兮药房[⑱]。
罔薜荔兮为帷[⑲]，擗蕙櫋[⑳]兮既张。
白玉兮为镇[㉑]，疏石兰[㉒]兮为芳。
芷葺兮荷屋，缭之兮杜衡[㉓]。
合百草兮实庭[㉔]，建芳馨兮庑门[㉕]。

九嶷缤[26]兮并迎，灵之来兮如云。
捐[27]余袂兮江中，遗余褋兮澧浦[28]。
搴汀洲兮杜若[29]，将以遗兮远者[30]。
时不可兮骤得[31]，聊逍遥兮容与[32]！

字词注解

①帝子：指湘夫人。舜妃为帝尧之女，故称帝子。

②眇眇：望而不见的样子。眇，古同“渺”，远，高。愁予：使我忧愁。

③白蘋：一种近水生的秋草。骋望：放眼远望；驰骋游览。

④佳：佳人，指湘夫人。期：期约。张：陈设。

⑤萃：聚集。

⑥罾：捕鱼的网。

⑦沅：即沅水，在今湖南省。茝：即白芷，一种香草。澧：即澧水，在今湖南省，流入洞庭湖。

⑧公子：指湘夫人。古代贵族称公族，贵族子女不分性别，都可称“公子”。

⑨荒忽：模糊不清的样子。

⑩水裔：水边。

⑪皋：水边高地。

⑫济：到达。澨：水边。

⑬腾驾：驾着马车奔腾飞驰。偕逝：同往。

⑭葺：编草盖房子。盖：指屋顶。

⑮荪壁：用荪草装饰墙壁。荪，香草名。紫：紫贝。坛：中庭。

⑯椒：花椒，多用以除虫去味。

⑰栋：屋栋，屋脊柱。橑：屋椽。

⑱辛夷：又名木兰、紫玉兰、木笔、望春，木名，初春开花。楣：门上横梁。药：白芷。

⑲罔：通“网”，此处有编织之意。薜荔：香草名，缘木而生。帷：帷帐。

⑳ 擗：掰开。蕙：香草名。櫋：隔扇。一作“槾”，指屋檐板。

㉑ 镇：镇压坐席之物。

㉒ 疏：分疏，分陈。石兰：香草名。

㉓ 缭：缠绕。杜衡：香草名。

㉔ 合：合聚。百草：指众芳草。实：充实。

㉕ 馨：散布很远的香气。庑门：堂下周围的走廊的门。庑，堂下周围的走廊、廊屋。

㉖ 九嶷：山名，传说中舜的葬地，在湘水南。这里指九嶷山神。缤：盛多的样子。

㉗ 捐：舍弃，抛弃。

㉘ 褋：单衣；没有里子的内衣。《方言》载：禅衣，江淮南楚之间谓之“褋”。禅衣即女子内衣，是湘夫人送给湘君的信物。浦：水边。

㉙ 搴：采摘。汀洲：水中小洲。汀，水中或水边的平地。杜若：香草名。

㉚ 远者：指湘夫人。

㉛ 骤得：屡次实现。寓意为长在。

㉜ 逍遥：优游自得。容与：悠闲的样子。

奇文共赏

《湘夫人》是战国时期楚国诗人屈原的诗作，出自《楚辞·九歌》。“九歌”，原为传说中的一种远古歌曲的名称，屈原据民间祭神乐歌改作或加工而成，共十一篇。

《湘夫人》是祭湘水女神的诗歌。此诗题虽为“湘夫人”，但诗中的主人公却是湘君。这首诗的主题主要是描写相恋者的生死契阔、会合无缘，终以候人不来为线索，在怅惘中向对方表示深长的怨望，但彼此之间的爱情则是始终不渝的。

此诗以湘君思念湘夫人的语调去写，描绘出那种驰神遥望、祈之不来、盼而不见的惆怅心情。凄静渺茫的意境、缠绵悱恻的情感、执着热烈的追求、忧伤哀怨的氛围，所有这一切互相交织，构成《湘夫人》的独特魅力。

《湘夫人》是《湘君》的姊妹篇。《湘君》是祭祀湘君的歌辞，以湘夫人的语气写出，写她久盼湘君不来而产生的思念和怨伤之情。

湘君为湘水之神，与湘水女性之神湘夫人是配偶神；一说湘君即巡视南方时死于苍梧的舜，湘君和湘夫人就是以舜与二妃（娥皇、女英）的传说为原型的。这样一来，神的形象不仅更为丰富生动，也更能与现实生活中的人在情感上靠近，富有人情味。

这两篇作品一写女子的爱慕，一写男子的相思，所取角度不同，所抒情意却同样缠绵悱恻；加之作品对民间情歌直白的抒情方式的吸取和对传统比兴手法的运用，更加强了它们的艺术感染力。

在屈原根据楚地民间祭神曲创作的《九歌》中，《湘君》和《湘夫人》是两首最富生活情趣和浪漫色彩的作品，对后世的文学创作产生了很大的影响。

作者简介

屈原（约公元前340—公元前278年），芈姓，屈氏，名平，字原；又自云名正则，字灵均。丹阳秭归（今湖北宜昌）人。战国时期楚国诗人、政治家。

屈原少年时受过良好的教育，

博闻强识，志向远大。屈原早年受楚怀王信任，任左徒、三闾大夫，兼管内政外交大事。他提倡“美政”，主张对内举贤任能，修明法度，对外力主联齐抗秦。后因遭贵族排挤诽谤，先后被流放至汉北和沅湘流域。楚国郢都被秦军攻破后，自沉于汨罗江，以身殉国。

屈原是中国历史上一位伟大的爱国诗人，中国浪漫主义文学的奠基人，“楚辞”的创立者和代表作家，开辟了“香草美人”的传统，被誉为“楚辞之祖”。

屈原作品的出现，标志着中国诗歌进入了一个由大雅歌唱到浪漫独创的新时代。其传世作品保存在刘向辑集的《楚辞》中，主要有《离骚》《九歌》《九章》《天问》等。

以屈原作品为主体的《楚辞》是中国浪漫主义文学的源头之一，对后世诗歌产生了深远影响，成为中国文学史上的璀璨明珠，“逸响伟辞，卓绝一世”。

“路漫漫其修远兮，吾将上下而求索”，屈原的“求索”精神，也成为后世仁人志士所信奉和追求的一种高尚精神。

屈原作为一个伟大的爱国者、爱国诗人，他那深厚执着的爱国热情，在政治斗争中坚持理想、追求真理、宁死不屈和对现实大胆批判的精神，均为后世所景仰。

易水歌

——白虹贯日，风萧水寒

经典原文

风萧萧[①]兮易水[②]寒，壮士[③]一去兮不复还。

探虎穴兮入蛟宫，仰天呼气兮成白虹[④]。

字词注解

① 萧萧：形容风声。

② 易水：水名，源出河北省易县，是当时燕国的南界。

③ 壮士：在这里指荆轲。

④ 白虹：日月周围的白色晕圈。源于古代有个成语叫“白虹贯日”，指白色的长虹穿过太阳，形容异常的现象。古人以为这种变异的天象，是人间君主遇害或英雄精诚感天的征兆。

奇文共赏

《易水歌》，一作《渡易水歌》，是战国时期的刺客荆轲将为燕太子丹去秦国刺杀秦王前在易水饯别之际所作的一首楚辞，是一曲身赴虎穴、自知不能生还的壮士的慷慨悲歌。

战国后期，秦国发动了兼并六国的战争，自公元前230年始，相继攻韩、克赵、击魏、破楚，弱小的燕国危在旦夕。秦王政二十年（公元前227年），失去故国的荆轲（卫国早已被兼并），正在燕国做太子丹的门客。为阻止秦国的进攻，燕太子丹请荆轲谋刺秦王嬴政。为报国仇，亦为了答谢太子丹的知遇之恩，荆轲慨然应允，准备以秦叛将樊於期的首级和献燕督亢地图为由，接近秦王而刺之。出发时，燕太子丹同众宾客送荆轲至易水河畔。荆轲的好友高渐离击筑（一种形状似筝的古代乐器），荆轲高声吟唱出这首短歌。

短歌仅两句：第一句通过描写秋风萧瑟、易水寒冽，极述天地愁惨之状，渲染了苍凉悲壮的肃杀气氛，透露出歌者激越澎湃的感情；第二句表现主人公大义凛然、义无反顾、抱定必死决心深入虎穴的献身精神。

全辞语言简洁直白，情景交融，是中国古代诗歌中的一曲绝唱。

这首辞语言十分平易、简练，借景抒情，情景交融，通过对风声萧萧、易水寒凉的外界景物的渲染烘托，表现了荆轲去刺杀秦王时的悲壮情怀和不完成任务誓不回还的坚定意志。

对荆轲的行为，自古以来评价不一。有人说荆轲是舍生取义的壮士，有人说他是微不足道的“亡命徒”，还有人说他是中国古代的“恐怖分子”。

这些我们暂时不去讨论，仅从歌辞本身而言，这首不假修饰、质朴无华的歌辞，“写出天地愁惨之状，极壮士赴死如归之情”（《岁寒堂诗话》）。正是因为荆轲情动于中而行于言表，才使之具有了感秋风、动易水、惊天地、泣鬼神的慷慨激越的情怀，呈现出回肠荡气的巨大魅力。

作者简介

荆轲（？—公元前227年），姜姓，庆氏（古时“荆”音似“庆”）故也称庆卿、荆卿、庆轲，是春秋时期齐国大夫庆封的后代。战国末期卫国朝歌（今河南鹤壁淇县）人。战国时期著名刺客。

荆轲好读书，擅击剑，为人慷慨侠义。卫国灭亡后，他游历到燕国，随之由田光推荐给太子丹。秦国灭赵后，兵锋直指燕国南界，太子丹震惧，决定派荆轲入秦行刺秦王。

荆轲受托刺杀秦王，与秦舞阳入秦后，秦王在咸阳宫隆重召见了他们。荆轲在交验樊於期头颅、献督亢（今河北涿州、易县、固安一带）之地图时，图穷匕首现，奋刺秦王。可惜刺秦王不中，被秦王拔剑击成重伤后，荆轲终为秦侍卫所杀。

荆轲之举，素为后人所敬重，多有赞誉。唐代诗人王昌龄《杂兴》诗云：

握中铜匕首，粉锉楚山铁。
义士频报雠，杀人不曾缺。
可悲燕丹事，终被狼虎灭。
一举无两全，荆轲遂为血。
诚知匹夫勇，何取万人杰。
无道吞诸侯，坐见九州裂。

贾岛《易水怀古》诗云：

荆卿重虚死，节烈书前史。
我叹方寸心，谁论一时事。
至今易水桥，寒风兮萧萧。
易水流得尽，荆卿名不消。

秦汉奇文

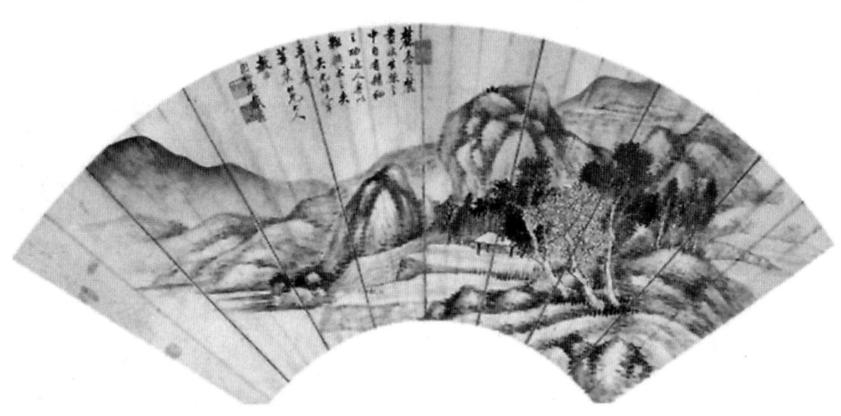

- 谏逐客书
- 上邪
- 凤求凰
- 佳人曲
- 座右铭
- 逐贫赋
- 五更哀怨曲
- 四愁诗

谏逐客书

——地无四方，民无异国

经典原文

臣闻吏议逐客，窃以为过矣[①]。昔穆公[②]求士，西取由余于戎[③]，东得百里奚于宛[④]，迎蹇叔[⑤]于宋，来丕豹、公孙支[⑥]于晋。此五子者，不产[⑦]于秦，而穆公用之，并国二十[⑧]，遂霸西戎。孝公用商鞅之法[⑨]，移风易俗，民以殷盛，国以富强，百姓乐用，诸侯亲服，获楚、魏之师，举地千里，至今治强。惠王用张仪之计[⑩]，拔三川之地[⑪]，西并巴蜀[⑫]，北收上郡[⑬]，南取汉中[⑭]，包九夷[⑮]，制鄢郢[⑯]，东据成皋[⑰]之险，割膏腴之壤，遂散六国之从[⑱]，使之西面事秦，功施[⑲]到今。昭王得范雎[⑳]，废穰侯[㉑]，逐华阳[㉒]，强公室，杜私门，蚕食诸侯，使秦成帝业。此四君者，皆以客之功。由此观之，客何负于秦哉！向使四君却客而不内[㉓]，疏士而不用，是使国无富利之实，而秦无强大之名也。

今陛下致昆山[㉔]之玉，有随和之宝[㉕]，垂明月之珠[㉖]，服太阿之剑[㉗]，乘纤离之马[㉘]，建翠凤之旗[㉙]，树灵鼍之鼓[㉚]。此数宝者，秦不生一焉，而陛下说[㉛]之，何也？必秦国之所生然后可，则是夜光之璧，不饰朝廷；犀象之器[㉜]，不为玩好；郑、卫之女，不充后宫，而骏良駃騠不实外厩[㉝]，江南[㉞]金锡不为用，西蜀丹青不为采[㉟]。所以饰后宫，充下陈[㊱]，娱心意，说耳目者，必出于秦然后可，则是宛[㊲]珠之簪，傅玑之珥[㊳]，阿缟[㊴]之衣，锦绣之饰不进于前；而随俗雅化[40]，佳冶[41]窈窕，赵女[42]不立于侧也。夫击瓮叩缶弹筝搏髀[43]，而歌呼呜呜快耳者，真秦之声也；郑卫桑间、韶虞、武象[44]者，异国之乐也。今弃击瓮叩缶而就郑卫，退弹筝而取韶虞，若是者何也？快意当前，适观而已矣。今取人则不然。不问可否，不论曲直，非秦者去，为客者逐。然则是所重者在乎色乐珠玉，而所轻者在乎人民也。此非所以跨海内、制诸侯之术也。

臣闻地广者粟多，国大者人众，兵强则士勇。是以太山[45]不让土壤，故能成其大；河海不择细流，故能就其深；王者不却众庶，故能明其德。是以地无四方，民无异国，四时充美，鬼神降福，此五帝三王之所以无敌也。今乃弃黔首[46]以资敌国，却宾客以业[47]诸侯，使天下之士退而不敢西向，裹足不入秦，此所谓"藉寇兵而赍盗粮"[48]者也。

夫物不产于秦，可宝者多；士不产于秦，而愿忠者众。今逐客以资敌国，损民以益雠[49]，内自虚而外树怨于诸侯，求国无危，不可得也。

字词注解

① 窃：谦词，指自己或私下。过：错误。

② 穆公：即秦穆公，春秋时期秦国第九位国君（公元前 659—公元前 621 年在位），"春秋五霸"之一。

③ 由余：春秋时期晋国人，姬姓，名由余，字怀忠，是周武王之子唐叔虞的十五世孙。由余因晋国内乱（曲沃武公伐晋）而流亡到戎地，戎王命他使秦。秦穆公知由余有才能，遂用计拜其为上卿。由余为穆公出谋划策，帮助秦国攻伐西戎，并国十二，开地千里，称霸西戎。戎：古代中原人多称西方少数部族为戎。此指秦国西北部的西戎。

④ 百里奚（约公元前 725—公元前 621 年）：姜姓，百里氏，名奚，字子明，号五羖大夫。春秋时期著名政治家、思想家。虞国（今山西平陆北）人，原为虞国大夫。晋灭虞后被俘，后作为秦穆公夫人的陪嫁媵人之一送往秦国。其后逃亡到宛邑，被楚人所执。秦穆公用五张黑公羊皮赎出，封为上大夫。主持秦国国政期间，百里奚"谋无不当，举必有功"，辅佐秦穆公倡导文明教化，实行"重施于民"的政策，内修国政，外图霸业，

开地千里，称霸西戎，统一西北地区，促进了秦国的崛起。宛：楚国邑名，在今河南南阳。

⑤ 蹇叔：（约公元前690年—公元前610年），子姓，蹇氏，宋国铚邑（今安徽省淮北市濉溪县临涣镇）人。春秋时著名的政治家和军事家。蹇叔是百里奚的好友，经百里奚推荐，秦穆公把他从宋国请来，委任为上大夫。

⑥ 来：一说为“求”字之误。丕豹：晋国大夫丕郑之子。丕郑被晋惠公杀死后，丕豹投奔秦国，秦穆公任为大夫。公孙支：或作“公孙枝”，字子桑，秦人，曾游晋，后返秦任大夫。

⑦ 产：生，出生。

⑧ 并：吞并。二十：当是约数。

⑨ 孝公（公元前381—公元前338年）：即秦孝公，名渠梁，秦献公之子。商鞅（约公元前390—公元前338年）：亦称公孙鞅，姬姓，公孙氏，名鞅，卫国人。战国时期政治家、改革家、思想家、军事家，法家代表人物。初为魏相公叔痤家臣，公叔痤死后入秦，受到秦孝公重用，任左庶长、大良造，因功封于商（今陕西商州东南）十五邑，号称商君。

⑩ 惠王（公元前356—公元前311年）：即秦文惠王，名驷，秦孝公之子。张仪（？—公元前309年）：魏国安邑（今山西万荣县王显乡张仪村）人。秦惠王时数次任秦相，鼓吹“连横”，游说各国诸侯事奉秦国，辅佐秦惠文君称王，封武信君。

⑪ 三川之地：指黄河、雒水、伊水三川之地，在今河南西北部黄河以

南的洛水、伊水流域。韩宣王在此设三川郡。公元前 308 年秦武王派兵攻取三川大县宜阳（今河南宜阳县西）。公元前 249 年秦灭东周，取得韩三川全郡，重设三川郡。

⑫ 巴：国名。周武王灭商后被封为子国，称巴子国，在今四川东部、湖北西部一带。战国中期建都于巴（今重庆奉节）。公元前 316 年秦惠王派张仪、司马错等领兵攻灭巴国，在其地设置巴郡。蜀：国名。周武王时曾参加灭商的盟会，有今四川中部偏西地区。战国中期建都于成都（今属四川）。公元前316年秦惠文王派张仪、司马错等领兵灭蜀，在其地设置蜀郡。

⑬ 上郡：郡名。原为魏地，在今陕西榆林。

⑭ 汉中：郡名，在今陕西汉中。楚怀王时置，辖境有陕西东南和湖北西北的汉水流域。

⑮ 包：吞并。九夷：此指楚国境内西北部的少数部族，在今陕西、湖北、四川三省交界地区。

⑯ 鄢：楚国别都，在今湖北宜城市东南。春秋时楚惠王曾都于此。郢：楚国都城，在今湖北江陵市西北纪南城。

⑰ 成皋：邑名，在今河南荥阳市汜水镇，地势险要，是著名的军事重地。春秋时属郑国，称虎牢。

⑱ 六国之从：六国合纵的同盟。六国，指韩、魏、燕、赵、齐、楚六国。从，通“纵”。

⑲ 施：蔓延，延续。

⑳ 昭王（公元前 325—公元前 251 年）：即秦昭襄王，秦惠王之子，秦武王异母弟。范雎：一作“范且”，亦称范叔。因封于应（今河南宝丰县西南），亦称应侯。魏国芮城（今山西省芮城县）人。战国时期著名政治家、纵横家、军事谋略家、战略家、外交家。入秦后改名张禄，受到秦昭王信任，为秦相。对内力主废除外戚专权，对外采取远交近攻策略，成为秦国历史上继往开来的一代名相。

㉑ 穰侯：即魏冉，楚人后裔，秦昭王母宣太后之异父弟。秦武王去世，拥立秦昭王，任将军，多次为相。因受封于穰（今河南邓州），故称穰侯。

㉒ 华阳：即华阳君芈戎，楚昭王母宣太后之同父弟。曾任将军等职，

与魏冉同掌国政。先受封于华阳（今河南新郑市北），故称华阳君；后封于新城（今河南密县东南），故又称新城君。

㉓ 向使：假使，倘若。内：同“纳”，接纳。

㉔ 致：求得，收罗。昆山：即昆仑山。

㉕ 随和之宝：“随侯珠”和“和氏璧”，即传说中春秋时随侯所得的夜明珠和楚人卞和得来的美玉。

㉖ 明月之珠：宝珠名。

㉗ 太阿之剑：亦称“泰阿”，宝剑名，相传为春秋著名工匠欧冶子、干将所铸。

㉘ 纤离之马：骏马名。

㉙ 翠凤之旗：用翠凤羽毛作为装饰的旗帜。

㉚ 灵鼍之鼓：用灵鼍皮制成的鼓。鼍：亦称扬子鳄，俗称猪婆龙，皮可蒙鼓。

㉛ 说：通“悦”，喜悦，喜爱。

㉜ 犀象之器：指用犀牛角和象牙制成的器具。

㉝ 駃騠：骏马名。外厩：宫外的马圈。

㉞ 江南：长江以南地区。此指长江以南的楚地，素以出产金、锡著名。

㉟ 西蜀丹青：蜀地素以出产丹青矿石出名。丹，丹砂，可以制成红色颜料。青，靛青，可以制成青黑色颜料。采：彩色，彩绘。

㊱ 充下陈：此泛指将财物、美女充实府库后宫。下陈，殿堂下陈放礼器、傧从侍立的地方。

㊲ 宛：地名，今河南南阳。一说为动词，缠绕。

㊳ 傅：附着，镶嵌。玑：不圆的珠子。此泛指珠子。珥：耳饰。

㊴ 阿：细缯，一种轻细的丝织物。一说指地名，指齐国东阿（今属山东）。缟：未经染色的绢。

㊵ 随俗雅化：随合时俗而雅致不凡。

㊶ 佳冶：美丽妖冶。

㊷ 赵女：古人多以燕、赵为出美女之地。

㊸ 瓮、缶：秦人将瓮、缶作为打击乐器。瓮，陶制的容器，古人用来打水。

缶，一种口小腹大的陶器。搏髀：拍打大腿，以此掌握音乐唱歌的节奏。搏，击打，拍打。髀，大腿。

㊹郑：指郑国故地的音乐。卫：指卫国故地的音乐。桑间：桑间为卫国濮水边上地名，在今河南濮阳县南，有男女聚会唱歌的风俗。此指桑间的音乐，即“桑间濮上之音”。昭：歌颂虞舜的舞乐。虞：应作“护”，为歌颂商汤的舞乐。武：歌颂周武王的舞乐。象：歌颂周文王的舞乐。

㊺太山：即泰山。太，通“泰”。

㊻黔首：泛指百姓。无爵平民不能服冠，只能以黑巾裹头，故称黔首。秦始皇统一六国后正式称百姓为黔首。《史记·秦始皇本纪》载：二十六年，“更名民曰黔首”。资：资助，供给。

㊼业：从业，从事，侍奉。

㊽藉：借。赍盗：送给寇盗。

㊾损民以益雠：减少本国的人口而增加敌国的人力。益，增益，增多。雠，通“仇”，仇敌。

奇文共赏

《谏逐客书》是秦朝大臣、文学家李斯写给秦王嬴政的一篇奏议。

据司马迁《史记·李斯列传》记载，韩国派水工郑国游说秦王嬴政，倡言凿渠溉田，企图耗费秦国人力而使之不能攻韩，以实施“疲秦计划”。这一计策不久被秦人识破，秦王嬴政听信宗室大臣的进言，认为来秦的客卿都想游间于秦，就下令驱逐客卿。李斯也在被驱逐之列，他在被逐的路途上惶恐不安地写下了这篇《谏逐客书》。

李斯本是楚国人，从荀子求学，学成后入秦。他先是做了吕不韦的舍人，获得吕不韦赏识；后被推荐到秦王宫廷做郎官，逐渐得到秦王政的信赖。秦国逐客这一年，李斯来秦国已大约十年，但由吕不韦府进入秦王宫廷还不久。对李斯而言，他的人生的上升通道此时刚刚打开。可是突然间，仅仅由于他的楚国人的出身，这一切就要成为泡影，他十年的奋斗成果就要被归零，他岂能甘心？他必须说服秦王政收回“逐客令”，于是就有了这篇传之后世的《谏逐客书》。

此文首先叙述秦国自秦穆公以来皆以客致强的历史，说明秦国若无客助则未必强大的道理；然后列举各种女乐珠玉虽非秦地所产却被喜爱的事实作比，说明秦王不应重物而轻人。文章立意高远，始终围绕“大一统”的目标，从秦王统一天下的高度立论，正反论证，利害并举，说明用客卿强国的重要性。

《谏逐客书》一文，开古代散文辞赋化的风气之先，对后来汉代的散文和辞赋产生了一定的影响。李斯虽为羁旅之臣，然其抗言陈词，有一种不可抑制的气势，成为后世奏疏的楷模。

南朝宋刘勰《文心雕龙·论说》云：“李斯之止逐客，并顺情入机，动言中务，虽批逆鳞，而功成计合，此上书之善说也。”

明末清初金圣叹《天下才子必读书》云：“自首至尾，落落只写大意，初并无意为文。看他起便一直径起，住便一直径住，转便径转，接便径接。后来文人无数笔法，对此一毫俱用不着，然正是后来无数笔法之祖也。”

清代余诚《重订古文释义新编》云：“意最真实，笔最曲折，语最委婉，而段落承接，词调字句，更无不各具其妙。千古有数之文，不可以人而废之也。”

这篇文章最能打动秦王政的地方，在于李斯选择了正确的论说策略。李斯开门见山就指出了“逐客令”是错误的，而之所以错误，是因为它和秦国统一天下的大业相悖。全文反复论证的就是这个道理：用客能使秦国强大，乃至统一天下；逐客则与此相悖，甚至会使秦国衰亡。全文很有战国纵横家游说辞的特色，极尽夸张铺陈之能事，气势充盈，而列举的事例都是经过精心选择的。最终，李斯实现了他上书的目的：秦王政读了此文后，“乃除逐客之令，复李斯官”。

《谏逐客书》不只是一篇好文章，而且是一个好策略，反映了李斯的卓越识见，体现了他顺应历史潮流的进步政治主张和用人方略。全文理足词胜，雄辩滔滔，最终打动了秦王嬴政。其社会、历史价值远远不止于改变“逐客”，也使秦国逐步走上了强大之路，为秦王朝的统一天下奠定了策略基础。

作者简介

李斯（约公元前280—公元前208年），战国末楚国上蔡（今河南省驻马店市上蔡县）人。秦朝著名政治家、文学家和书法家。

李斯年轻时曾为郡小吏，后从荀况学帝王之术，战国末年入秦，初为吕不韦舍人，后被秦王政任为客卿。他为秦并六国谋划，建议先攻取韩国，再逐一消灭各诸侯国，最终完成统一大业。

秦统一六国后，李斯任丞相，参与制定秦朝的法律并完善了秦朝的制度；主张实行郡县制、废除分封制；又主张焚烧民间收藏的《诗》《书》及百家之语，禁止私学，以加强专制主义中央集权的统治；提出并且主持了文字、车轨、货币、度量衡的统一。李斯实行郡县制等政治主张，奠定了中国两千多年政治制度的基本格局。

秦始皇死后，李斯与赵高合谋立少子胡亥为帝，后为赵高所忌，诬为谋反，被腰斩于咸阳市，夷三族。

上邪

——局奇笔横，短章神品

经典原文

上邪[①]！我欲与君相知[②]，长命无绝衰[③]。
山无陵[④]，江水为竭；
冬雷震震，夏雨雪[⑤]；
天地合，乃敢与君绝！

字词注解

① 上邪：汉时俗语，犹言“天啊”，意思是指天为誓。

② 相知：相亲相爱。

③ 命：古与“令”字通，使。绝衰：衰减、断绝。

④ 陵：大土山。

⑤ 雨雪：降雪。

奇文共赏

《上邪》是一首民间情歌，是一首感情强烈、气势奔放的爱情诗，是一首女主人公忠贞爱情的自誓之词。

诗中，女子为了表达她对情人忠贞不渝的感情，指天发誓，指地为证，要永远和情人相亲相爱。诗中以“山无陵，江水为竭，冬雷震震，夏雨雪，天地合”五件不可能发生的事情来表明自己生死不渝的爱情，充满了磐石般坚定的信念和火焰般炽热的激情。

全诗想象丰富，构思奇特，诗短情长，撼人心魄，直抒胸臆，堪称“短章之神品”（明胡应麟《诗薮》）。

清人张玉谷在《古诗赏析·卷五》中评价此诗时说：“首三，正说，意言已尽；后五，反面竭力申说。如此，然后敢绝，是终不可绝也。迭用五事，两就地维说，两就天时说，直说到天地混合，一气赶落，不见堆垛，局奇笔横。”

作者简介

《上邪》属于汉代乐府民歌中的郊祀歌，为《铙歌十八曲》之一，收集在宋代郭茂倩的《乐府诗集》的《鼓吹曲辞》里。

汉魏六朝以乐府民歌闻名。“乐府”本是汉武帝设立的音乐机构，用来训练乐工、制定乐谱和采集歌词，其中采集了大量民歌。后来，“乐府”成为一种带有音乐性的诗体名称。今保存的汉乐府民歌有五六十首，真实地反映了古代下层人民的苦难生活。

《鼓吹曲辞》，又称为短箫铙歌，有人认为是“杂曲”的异称，其中一部分是一种军营中行用的乐曲。它使用一些由北方羌胡等少数民族传入的乐器演奏，富有塞外音乐的特点。有的采用民间闾里的歌谣，另有一些是文人的制作，内容较为庞杂，主要流行于汉至唐代。

崔豹《古今注》曰：“短箫铙歌，军乐也。黄帝使岐伯作，所以建武扬威德、风劝战士也。《周礼》所谓王大捷，则令凯乐。汉乐有《黄门鼓吹》，天子所以宴乐群臣也。《短箫铙歌》，鼓吹之一章尔，亦以锡有功诸侯。”

据《古今乐录》记载：“汉鼓吹铙歌十八曲，一曰《朱鹭》，二曰《思悲翁》，三曰《艾如张》，四曰《上之回》，五曰《拥离》，六曰《战城南》，七曰《巫山高》，八曰《上陵》，九曰《将进酒》，十曰《君马黄》，十一曰《芳树》，十二曰《有所思》，十三曰《雉子斑》，十四曰《圣人出》，十五曰《上邪》，十六曰《临高台》，十七曰《远如期》，十八曰《石留》。”

凤求凰

——凤飞翱翔，四海求凰

经典原文

其一

有一美人兮，见之不忘。一日不见兮，思之如狂。
凤飞翱翔兮，四海求凰。无奈佳人兮，不在东墙[①]。
将琴代语兮，聊写衷肠。何时见许[②]兮，慰我彷徨。
愿言配德[③]兮，携手相将[④]。不得于飞[⑤]兮，使我沦亡。

其二

凤兮凤兮归故乡，遨游四海求其凰。
时未遇兮无所将，何悟今兮升[⑥]斯堂！
有艳淑女在闺房，室迩人遐[⑦]毒我肠。
何缘交颈为鸳鸯，胡颉颃[⑧]兮共翱翔！
凰兮凰兮从我栖，得托孳尾永为妃[⑨]。
交情通意心和谐，中夜[⑩]相从知者谁？
双翼俱起翻高飞，无感我思使余悲。

字词注解

① 东墙：指美丽多情的女子。战国时期，楚国著名诗人宋玉的东面邻

居家有一个长得非常美丽的女儿，她爱慕宋玉的才能，每天登上墙头窥视宋玉。整整三年时间，宋玉却没有看出她的心思而与她交往。

② 见许：答应我。

③ 配德：谓德行堪与匹配。

④ 相将：相随，相伴。

⑤ 于飞：指凤和凰相偕而飞。比喻夫妻相亲相爱，亦常用以祝人婚姻美满之辞。

⑥ 升：飞入。

⑦ 室迩人遐：房屋就在近处，可是房屋的主人却离得远了。多用于思念远别的人或悼念死者。迩，近。遐，遥远。

⑧ 颉颃：原指鸟上下翻飞，引申为不相上下，互相抗衡。

⑨ 孳尾：动物交配繁殖，后多指交尾。妃：婚配，配偶。

⑩ 中夜：半夜。

奇文共赏

《凤求凰》传说是汉代的古琴曲，演绎了司马相如与卓文君的爱情故事。

卓文君是四川临邛巨商卓王孙之女，姿色娇美，精通音律，善弹琴，有文名。她出嫁丧夫后，遂返回娘家寡居。

某日，司马相如做客卓家。只因司马相如两曲《凤求凰》多情而又大胆的表白，让久慕司马相如之才的卓文君一听倾心、一见钟情。可是他们之间的爱恋受到了卓父的强烈阻挠，卓文君毅然逃出卓府，与司马相如私奔。二人当垆卖酒为生，生活艰难，但感情日深，最终也得到了父亲的原谅。

这便是流传千古的“凤求凰”的故事。后人根据二人的爱情故事，谱成了经久不衰的琴谱《凤求凰》，千百年来吟唱不衰。

这二首《凤求凰》，表达了司马相如对卓文君的无限倾慕和热烈追求。相如自喻为凤，比文君为凰，不仅向文君求爱，还暗约文君半夜幽会，并一起私奔。

全曲言浅意深，音节流畅明亮，感情热烈奔放而又深挚缠绵，融合了楚辞骚体的旖旎和汉代民歌的清新融为一体，水乳交融。

这两首琴歌之所以使得后人津津乐道，关键在于“凤求凰”表现了强烈的反封建思想。相如与文君大胆冲破了封建礼教的罗网和封建家长制的樊篱，成为后代男女青年争取婚姻自主、恋爱自由的一面旗帜。

下面插一点花絮，算是《凤求凰》的尾声吧。

司马相如娶得美人归之后，经历一番波折，终于在事业上崭露锋芒，被举荐做官。

而卓文君却独守空房，日复一日年复一年地过着寂寞的生活。为此，卓文君写了一首《白头吟》，诗中写道：

皑如山上雪，皎若云间月。闻君有两意，故来相决绝。
今日斗酒会，明旦沟水头。躞蹀御沟上，沟水东西流。
凄凄复凄凄，嫁娶不须啼。愿得一心人，白头不相离。
竹竿何袅袅，鱼尾何簁簁。男儿重意气，何用钱刀为？

此诗表达了她对爱情的执着和向往，以及一个女子独特的坚定和坚韧，也为他们的故事增添了几分美丽的哀伤。

然而，司马相如久居京城，赏尽风尘美女，加上官场得意，忘却了远在千里之外的曾经患难与共、情深意笃的妻子，竟然产生了弃妻纳妾之意。终于某日，司马相如给妻子送出了一封十三字的信：

一二三四五六七　八九十百千万

聪明的卓文君读后，悲痛万分：一行数字中唯独少了一个“亿”，无“亿”岂不是表示夫君对自己“无意”的暗示？她心凉如水，回了一封凄怨的《怨郎诗》与《诀别书》，其爱恨交织之情跃然纸上。

《怨郎诗》曰：

一别之后，二地相悬。虽说是三四月，谁又知五六年。七弦琴无心弹，八行书无可传，九连环从中折断，十里长亭望眼欲穿。百思想，千系念，万般无奈把郎怨。

万语千言说不完，百无聊赖十倚栏。重九登高看孤雁，八月中秋月圆人不圆。七月半，秉烛烧香问苍天，六月伏天人人摇扇我心寒。五月榴花红似火，偏遇阵阵冷雨浇花端。四月枇杷黄，我欲对镜心意乱。三月桃花飘零随水转，二月风筝线儿断。噫，郎呀郎，巴不得下一世，你为女来我做男。

《诀别书》曰：

春华竞芳，五色凌素，琴尚在御，而新声代故！

锦水有鸳，汉宫有水，彼物而新，嗟世之人兮，瞀于淫而不悟！

朱弦断，明镜缺；朝露晞，芳时歇；白头吟，伤离别，努力加餐勿念妾，锦水汤汤，与君长诀！

司马相如看完妻子的信后，不禁惊叹妻子之才华横溢；又遥想昔日夫妻恩爱之情，不禁羞愧万分，从此不再提遗妻纳妾之事。

卓文君用自己的智慧挽回了丈夫的背弃。她用心经营着自己的爱情和婚姻，终于苦尽甘来。他们之间最终没有背弃最初的爱恋和最后的坚守，这也使得他们的故事千转百回，成为流传千古的爱情佳话。

作者简介

司马相如（约公元前179—公元前118年），字长卿，巴郡安汉县（今四川省南充市蓬安县）人，一说蜀郡（今四川成都）人。西汉大辞赋家。

司马相如是中国文学史上杰出的代表，工辞赋，其代表作品为《子虚赋》《长门赋》《大人赋》等。其作品辞藻富丽，结构宏大，使他成为汉赋的代表作家，后人称之为“赋圣”和“辞宗”。明人辑有《司马文园集》。

佳人曲

——绝世佳人，倾国倾城

经典原文

北方有佳人①，绝世②而独立。
一顾倾人城，再顾倾人国③。
宁不知倾城与倾国？佳人难再得！

字词注解

①佳人：即作者李延年的妹妹，后来汉武帝的宠妃李夫人。

②绝世：冠绝当时，举世无双。

③倾城、倾国：原指因女色而亡国，后多形容妇女容貌极美。倾，倾倒，倾覆。

奇文共赏

《佳人曲》，又称《李延年歌》，是汉代宫廷音乐家李延年创作的一首小诗，被郭茂倩《乐府诗集》收入《杂歌谣辞》。

此诗既没有华美的辞藻，也没有细致的描绘，只是以简括甚至单调的语言，赞颂了一位举世无双的绝色美女。全诗大致采用五言体式，出语夸张，情真意切，以简胜繁，以虚生实，透过那夸张的诗句，体现出一种自然、率真的美，又给读者留下了无限的审美空间。

据《汉书·外戚传上》记载：在一次宫廷宴会上，宫廷乐师李延年献舞时唱了这首歌。汉武帝听后不禁感叹道："世间哪有这样的佳人呢？"汉武帝的姐姐平阳公主顺势推荐了李延年的妹妹。汉武帝一见，那位佳人果然国色天香、倾国倾城，不但容貌美丽，而且体态轻盈，舞姿曼妙，精通音律，更是知书达理。于是汉武帝将这位女子纳为妃子，后人称其为李夫人。

在汉武帝宠爱的众多后妃中，最受宠爱且生死难忘的，就要数这位妙丽善舞的李夫人了；而李夫人的得幸，则是靠了她哥哥李延年的这首名动京师的"佳人歌"。这样一首短短的诗歌，能使雄才大略的汉武帝闻之而动心，立时生出一见伊人的向往之情，可见这首诗的确具有超众的魅力。

作者简介

李延年（？—约公元前101年），中山（今河北定县）人。西汉杰出音乐家。出身倡家，父母兄弟姊妹均通音乐，都是以乐舞为职业的艺人。

李延年起初因犯法而受腐刑，负责饲养宫中的狗。后因擅长音律，颇得武帝宠爱。其妹李夫人得宠后，官至协律都尉，后坐罪被杀。

李延年擅长歌舞，善创新声，曾为《汉郊祀歌·十九章》配乐；又仿张骞从西域传入的胡曲《摩诃兜勒》作新声二十八解，用于军中，称"横吹曲"。其诗歌今仅存此《佳人曲》一首。

座右铭

——行之有恒，久自芬芳

经典原文

无道人之短，无说己之长。
施人慎勿念，受施慎勿忘。
世誉不足慕，唯仁为纪纲[①]。
隐心[②]而后动，谤议庸[③]何伤？
无使名过实，守愚圣所臧[④]。
在涅贵不淄[⑤]，暧暧[⑥]内含光。
柔弱生之徒，老氏[⑦]诫刚强。
硁硁鄙夫介[⑧]，悠悠[⑨]故难量。
慎言节饮食，知足胜不祥。
行之苟有恒，久久自芬芳。

字词注解

①纪纲：法度。
②隐心：审度，忖度。
③庸：岂，哪里。
④臧：褒奖。

⑤ 涅：一种矿物，古代用作黑色染料。淄：黑色；变为黑色。

⑥ 暧暧：光线不够明亮的样子。

⑦ 老氏：指老子。

⑧ 硁硁：执着。此处形容浅薄固执。介：坚固。

⑨ 悠悠：忧愁思虑的样子。也用来形容言语荒谬。

奇文共赏

《座右铭》，又称《崔子玉座右铭》，是东汉崔瑗所作的一篇铭文，也是中国历史上有明确记载的第一篇真正意义上的座右铭。

全文短短百字，抒发了作者为人处世的基本态度和基本立场。其中每两句构成一个意思，而且这两句的意思往往又是相反、相对甚至相矛盾的。作者正是通过这种对立、矛盾，突出了主观选择的价值和意义，反映了当时较为普遍的价值观念。

这首《座右铭》后被《昭明文选》选录，成为千古名篇。从此之后，座右铭这一文章体裁被历代文人争相仿效。

所谓“座右铭”，就是写出来放在座位旁边的格言，用以作为自己的行动指南。

座右铭一般是言简意赅，哲理性较强，其内容大体有以下四种：一是笔录经典名言；二是摘抄名作佳句；三是自题；四是朋友赠言。

周代以前的箴铭以黄帝的《金人铭》为最有名。从金人铭载体的形式看，应该是座右铭的源头之一。这个金人放置的地方，是在台阶的右边。这和座右铭的本质一样，实际上金人铭本身就是一个大型的座右铭。

关于座右铭的来源还有这样一则典故：据《荀子·宥坐篇》记载，一次，孔子去鲁桓公庙堂，见一个倾斜易倒的祭器，便问庙祝这是何物，庙祝说是宴饮时用的酒器。孔子猛然醒悟道：“听说此为欹器，腹中无酒时则倾，注酒一半时平稳，酒满则覆，昔日桓公曾将它置于座右，以戒益满。”后来孔子就以欹器提醒自己要谦逊不骄。

“座右铭”一词最早即见于这篇《座右铭》。作者崔瑗年轻时争强好胜，他因哥哥崔璋被仇人所杀，盛怒之下，手持利刀杀掉了仇人只身逃往他乡，吃了不少苦。几年后朝廷大赦，他才回到故乡。后来，他便“作此铭以自戒，尝置座右，故称座右铭也”（《昭明文选》）。他在这篇座右铭中，检点自己鲁莽行事带来的后果，决意以此铭来警诫自己，终于成为长于文辞、尤善草书的一代名家。

自崔瑗开创座右铭之后，不少有识之士纷纷效法，将座右铭当作修身养性的一种方式。

唐太宗善以古为镜，他从历史的经验教训中总结出，要使大唐江山久盛不衰、传之万代，亟须严教子弟。为此，他特令魏徵收集历代帝王子弟成败得失的事例，编为《自古诸侯王善恶录》，分送诸子，叮嘱再三：“此宜置于座右，用为立身之本。”

唐代文学家陈子昂早先是个无所用心的人，“十八未知书”。后来他矢志改过，并作《座右铭》以为规范，从“事君”“事父”“立身”“察狱”等十几个方面，为自己立下了行为准则。

南宋抗金名将吴玠爱读经史，“凡往事可师者，录置座右，积久，墙牖皆格言也”。大概从吴玠始，座右铭已跳出了“座右”的范围。

直到今天，座右铭仍然是人们工作、学习、处事待人不可或缺的重要指导准则。

作者简介

崔瑗（77—142 年），字子玉，涿郡安平（今河北安平）人。东汉著名书法家、文学家、学者。

崔瑗对当时及后世的文学和书法创作影响甚大，留存下来的著作有文集《崔子玉集》六卷，书法理论《草书势》一部。

治学方面，崔瑗曾与著名学者王符等问学或交游，精通天文、历法、易学；后来又学习礼学，可谓“专心好学，虽颠沛必于是”。

崔瑗喜爱结交天下士子，喜欢在家中招待宾客，并且为士子和宾客准备美味佳肴，而自己平常就吃一些蔬菜素食。家中没有什么积蓄，生活比较清贫，当世人们都认为崔瑗十分清廉。

逐贫赋

——扬子逐贫，昌黎送穷

经典原文

扬子遁居[①]，离俗独处。左邻崇山，右接旷野，邻垣[②]乞儿，终贫且窭[③]。礼薄义弊，相与群聚，惆怅失志，呼贫与语："汝在六极[④]，投弃荒遐[⑤]。好为庸卒[⑥]，刑戮相加。匪惟幼稚[⑦]，嬉戏土沙。居非近邻，接屋连家。恩轻毛羽，义薄轻罗。进不由德，退不受呵。久为滞客[⑧]，其意谓何？人皆文绣[⑨]，余褐不完[⑩]；人皆稻粱，我独藜飧[⑪]。贫无宝玩，何以接欢？宗室之燕，为乐不槃[⑫]。徒行负笈[⑬]，出处易衣[⑭]。身服百役，手足胼胝[⑮]。或耘或耔[⑯]，沾体露肌。朋友道绝，进宫凌迟[⑰]。厥咎[⑱]安在？职[⑲]汝为之！舍汝远窜，昆仑之巅；尔复我随，翰飞戾天[⑳]。舍尔登山，岩穴隐藏；尔复我随，陟[㉑]彼高冈。舍尔入海，泛彼柏舟；尔复我随，载[㉒]沉载浮。我行尔动，我静尔休。岂无他人，从我何求？今汝去矣，勿复久留！"

贫曰："唯唯。主人见逐，多言益嗤。心有所怀，愿得尽辞。昔我乃祖，宣其明德。克佐帝尧，誓为典则。土阶茅茨[㉓]，匪雕匪饰。爰及季世[㉔]，纵其昏惑。饕餮之群，贪富苟得。鄙我先人，乃傲乃骄。瑶台琼榭，室屋崇高；流酒为池，积肉为峤[㉕]。是用鹄逝[㉖]，不践其朝。三省吾身，谓予无諐[㉗]。处君之家，福禄如山。忘我大德，思我小怨。堪寒能暑，少而习焉；寒暑不忒[㉘]，等寿神仙。桀跖不顾[㉙]，贪类不干[㉚]。人皆重蔽[㉛]，予独露居；

人皆怵惕，予独无虞！”

言辞既罄[32]，色厉目张，摄齐而兴[33]，降阶下堂：“誓将去汝，适彼首阳[34]。孤竹二子[35]，与我连行。”

余乃避席，辞谢不直：“请不贰过[36]，闻义则服。长与汝居，终无厌极。”贫遂不去，与我游息[37]。

字词注解

①扬子：本文作者自指。遁居：亦作“遯居”，意思为隐居。

②邻垣：墙外，隔壁。垣，矮墙。

③窭：贫寒。

④六极：指上、下、东、南、西、北，指宇内。

⑤投弃：抛弃。荒遐：远方边陲之地。

⑥庸卒：佣工、仆人。

⑦匪惟：非但，不只；不是。幼稚：形容思想不成熟，见识不够开阔。

⑧滞客：困守一隅或久居他乡、不得归返的人；也指久处下位、未得升迁的人。

⑨文绣：刺绣华美的丝织品或衣服。亦指辞藻、文采华丽。

⑩褐：粗布衣服。不完：不周全，破破烂烂。形容生活困苦。

⑪藜飧：以野菜为食。藜，一种野菜。飧，又作“喰”，指晚饭，亦泛指熟食、饭食。

⑫槃：同“盘”，快乐。

⑬徒行：步行。负笈：背着书箱。形容所读书之多；也指游学外地。笈，书箱。

⑭出处易衣：家中穷得仅有一件衣服，谁出门谁换上。

⑮胼胝：老茧。

⑯耔：植物根上的培土。指耕作。

⑰进宫：指入仕。凌迟：衰退。此谓仕途坎坷。

⑱厥：犹“其”。咎：过错，罪责。

⑲职：主要。

⑳ 翰：鸟羽。戾：到达。

㉑ 陟：到达，登上。

㉒ 载沉载浮：在水中又沉又浮。载，语气助词，无实义。

㉓ 茅茨：茅屋。

㉔ 季世：一个历史时代的末段。

㉕ 崤：山名，此借指山。

㉖ 鹄逝：如鸿鹄高飞而去。

㉗ 諐：同“愆”，罪过。

㉘ 忒：更、变。不忒，谓不受影响。

㉙ 桀跖：夏桀和柳下跖的并称。泛指凶恶残暴的人。顾：光顾，此指骚扰。

㉚ 干：干扰，骚扰。

㉛ 重蔽：层层保护。

㉜ 罄：尽。

㉝ 摄齐：撩起衣下摆。齐，古指衣裙下摆。

㉞ 首阳：即首阳山，位于河南洛阳市偃师区邙岭乡，为邙山在偃师境内的最高处。

㉟ 孤竹二子：指孤竹君子伯夷和叔齐，两人不食周粟，饿死首阳山。

㊱ 贰过：重犯同一过失。

㊲ 游息：行止；游玩与休憩。

奇文共赏

《逐贫赋》是汉代辞赋家扬雄晚年的一篇寓言赋，当作于王莽新始建国四年（公元12年），是年扬雄56岁。

此赋通篇用“扬子”和“贫”主客对答的形式，前一部分写主人的怒斥，展现出“外我”的形象；后一部分以“贫”的反驳曲尽其情，寄托“内我”的精神世界。全赋构思奇异，庄谐相生，情节结构完整，人物个性突出，寓意隽永而耐人寻味，对后世产生了深远影响。

扬雄在《逐贫赋》中显示了自己对贫穷的态度。西汉末年，王莽的统治引起社会混乱，这令所有的汉朝人民感到惶恐，不但是平民百姓，就连一些士人也感到了江山末日所带来的恐惧。扬雄虽然写过一些极力赞扬汉朝盛世的赋词，但是他自己并没能因此而大富大贵，也过着穷困潦倒的生活。在不堪忍受的时候，他便将自己的贫困付诸文字，这或许只是一种心理上的慰藉。

这篇《逐贫赋》形式比较独特，极富想象力，其中虽有文人避世的清高，其实却透着一股郁郁不得志的无奈与苍凉。

《逐贫赋》对后世文学产生了很大的影响。南宋著名文学家洪迈在《容斋续笔》卷十五中就指出，唐代韩愈的《送穷文》和柳宗元的《乞巧文》，都显然有扬雄的这篇《逐贫赋》的影子。清人浦铣在《复小斋赋话》中评此赋曰："扬子云《逐贫赋》，昌黎《送穷文》所本也。至宋、明，而《斥穷》《驱憨》《礼贫》之作纷纷矣。"

钱钟书也曾评论道："子云诸赋，吾必以斯为巨擘焉。创题造境，意不犹人。《解嘲》虽佳，谋篇尚步东方朔后尘，无此诙诡。后世祖构稠叠，强颜自慰，借端骂世，韩愈《送穷》、柳宗元《乞巧》、孙樵《逐痁鬼》出乎其类。"

作者简介

扬雄（公元前53—18年），字子云，蜀郡成都（今四川成都）人。"汉赋四大家"之一，西汉官吏、文学家、思想家。一生历经两朝，历官四代。年四十余，始游京师，以文见召。

扬雄一生悉心著述，以辞赋闻名，留有《甘泉》《河东》等赋；在散文方面也有一定的成就。他曾仿《论语》作《法言》，仿《周易》作《太玄》，表述他对社会、政治、哲学等方面的思想，在思想史上有一定价值；另有语言学著作《方言》《训纂篇》等。

五更哀怨曲

——人生有定，无可奈何

经典原文

一更天，最心伤，爹娘爱我如珍宝，在家和乐世难寻。如今样样有，珍珠绮罗新，羊羔美酒[①]享不尽，忆起家园泪满襟。

二更里，细思量，忍抛亲思三千里，爹娘年迈靠何人？宫中无音讯，日夜想昭君，朝思暮想心不定，只望进京见朝廷。

三更里，夜半天，黄昏月夜苦忧煎，帐底孤单不成眠。相思情无已[②]，薄命断姻缘，春夏秋冬人虚度，痴心一片亦堪怜。

四更里，苦难当，凄凄惨惨泪汪汪，妾身命苦人断肠。可恨毛延寿[③]，画笔欺君王，未蒙召幸作凤凰，冷落宫中受凄凉。

五更里，梦难成，深宫内院冷清清，良宵一夜虚抛掷。父母空想女，女亦倍思亲，命里如此可奈何，自叹人生皆有定。

字词注解

① 羊羔美酒：酒名，因酿制材料中有羊肉，故名。也借指味道醇厚的好酒。

② 无已：不能停止。

③ 毛延寿（？—公元前33年）：杜陵（今陕西西安市三兆村南）人。

汉代著名画家，所绘有《美人图》（史书不可考）等画作。据晋葛洪《西京杂记》载，毛延寿是汉元帝时最著名的人物画家，他“为人形，丑好老少，必得其真”。当时还有一批善画人物的画家，如刘白、龚宽、陈敞等，画功都不及毛延寿。

奇文共赏

王昭君的这首《五更哀怨曲》满腔幽怨，抒发了诗人内心的无限感伤。

古代女子对于自身的命运并没有多大的掌控权，但身在民间，最起码也可以享受父母、夫妻天伦之乐；而一旦被选入皇宫，除非被皇帝宠幸，不然只能日复一日地在那繁复的宫墙之后空度余生。

诗人生活在东汉兴盛时期，作为秀女被选入宫中。尽管她年轻貌美、才艺双全，但是因为清高，不肯贿赂画师毛延寿，所以遭到了毛延寿的报复，故意将她画得姿色平庸，令汉元帝看后无心宠幸。结果就造成了王昭君“入宫数岁，不得见御”的状况，大好年华就此在寂寞中度过。

一个秋虫哀鸣的深秋季节，冷雨敲窗，孤灯寒衾最易惹人遐思。王昭君想起西陵峡中的江水，更想起家中亲人团聚的时光，哀愁再一次浮上心头。她取过琵琶边弹边唱，诉说自己的愁绪。

诗人在宫中的日日夜夜，无时无刻不在思念着她远在家乡的父母亲人，还有对未来的迷茫和一丝丝的憧憬。漫漫长夜里每一更天都是无边无际的，从思念家人到现如今身在宫廷，从哀叹命运不公到怨恨画师的奸巧捉弄，从空度良宵到承认世事无常，每个夜晚，王昭君似乎都将自己置于这样矛盾而又无望的思索中不得抽身。

诗人写下这首《五更哀怨曲》，原本是打发在皇宫中的寂寞时光，就像她在结尾的自我纾解所说，“命里如此可奈何，自叹人生皆有定”，自我安慰地认为一切都是命运的安排，或许当时的诗人以为人生就要如此走到完结。

竟宁元年（公元前 33 年）正月，汉朝的属国南匈奴首领呼韩邪单于来长安朝觐天子，以尽藩臣之礼，并自请为婿。元帝遂将宫女昭君赐给了呼韩邪单于，并改元为竟宁。单于上书表示愿意永保塞上边境安定。

王昭君抵达匈奴后，被称为宁胡阏氏。她和呼韩邪单于共同生活了三年，生下一子，取名伊屠智伢师，封为右日逐王。

建始二年（公元前 31 年），呼韩邪单于去世。王昭君向汉廷上书求归，汉成帝敕令“从胡俗”，即依照游牧民族的收继婚制，复嫁呼韩邪单于次子雕陶莫皋（复株累若鞮单于）。两人共同生活 11 年，育有二女。

鸿嘉元年（公元前 20 年），复株累单于去世，呼韩邪单于第三子且糜胥继任为搜谐若鞮单于。一年多后，王昭君病逝。

元帝时，汉强匈奴弱，昭君出塞是元帝实行民族和睦政策的具体表现。王昭君入匈奴后，一直在为匈奴和汉朝的边疆关系做着努力，使得边疆出现了少有的和平和宁静。王昭君最后是抑郁而终，终生没能回到令她魂牵梦萦的中原故土。昭君死后，葬于当地，因为她的墓依山傍水，始终草色青翠，所以被后人称为“青冢”。

宋代王安石《明妃曲》中对此感叹道：

汉恩自浅胡恩深，人生乐在相知心。
可怜青冢已芜没，尚有哀弦留至今。

作者简介

王昭君（约公元前 54—公元前 19 年），名嫱，字昭君，乳名皓月。西汉南郡秭归（今湖北省宜昌市兴山县）人。汉元帝时期宫女，匈奴呼韩邪单于阏氏。晋朝时为避司马昭讳，又称“明妃”、王明君。

王昭君与貂蝉、西施、杨玉环并称中国古代四大美女，美称“落雁”。

四愁诗

——东西南北，怀忧心烦

经典原文

我所思兮在太山[①]。
欲往从之梁父艰[②]，侧身东望涕沾翰[③]。
美人赠我金错刀[④]，何以报之英琼瑶[⑤]。
路远莫致倚逍遥[⑥]，何为怀忧心烦劳。
我所思兮在桂林[⑦]。
欲往从之湘水深[⑧]，侧身南望涕沾襟。
美人赠我琴琅玕[⑨]，何以报之双玉盘。
路远莫致倚惆怅，何为怀忧心烦怏。
我所思兮在汉阳[⑩]。
欲往从之陇阪长[⑪]，侧身西望涕沾裳。
美人赠我貂襜褕[⑫]，何以报之明月珠。
路远莫致倚踟蹰[⑬]，何为怀忧心烦纡[⑭]。
我所思兮在雁门[⑮]。
欲往从之雪纷纷，侧身北望涕沾巾。
美人赠我锦绣段[⑯]，何以报之青玉案[⑰]。
路远莫致倚增叹，何为怀忧心烦惋[⑱]。

字词注解

①所思：指所思念的人。太山：即泰山，在今山东泰安市北。

②从：追随。梁父：泰山下一小山名。

③翰：衣襟。

④金错刀：刀环或刀柄用黄金镀过的佩刀。代指宝刀。金错，镀金。

⑤英琼瑶：发光的美玉。英，“瑛”的假借字，形容玉的光泽；也指像玉的美石。琼、瑶，两种美玉。

⑥莫致：无法送达。倚：通“猗”，语助词，犹今口语“啊”。

⑦桂林：郡名，治所在今广西壮族自治区桂林市。

⑧湘水：即湘江，源出广西兴安阳海山西麓，东北流入湖南省境，会合潇水，至湘阴县注入洞庭湖。

⑨琴琅玕：琴上用琅玕装饰。一说是指名叫琅玕的琴。琅玕，似玉的美石。

⑩汉阳：郡名，西汉称天水郡，东汉明帝改为汉阳郡，治冀县（今甘肃甘谷县南）。

⑪陇阪：即陇山，在陕西陇县西北30千米处。阪，山坡。

⑫襜褕：古代一种较长的单衣。

⑬踟蹰：徘徊不前的样子。

⑭烦纡：愁闷郁结。

⑮雁门：古郡名，治所在今山西代县西北。

⑯段：与“端”同义，匹。一说段是“缎”的假借字，作“履后跟”解，即鞋后跟。

⑰案：古时放食器的小几，形如有短脚的托盘。

⑱烦惋：郁闷叹恨。惋，叹惜；怨。

奇文共赏

《四愁诗》是汉代科学家、文学家张衡的诗作，是我国古代第一篇典范化的七言诗。

据《文选》所收此诗小序说："时天下渐弊，张衡郁郁不得志，为《四愁诗》。"张衡目睹朝政日坏，天下凋敝，而自己虽有济世之志，希望能以其才报效朝廷，却又忧惧群小用谗，因而悒郁难安，遂作《四愁诗》以抒情怀。

此诗共分四章，分别列举东、西、南、北四个方位的一个远处地名，表达诗人四处寻找美人而不可得的惆怅忧伤的心情。每章都按"所思、欲往、涕泪、相赠、伤情"的次序来写，而美人所赠及诗人回报物品不同。诗中以美人比君子，以珍宝比仁义，以"水深"等比小人，思绪纷错起伏，情致缠绵跌宕之趣。

全诗文辞婉丽，感情真切，运用了"美人香草"的比兴手法和回环重叠、反复咏叹的艺术手法。全诗四章结构相同，句式相同，形式上非常整齐；每章又换词押韵，在整齐中显出变化，对后世七言诗的发展有很大影响。

作者简介

张衡（78—139年），字平子，南阳西鄂（今河南南阳）人。东汉科学家、文学家。历任郎中、太史令、侍中、河间相、尚书等职。北宋时被追封为西鄂伯。

张衡为中国天文学、机械技术、地震学的发展做出了杰出的贡献，发明了地动仪、改进了浑天仪，是东汉中期浑天说的代表人物之一；首次正确解释月食是由月球进入地影而产生；观测和记录了中原地区能看见的2500颗星，并且绘制中国第一幅较完备的星图；此外，还制造有指南车，自动记里鼓车和飞行数里的木鸟，被后人誉为"木圣""科圣"。

第三章

三国两晋南北朝奇文

- 陈情表
- 兰亭集序
- 短歌行
- 出师表
- 诫子书
- 胡笳十八拍
- 白马篇
- 与山巨源绝交书
- 酒德颂
- 别赋

陈情表

——茕茕孑立，形影相吊

经典原文

臣密言：臣以险衅，夙遭闵凶[①]。生孩六月，慈父见背；行年四岁，舅夺母志[②]。祖母刘愍臣孤弱，躬亲抚养。臣少多疾病，九岁不行，零丁孤苦，至于成立[③]。既无伯叔，终鲜兄弟，门衰祚薄，晚有儿息[④]。外无期功强近之亲，内无应门五尺之僮，茕茕孑立，形影相吊[⑤]。而刘夙婴疾病，常在床蓐，臣侍汤药，未曾废离[⑥]。

逮奉圣朝，沐浴清化[⑦]。前太守臣逵察臣孝廉，后刺史臣荣举臣秀才[⑧]。臣以供养无主，辞不赴命。诏书特下，拜臣郎中，寻蒙国恩，除臣洗马[⑨]。猥以微贱，当侍东宫，非臣陨首所能上报[⑩]。臣具以表闻，辞不就职。诏书切峻，责臣逋慢[⑪]。郡县逼迫，催臣上道；州司临门，急于星火。臣欲奉诏奔驰，则刘病日笃；欲苟顺私情，则告诉不许。臣之进退，实为狼狈[⑫]。

伏惟圣朝以孝治天下，凡在故老，犹蒙矜育；况臣孤苦，特为尤甚[⑬]。且臣少仕伪朝，历职郎署，本图宦达，不矜名节[⑭]。今臣亡国贱俘，至微至陋，过蒙拔擢，宠命优渥，岂敢盘桓，有所希冀[⑮]。但以刘日薄西山，气息奄奄，人命危浅，朝不虑夕。臣无祖母，无以至今日；祖母无臣，无以终余年。母、孙二人，更相为命，是以区区不能废远[⑯]。

臣密今年四十有四，祖母今年九十有六，是臣尽节于陛下之日长、报养刘之日短也。乌鸟私情，愿乞终养⑰。臣之辛苦⑱，非独蜀之人士及二州牧伯⑲所见明知，皇天后土实所共鉴⑳。愿陛下矜悯愚诚，听臣微志，庶刘侥幸，保卒余年㉑。臣生当陨首，死当结草㉒。臣不胜犬马怖惧之情，谨拜表以闻㉓。

字词注解

① 险衅：灾难祸患。此指命运坎坷。夙：早。这里指幼年时。闵：通“悯”，指可忧患的事。多指疾病死丧。凶：不幸。

② 见背：弃我而死去。舅夺母志：指由于舅父强行改变了李密母亲守节的志向。

③ 不行：不能走路。这里指身体柔弱。成立：成人自立，指长大成人。

④ 鲜：少。门衰祚薄：门庭衰微，福分浅薄。祚，福分。儿息：子息，子嗣。

⑤ 期功强近之亲：指比较亲近的亲戚。古代丧礼制度以亲属关系的亲疏规定服丧时间的长短，服丧一年称“期”，五月称“小功”，九月称“大功”。强，勉强。应门：照应门户。僮：童仆。茕茕孑立：形容生活孤单无靠。茕茕，孤单的样子。孑，孤单。吊：安慰。

⑥ 婴：纠缠，被……缠绕。蓐：通“褥”，垫子。废离：废养而远离。

⑦ 逮：及，到。清化：清明的政治教化。

⑧ 察：考察。这里是推举的意思。孝廉：汉代以来举荐人才的一种科目，推举孝顺父母、品行方正的人。孝，指孝顺父母。廉，指品行廉洁。举：推举，举荐。秀才：当时地方推举优秀人才的一种科目，与后代科举的“秀才”含义不同。

⑨ 拜：授官。郎中：官名。晋时各部有郎中。寻：不久。除：任命官职。洗马：官名。太子的属官，在宫中服役，掌管图书。

⑩ 猥：辱。自谦之词。东宫：太子居住的地方。这里指太子。陨首：掉脑袋，指丧命。

⑪ 逋慢：怠慢不敬，不遵法令。逋，逃亡，回避，引申为拖延、迟延。

⑫ 奔驰：奔走效劳。这里指赴京就职。日笃：日益沉重。苟顺：姑且迁就。告诉：申诉。

⑬ 伏惟：旧时奏疏、书信中下级对上级常用的敬语，有俯伏思量之意。故老：遗老。矜育：怜惜抚育。

⑭ 伪朝：指蜀汉。矜：爱惜。

⑮ 宠命：恩命。指拜郎中、洗马等官职。优渥：优厚。盘桓：犹豫不决的样子。

⑯ 薄：迫近。区区：拳拳之情。形容自己的私情。

⑰ 乌鸟私情：相传乌鸦能反哺，所以常用来比喻子女对父母的孝养之情。

⑱ 辛苦：辛酸苦楚。

⑲ 二州：指益州和梁州。益州治所在今四川省成都市，梁州治所在今陕西省勉县东，二州区域大致相当于蜀汉所统辖的范围。牧伯：刺史。上古一州的长官称牧，又称方伯，所以后代以牧伯称刺史。

⑳ 皇天后土：犹言天地神明。

㉑ 听：听许，同意。庶：或许。卒：终。

㉒ 结草：据《左传·宣公十五年》记载，晋国大夫魏武子临死的时候，嘱咐他的儿子魏颗，把他的遗妾杀死以后殉葬。魏颗没有照他父亲说的话做。后来魏颗跟秦国的杜回作战，看见一个老人把草打了结把杜回绊倒，杜回因此被擒。到了晚上，魏颗梦见结草的老人，他自称是没有被杀死的魏武子遗妾的父亲。后来就把“结草”用来作为报答恩人心愿的表示。

㉓ 犬马：作者自比，表示谦卑。

奇文共赏

李密原是蜀汉后主刘禅的郎官（官职不详）。魏元帝曹奂景元四年（263年），司马昭灭蜀，李密沦为亡国之臣。

咸熙二年（266年）司马昭之子司马炎废魏元帝，史称晋武帝。泰始三年（267年），西晋朝廷采取怀柔政策，极力笼络蜀汉旧臣，征召李密为太子洗马。李密时年44岁，他以晋朝“以孝治天下”为口实，以“祖母供养无主”为由，上《陈情表》以明志，上表恳辞，要求暂缓赴任。

李密当时以孝闻名于世。据《晋书》本传记载，李密奉侍祖母刘氏“以孝谨闻。刘氏有疾，则涕泣侧息，未尝解衣；饮膳汤药，必先尝后进”。

晋武帝承继汉代以来以孝治天下的策略，以显示自己的开明，同时也用孝道来维持君臣关系、维持社会的安定秩序。

正因为如此，李密在屡被征召的情况下，才斗胆以此为理由“辞不就职”。

《陈情表》其实就是李密向晋武帝申明自己不能奉召就职理由的一篇奏章。文章从自己幼年的不幸遭遇写起，说明自己与祖母相依为命的特殊感情，叙述祖母抚育自己的大恩，以及自己应该报养祖母的大义；接着作者在感谢了朝廷的知遇之恩之外，又倾诉自己不能从命的苦衷，恳请朝廷成全自己。

全篇言辞生动，情真意切，览之令人动容落泪。

此文被认定为中国文学史上抒情文的代表作之一，有“读李密《陈情表》不流泪者不孝”（南宋青城山隐士安子顺语）的说法。

最终，晋武帝看了此表后大受感动，不仅同意了李密的请求，还特别赏赐给李密两名奴婢，并命当地郡县按时给其祖母提供供养，也算成就了一段历史佳话。

作者简介

李密（224—287年），本名李虔，字令伯，犍为武阳（今四川省眉山市彭山区）人。西晋初大臣。幼年丧父，由祖母抚养成人，其孝甚笃，名扬乡里。师事学者谯周，博览五经，尤精于《左传》。

李密为人刚正，后虽历任温（在今河南省济源市西南）县令、汉中太守，不久就因牵连他事被罢官，遂归田养老。

李密善文，著有《述理论》十篇，惜未传世。

兰亭集序

——俯仰一世，畅叙幽情

经典原文

永和九年[①]，岁在癸丑[②]，暮春之初，会于会稽山阴之兰亭[③]，修禊[④]事也。群贤毕至，少长咸集。此地有崇山峻岭，茂林修竹；又有清流激湍，映带左右。引以为流觞曲水[⑤]，列坐其次[⑥]。虽无丝竹管弦之盛，一觞一咏，亦足以畅叙幽情。

是日也，天朗气清，惠风和畅，仰观宇宙之大，俯察品类[⑦]之盛，所以游目骋怀[⑧]，足以极视听之娱，信[⑨]可乐也。

夫人之相与，俯仰一世[⑩]，或取诸怀抱[⑪]，悟言[⑫]一室之内；或因寄所托，放浪形骸[⑬]之外。虽趣舍万殊[⑭]，静躁不同，当其欣于所遇，暂得于己，快然自足，不知老之将至；及其所之既倦[⑮]，情随事迁，感慨系之矣。向之所欣[⑯]，俯仰之间，已为陈迹，犹不能不以之兴怀。况修短随化[⑰]，终期于尽。古人云："死生亦大矣。"岂不痛哉！

每览昔人兴感之由，若合一契[⑱]，未尝不临文嗟悼[⑲]，不能喻[⑳]之于怀。固知一死生为虚诞[㉑]，齐彭殇为妄作[㉒]。后之视今，亦犹今之视昔。悲夫！故列叙时人[㉓]，录其所述，虽世殊事异，所以兴怀，其致一[㉔]也。后之览者，亦将有感于斯文[㉕]。

字词注解

① 永和九年：公元 353 年。永和，东晋皇帝司马聃（晋穆帝）的年号，从公元 345—356 年共 12 年。

② 岁在癸丑：这一年是癸丑年。

③ 会：集会。会稽：郡名，今浙江绍兴。山阴：浙江绍兴古县名，今绍兴越城区。

④ 修禊：古代习俗，于阴历三月上旬的巳日（魏以后定为三月三日），人们群聚于水滨嬉戏洗濯，以祓除不祥和求福。实际上这是古人的一种游春活动。

⑤ 流觞曲水：用酒杯盛酒，放入环曲的水道中任其漂流。杯停在某人面前，某人就须取杯饮酒。这是古人一种劝酒取乐的方式。觞：古代一种漆制的酒杯。曲水，引水环曲为渠，以流酒杯。

⑥ 次：旁边。此指水边。

⑦ 品类：指自然界的万物。

⑧ 所以：用来。游目骋怀：纵目四望，开阔心胸。

⑨ 信：实在。

⑩ 俯仰一世：很快便度过一生。俯仰，表示时间的短暂。

⑪ 怀抱：心胸，心怀的见解。

⑫ 悟言：面对面的交谈。悟，通“晤”，指心领神会的妙悟之言。

⑬ 放浪形骸：不受约束，放纵无羁。放浪，放纵、无拘束。形骸，身体、形体。

⑭ 趣舍万殊：各有各的爱好。趣舍，即取舍，爱好。趣，同“取”。万殊，千差万别。

⑮ 所之既倦：（对于）所喜爱或得到的事物已经厌倦。之，往、到达。倦，厌倦。

⑯ 向：过去、以前。欣：喜爱。

⑰ 修短随化：寿命长短听凭造化。化，自然，命运。

⑱ 合契：对合符契。引申为融洽、意气相投。契，符契，古代的一种

信物。在符契上刻上字，剖而为二，各执一半，作为凭证。

⑲ 临文嗟悼：览读古人文章时叹息哀伤。临，面对。嗟悼：悲叹哀伤。

⑳ 喻：明白，明了。

㉑ 固，本来、当然。一：把……看作一样。

㉒ 齐，把……看作相等。彭：彭祖，古代传说中的长寿之人。殇：未成年死去的人。此指去世。妄作：妄造、胡说。

㉓ 列叙时人：一个一个记下当时与会的人。

㉔ 致：思想情趣。一：相同，一样。

㉕ 斯文：指这次集会的诗文。

奇文共赏

世人提到《兰亭集序》，印象最深刻的，是其书法的妙绝与珍贵："妙绝"在于它被后人誉为"天下第一行书"；"珍贵"在于至今不见其真迹，但从后人的摹本中，依然可以感受到王羲之书法造诣的过人之处。

其实，即使对这篇序文本身来说，也是不可多得的一篇奇文佳作：天朗气清风和畅，崇山峻岭竹林茂；曲水流觞吟诗文，兴感合契叹死生。读来令人如亲临盛会，畅快自得之余还有对生命的感慨。正如金圣叹《天下才子必读书》中所言："此文一意反复生死之事甚疾，现前好景可念，更不许顺口说有妙理妙语，真古今第一情种也。"

东晋穆帝永和九年（353 年）三月三日，王羲之与谢安、孙绰等四十一位高官名流，在山阴（今浙江绍兴）兰亭"修禊"。

这是一次盛大的风雅集会，与会者临流赋诗，各抒怀抱，抄录成集。大家公推此次聚会的召集人王羲之为之写一序文，记录这次雅集。王羲之借酒抒怀，一挥而就，成此流传千古文与书——《兰亭集序》。

《兰亭集序》又名《兰亭宴集序》《兰亭序》《临河序》《禊序》和《禊帖》。这篇序言疏朗简净而韵味深长，突出地代表了王羲之的散文风格；且其造语玲珑剔透，朗朗上口，极尽波澜起伏、抑扬顿挫之美，是古代骈文中的精品。

文章虽说是骈文，但在行文上打破了当时的骈俪文风，骈散一体，在形式上有所创新，其朴素的行文与东晋时代雕章琢句、华而不实的文风形成鲜明对照。

这篇文章还体现了王羲之积极入世的人生观，和老庄学说主张的“无为”理念形成了鲜明的对比。

作者简介

王羲之（303—361年），字逸少，号澹斋，原籍琅琊临沂（今属山东临沂），后迁居山阴（今浙江绍兴）。因其历任秘书郎、江州刺史、会稽太守，累迁右军将军，世称“王右军”“王会稽”。

王羲之善书法，兼善隶、草、楷、行各体，精研体势，心摹手追，广采众长，备精诸体，冶于一炉，摆脱了汉魏笔风，创造出“天质自然，丰神盖代”的行书，自成一家，影响深远，有“书圣”之称。在书法史上，与钟繇并称“钟王”，与其子王献之合称“二王”。

王羲之书法的代表作品有楷书《乐毅论》《黄庭经》，草书《十七帖》，行书《姨母帖》《快雪时晴帖》《丧乱帖》，行楷书《兰亭集序》等。

短歌行

——对酒当歌，人生几何

经典原文

对酒当歌[①]，人生几何！譬如朝露，去日苦多[②]。
慨当以慷[③]，忧思难忘。何以解忧？唯有杜康[④]。
青青子衿[⑤]，悠悠我心[⑥]。但为君故，沉吟[⑦]至今。
呦呦[⑧]鹿鸣，食野之苹[⑨]。我有嘉宾，鼓瑟吹笙。
明明如月，何时可掇[⑩]？忧从中来，不可断绝。
越陌度阡[⑪]，枉用相存[⑫]。契阔谈讌[⑬]，心念旧恩。
月明星稀，乌鹊南飞。绕树三匝[⑭]，何枝可依？
山不厌高，海不厌深[⑮]。周公吐哺[⑯]，天下归心。

字词注释

①对酒当歌：一边喝着酒，一边唱着歌。当，对着。

②苦多：痛苦却漫长。

③慨当以慷：应当用激昂慷慨（的方式来唱歌）。指宴会上的歌声激昂慷慨。当以，这里是“应当用”的意思。

④杜康：相传是最早造酒的人，这里代指美酒。

⑤子：对对方的尊称。青衿：周代读书人的服装，这里指代有学识的

人。衿，古式的衣领。

⑥ 悠悠：长久的样子，形容思虑连绵不断。

⑦ 沉吟：原指小声叨念和思索，这里指对贤人的思念和倾慕。

⑧ 呦呦：鹿叫的声音。

⑨ 苹：艾蒿。

⑩ 掇：拾取，摘取。

⑪ 越陌度阡：穿过纵横交错的小路。陌，东西向田间小路。阡，南北向的小路。

⑫ 枉用相存：屈驾来访。枉，这里是“枉驾”的意思。用，以。存，问候，思念。

⑬ 契阔：久别重逢；怀念；离合，聚散。谈讌：边宴饮边叙谈。讌，通“宴”。

⑭ 匝：周，圈。

⑮ 海不厌深：一本作“水不厌深”。

⑯ 周公吐哺：周公礼贤下士，求才心切，在进食时多次吐出食物停下来前去迎客。后以“周公吐哺”等指在位者礼贤下士。哺，口里含着的食物。

奇文共赏

《短歌行》是汉末政治家、文学家曹操以乐府古题创作的诗歌。

曹操的《短歌行》共有两首，其中第一首诗通过宴会的歌唱，以沉稳顿挫的笔调抒写了诗人求贤若渴的思想和统一天下的雄心壮志；第二首诗

表明作者在有生之年只效法周文王姬昌，绝不做晋文公重耳，向内外臣僚及天下表明心迹，使其内外政敌都无懈可击。

这两首诗是政治性很强的作品，而其政治内容和意义完全熔铸在浓郁的抒情意境中，内容深厚，庄重典雅，感情充沛。尤其是第一首，充分发挥了诗歌创作的特长，准确而巧妙地运用了比兴手法，来达到寓理于情，以情感人的目的，历来被视为曹操的代表作。所以，我们这里选录的是第一首。

这首诗是曹操诗歌中具有代表性的言志之作。气韵沉雄、质朴简洁、大巧若拙是曹操诗歌语言艺术上的主要特点，钟嵘《诗品》谓之曰：“曹公古直，颇有悲凉之句。”这首《短歌行》气魄雄伟，想象丰富，古朴自然，慷慨悲凉，正是这种风格的代表作。全诗通过对时光易逝、贤才难得的再三咏叹，抒发了自己求贤若渴的情感，表现出统一天下的雄心壮志和自强不息的进取精神。

曹操在其政治活动中，为了扩大他在庶族地主中的统治基础，打击反动的世袭豪强势力，曾大力强调“唯才是举”，为此而先后发布了“求贤令”“举士令”“求逸才令”等，而《短歌行》实际上就是一曲“求贤歌”。

作者对“求贤”这一主题所作的高度艺术化的表现，是十分成功的，所以得到了历史与艺术上的双重肯定。

作者简介

曹操（155—220年），字孟德，小名阿瞒，沛国谯（今安徽省亳州市）人。

政治、军事方面，曹操消灭了众多割据势力，统一了中国北方大部分区域，并实行一系列政策恢复经济生产和社会秩序，奠定了曹魏立国的基础。

文学方面，在曹操父子的推动下形成了以三曹（曹操、曹丕、曹植）为代表的建安文学，史称“建安风骨”，在文学史上留下了光辉的一笔。

魏建立后，曹操被尊为“魏武帝”，庙号“太祖”。有文集三十卷，已散佚。明人辑有《魏武帝集》。

出师表

——临表涕零，不知所言

经典原文

先帝创业未半而中道崩殂[①]，今天下三分[②]，益州疲弊[③]，此诚危急存亡之秋也[④]。然侍卫之臣不懈于内，忠志之士忘身于外者[⑤]，盖追先帝之殊遇[⑥]，欲报之于陛下也。诚宜开张圣听[⑦]，以光先帝遗德[⑧]，恢弘志士之气[⑨]，不宜妄自菲薄，引喻失义[⑩]，以塞忠谏之路也。

宫中府中[⑪]，俱为一体；陟罚臧否[⑫]，不宜异同。若有作奸犯科及为忠善者，宜付有司论其刑赏[⑬]，以昭陛下平明之理[⑭]。不宜偏私，使内外异法[⑮]也。

侍中、侍郎郭攸之、费祎、董允等，此皆良实[⑯]，志虑忠纯[⑰]，是以先帝简拔以遗陛下[⑱]：愚以为宫中之事，事无大小，悉以咨之，然后施行，必能裨补阙漏[⑲]，有所广益[⑳]。

将军向宠，性行淑均[㉑]，晓畅军事，试用于昔日，先帝称之曰“能”，是以众议举宠为督[㉒]：愚以为营中之事，悉以咨之，必能使行阵和睦[㉓]，优劣得所。

亲贤臣，远小人[㉔]，此先汉所以兴隆也；亲小人，远贤臣，此后汉所以倾颓也。先帝在时，每与臣论此事，未尝不叹息痛恨[㉕]于桓、灵也。侍中、尚书、长史、参军，此悉贞良死节[㉖]之臣，愿陛下亲之信之，则汉室之隆，可计日而待也。

臣本布衣[27]，躬耕于南阳[28]，苟全[29]性命于乱世，不求闻达[30]于诸侯。先帝不以臣卑鄙[31]，猥自枉屈[32]，三顾臣于草庐之中，咨臣以当世之事，由是感激，遂许先帝以驱驰[33]。后值倾覆，受任于败军之际，奉命于危难之间：尔来二十有一年矣。先帝知臣谨慎，故临崩寄臣以大事[34]也。受命以来，夙夜忧叹，恐托付不效，以伤先帝之明。故五月渡泸[35]，深入不毛[36]。今南方已定，兵甲已足，当奖率[37]三军，北定中原，庶竭驽钝[38]，攘除奸凶[39]，兴复汉室，还于旧都[40]。此臣所以报先帝而忠陛下之职分也。至于斟酌损益[41]，进尽忠言，则攸之、祎、允之任也。

愿陛下托臣以讨贼兴复之效[42]，不效，则治臣之罪，以告先帝之灵。若无兴德之言，则责攸之、祎、允等之慢，以彰其咎；陛下亦宜自谋，以咨诹善道[43]，察纳雅言[44]，深追先帝遗诏，臣不胜受恩感激。今当远离，临表涕零，不知所言。

字词注解

①先帝：指汉昭烈帝刘备。创业：指开创统一天下的大业。中道：中途。崩殂：死。崩，古时指皇帝死亡。殂，死亡。

②天下三分：天下分为孙权、曹操、刘备三大势力。

③益州：汉代行政区域十三刺史部之一，包括今四川省和陕西省一带，这里指蜀汉。疲弊：人力、物力缺乏，民生凋敝。形容处境艰难。

④诚：的确，实在。秋：时，时候。这里指关键时期。

⑤忘身：舍生忘死，奋不顾身。

⑥追：追念。殊遇：优待，厚遇。

⑦开张圣听：扩大圣明的听闻。意思是要后主广泛地听取别人的意见。开张，扩大。

⑧光：发扬光大。遗德：留下的美德。

⑨恢弘：发扬扩大。恢，大。弘，大，宽。

⑩引喻失义：讲话不恰当。引喻，称引、譬喻。喻：比如。义：适宜、恰当。

⑪ 宫：指皇宫。府：指丞相府。

⑫ 陟：提升，奖励。臧否：善恶，这里用作动词，意思是评论人物好坏。

⑬ 有司：职有专司，就是专门管理某种事情的官吏。刑：罚。

⑭ 昭：显示，表明。平：公平。明：严明。理：治理。

⑮ 内外：指内宫和外府。异法：刑赏之法不同。

⑯ 良实：忠良信实。

⑰ 志：志向。虑：思想，心思。忠纯：忠诚纯正。

⑱ 简：选择。一说通“拣”，挑选。拔：选拔。

⑲ 裨补阙漏：弥补缺点和疏漏之处。裨，补。阙，通“缺”，缺点，疏漏。

⑳ 广益：增益。

㉑ 性行淑均：性情善良品德端正。淑，善。均，平。

㉒ 督：武职。向宠曾为中部督（禁卫军统帅）。

㉓ 营：军营、军队。行阵：指部队。

㉔ 小人：晚辈，下人。这里指宦官。

㉕ 痛恨：痛惜，遗憾。

㉖ 死节：为国而死的气节，能够以死报国。

㉗ 布衣：平民；百姓。

㉘ 躬：亲自。耕：耕种。南阳：当时南阳郡治南阳城。

㉙ 苟：苟且；全：保全。

㉚ 闻达：显达扬名，扬名显贵。

㉛ 卑鄙：地位、身份低微，见识短浅。卑，身份低微。鄙，地处偏远。

㉜ 猥：辱，这里有降低身份的意思。枉屈：枉驾屈就。

㉝ 许：答应。驱驰：奔走效劳。

㉞ 临崩寄臣以大事：刘备在临死的时候，把国家大事托付给诸葛亮，并且对刘禅说：“汝与丞相从事，事之如父。”临，将要，临近。

㉟ 泸：水名，即如今的金沙江。

㊱ 不毛：不长草木，这里指人烟稀少的地方。毛，庄稼，苗。

㊲ 奖率：奖赏率领。

㊳庶：希望。竭：竭尽。驽钝：比喻才能平庸，这是诸葛亮自谦的话。驽：劣马，走不快的马，指才能低劣。钝：刀刃不锋利。

㊴攘除：排除，铲除。奸凶：奸邪凶恶之人，此指曹魏政权。

㊵旧都：指东汉都城洛阳。

㊶斟酌损益：斟情酌理，有所兴办。比喻做事要掌握分寸。损，除去。益，兴办，增加。

㊷托：托付，交付。效：效命的任务。

㊸咨诹善道：询问（治国的）良策。诹，询问，咨询。

㊹察纳：识别采纳。察，明察。雅言：正确的言论，合理的意见。

奇文共赏

《出师表》是三国时期蜀汉丞相诸葛亮在决定北上伐魏、克复中原之前给后主刘禅上书的表文。

汉章武元年（221年），刘备称帝，封诸葛亮为丞相。汉建兴元年（223年），刘备病死，临终前将刘禅托付给诸葛亮。随后诸葛亮实行了一系列比较正确的政治和经济措施，使汉境内呈现出一派兴旺景象。为了实现全国统一，诸葛亮在平息南方叛乱之后，于建兴五年（227年）决定北上伐魏，拟夺取魏国的长安。临行之前他上书后主，即这篇《出师表》。

这篇表文以议论为主，兼用记叙和抒情。全文以恳切委婉的言辞，劝勉后主要广开言路、严明赏罚、亲贤远佞，以此兴复汉室，还于旧都（洛阳）；同时也表达自己以身许国、忠贞不贰的思想。

清朝丘维屏说："武侯在国，目睹后主听用嬖昵小人，或难于进言，或言之不省，借出师时叮咛痛切言之。"全文既不借助于华丽的辞藻，也未引用古老的典故；每句话既不失臣子的身份，又切合长辈的口吻，语言率直质朴，感情恳切忠贞。

《出师表》中，既有诸葛亮作为臣子对刘氏父子的忠心，也有作为长辈对刘禅谆谆教导的苦心。"报先帝""忠陛下"思想贯穿全文，反复劝勉后主要继承刘备的遗志，完成"兴复汉室"的大业，诚挚恳切的深情溢于言表，其忠义之心不知令后世多少仁人志士动容。古人有"读《出师表》

而不堕泪者，其人必不忠”的说法；陆游《书愤》中有“出师一表真名世，千载谁堪伯仲间”之句，的确不是虚夸之言。

《出师表》又称《前出师表》，因为此后诸葛亮还有一篇《后出师表》。

《后出师表》载于三国时期吴人张俨的《默记》中，当作于蜀汉建兴六年（228 年），比《前出师表》晚了一年。此时正值诸葛亮第一次北伐中原未取得预期成果之时，为消除各方阻碍，在第二次北伐临行之际，诸葛亮向后主刘禅献上了这篇《后出师表》。

刘备临终前将刘禅托付给诸葛亮，诸葛亮加紧从政治、外交、经济、军事上全面进行北伐准备。政治上，高度集中军政大权，“政事无巨细，咸决于亮”，励精图治；笼络土著地主，缓和主客矛盾，革除刘璋法令不行的弊政；以身作则，虚心纳谏，调动全国力量投入战争。在外交上，派使者联吴；韬光养晦，对魏国的劝降书不作答复，以低姿态麻痹敌国。经济上，坚决与民休息，大力发展农业生产，多产粮食，增加储备；保护水利工程，发展煮盐、织锦等手工业，扩大财政来源。军事上，伺机平定南中叛乱，治戎讲武，训练部队。

诸葛亮南征后，北伐魏国提上日程。北伐魏国是刘备集团一贯的方针，夺取天下是刘备的最终目的。诸葛亮鉴于魏国经济逐渐恢复，时间拖长对蜀国不利，而及早北伐可发挥自己治国治军的优势；何况一旦自己身死之后，蜀国无人能够蹈涉中原，抗衡大国，因此认为唯有及身而用，才有希望蚕食并最终打败魏国，也可报答刘备知遇之恩。为此他决心展开北伐，并且“用兵不戢，屡耀其武”，坚持到底。

建兴五年（227 年），诸葛亮在向刘禅呈上《前出师表》以后，迅即率师进驻汉中。建兴六年（228 年）春，诸葛亮出师北伐祁山，魏国西部的南安、天水、安定三郡纷纷叛魏归汉。蜀军在占据陇右三郡后，却以街亭、箕谷的失利而结束了第一次北伐。同年冬十一月，魏国大举进军东吴，魏将曹休为吴将陆逊所败，张郃东下，关中极为虚弱。诸葛亮认为进攻时机已到，准备全师出兵伐魏。但是，蜀中不少大臣安于逸乐，对进军一事心怀疑虑，并且产生了不少非议。为此，诸葛亮再次上表，苦心孤诣地申明讨伐的决心，义正词严地批驳非议的错误。因为这次上表后于第一次出师时的奏表，故而后世称之为《后出师表》。

作者简介

诸葛亮（181—234 年），字孔明，号卧龙，琅琊阳都（今山东省临沂市沂南县）人。三国时期蜀汉丞相，中国古代杰出的政治家、军事家、发明家、文学家。

诸葛亮早年随叔父诸葛玄到荆州，诸葛玄死后，他就在隆中隐居。刘备依附荆州刘表时三顾茅庐，请诸葛亮出山辅佐自己。诸葛亮向刘备提出占据荆州、益州，联合孙权共同对抗曹操的“隆中对”策。刘备根据诸葛亮的策略，成功建立蜀汉政权，与孙权、曹操形成三足鼎立之势。章武元年（221 年），刘备称帝，任命诸葛亮为丞相。

伐吴失败后，刘备临终前将国事托付于诸葛亮。刘禅继位后，封诸葛亮为武乡侯，领益州牧。诸葛亮勤勉谨慎，大小政事必亲自处理，赏罚严明；与东吴联盟，改善和西南各族的关系；实行屯田政策，加强战备。

诸葛亮前后五次北伐中原，却未能实现兴复汉室的目标，终因积劳成疾，于建兴十二年（234 年）病逝于五丈原（今陕西省宝鸡市岐山境内），享年 54 岁。后主刘禅追谥其为忠武侯，后世常以“武侯”尊称；东晋桓温追封其为武兴王。

诫子书

——淡泊明志，宁静致远

经典原文

夫君子之行[①]，静以修身[②]，俭以养德[③]。

非淡泊无以明志[④]，非宁静无以致远[⑤]。

夫学须静也，才须学也，非学无以广才[⑥]，非志无以成学[⑦]。

淫慢则不能励精[⑧]，险躁则不能治性[⑨]。

年与时驰[⑩]，意与日去[⑪]，遂成枯落[⑫]，多不接世[⑬]，悲守穷庐[⑭]，将复何及！

字词注解

① 君子：品德高尚的人。行：指操守、品德、品行。

② 静：屏除杂念和干扰，宁静专一。修身：个人的品德修养。

③ 养德：培养品德。

④ 淡泊：内心恬淡，不慕名利。《艺文类聚》《太平御览》作“澹泊”。明志：明确志向。明，明确，坚定。

⑤ 宁静：这里指安静，集中精神，不分散精力。致远：实现远大目标。致，达到。

⑥ 广才：增长才干。

⑦ 成：达成，成就。学：学问。

⑧ 淫慢：放纵懈怠，过度享乐。《艺文类聚》作“慆慢”，漫不经心之意。淫，放纵。慢，懈怠，懒惰。励精：振奋精神。励，振奋。

⑨ 险躁：轻薄浮躁。治性：修养性情。治，修养；一说通“冶”。

⑩ 与：跟随。驰：疾行，指迅速逝去。

⑪ 日：时间。去：消逝，逝去。

⑫ 枯落：枯枝和落叶。此指像枯叶一样飘零，形容人韶华逝去。

⑬ 接世：接触社会，承担事务，对社会有益，有“用世”的意思。

⑭ 穷庐：穷困潦倒之人住的陋室。

奇文共赏

《诫子书》是三国时期蜀国丞相诸葛亮临终前写给其子诸葛瞻的一封家书。

这篇文章作于蜀汉后主建兴十二年（234年）。诸葛亮一生为国，鞠躬尽瘁，死而后已。为了蜀汉复兴大业日夜操劳，他顾不上亲自教育儿子。诸葛亮病危前，儿子诸葛瞻年仅8岁。诸葛亮担心儿子的成长，于是写下这篇堪称遗书的书信告诫诸葛瞻，表达了对儿子的殷殷教诲与无限期望。

从文中可以看出，诸葛亮是一位品格高洁、才学渊博的父亲，对儿子的殷殷教诲与无限期望在信中表露无遗。全文通过智慧理性、简练谨严的文字，将普天下为人父者的爱子之情表达得非常深切，亦成为后世历代学子修身立志的励志名篇。

古代家训，大都浓缩了作者毕生的生活经历、人生体验和学术思想等方面内容，不仅作者的子孙从中获益颇多，后人读来也大有可借鉴之处。诸葛亮被后人誉为“智慧之化身”，他的这篇《诫子书》，阐述修身养性、治学做人的深刻道理，可以看作是诸葛亮对其一生的总结，也可谓是一篇充满智慧之语的家训，成为古代家训中的代表名作。

这篇短文，不但讲明修身养性的途径和方法，也指明了立志与学习的关系；不但讲明了宁静淡泊的重要，也指明了放纵怠慢、偏激急躁的危害。诸葛亮不但在大的原则方面对其子严格要求，甚至在一些具体事情上也体

现出对子女的细微关怀。

文章短小精悍，言简意赅；文字清新雅致，不事雕琢；说理平易近人，循循善诱。

当代文学家、教育家、国学大师南怀瑾赞誉道：“《诫子书》充分表达了他（诸葛亮）的儒家思想的修养，所以后人讲养性修身的道理，老实说都没有跳出诸葛亮的手掌心。他以这种文字说理，文学的境界非常高，组织非常美妙，将学术性、思想性的东西文学化了。”

说点题外话。建兴十二年（234年），诸葛亮写信给哥哥诸葛瑾，称：“瞻今已八岁，聪慧可爱，嫌其早成，恐不为重器耳。”

诸葛亮病死后，诸葛瞻袭爵武乡侯。延熙六年（243年），17岁的诸葛瞻娶蜀汉公主为妻，授为骑都尉。

景耀四年（261年），诸葛瞻与辅国大将军董厥并为平尚书事，统领中央事务。后主刘禅宠信黄皓，诸葛瞻无所匡正。魏将邓艾伐蜀，诸葛瞻率领长子诸葛尚与将军张遵、李球、黄崇等人防御绵竹（今四川省德阳市）。后诸葛瞻不听黄崇速占险要的建议，坐失兵机，出城与邓艾决战，兵败被杀，绵竹失守。

诸葛瞻之子诸葛尚听说军败后，叹息说：“我们父子受了国家那么多的恩惠，而没有提早斩除黄皓，以致惨败，还有什么面目活下去呢？”于是也冲入阵内战死。

蜀汉后主刘禅出降，蜀汉灭亡。

作者简介

诸葛亮生平简介见《出师表》。此处谈一点后世对诸葛亮的评价。

诸葛亮被后世视为忠君典范，受到无数人景仰。

《三国志》作者陈寿评曰："诸葛亮之为相国也，抚百姓，示仪轨，约官职，从权制，开诚心，布公道。尽忠益时者，虽仇必赏；犯法怠慢者，虽亲必罚；服罪输情者，虽重必释；游辞巧饰者，虽轻必戮。善无微而不赏，恶无纤而不贬。庶事精练，物理其本，循名责实，虚伪不齿。终于邦域之内，咸畏而爱之，刑政虽峻而无怨者，以其用心平而劝戒明也。可谓识治之良才，管、萧之亚匹矣。然连年动众，未能成功，盖应变将略，非其所长欤！"

唐代诗人杜甫一生对诸葛亮充满景仰之情，吟咏或提到诸葛亮的诗篇有二十多篇，像"诸葛大名垂宇宙，宗臣遗像肃清高"这样的诗句，将诸葛亮的历史地位推崇到无以复加的地步。

《蜀相》便是杜甫游览武侯祠时创作的一首咏史怀古诗。此诗借游览古迹，表达了诗人对蜀汉丞相诸葛亮雄才大略、辅佐两朝、忠心报国的称颂以及对他出师未捷而身死的惋惜之情，也是对诸葛亮一生的总结：

丞相祠堂何处寻？锦官城外柏森森。
映阶碧草自春色，隔叶黄鹂空好音。
三顾频烦天下计，两朝开济老臣心。
出师未捷身先死，长使英雄泪满襟。

朱熹作为一名理学家，评价古今人物时的道德要求极为苛刻，从古今人物中评选"用心光明正大，疏畅洞达，磊磊落落而不可掩者"，第一位就是诸葛亮，和杜甫、颜真卿、韩愈、范仲淹并称"五君子"。

诸葛亮一生"鞠躬尽瘁，死而后已"，是中国传统文化中忠臣与智者的代表人物。

胡笳十八拍[①]

——胡笳悲叹，文姬归汉

经典原文

我生之初尚无为，我生之后汉祚衰。天不仁兮降离乱，地不仁兮使我逢此时。干戈日寻兮道路危，民卒流亡兮共哀悲。烟尘蔽野兮胡虏盛，志意乖[②]兮节义亏。对殊俗兮非我宜，遭恶辱兮当告谁？笳一会兮琴一拍，心愤怨兮无人知。

戎羯[③]逼我兮为室家，将我行兮向天涯。云山万重兮归路遐，疾风千里兮扬尘沙。人多暴猛兮如虺蛇[④]，控弦被[⑤]甲兮为骄奢。两拍张弦兮弦欲绝，志摧心折兮自悲嗟。

越汉国兮入胡城，亡家失身兮不如无生。毡裘为裳兮骨肉震惊，羯膻[⑥]为味兮枉遏我情。鼙鼓喧兮从夜达明，胡风浩浩兮暗塞营。伤今感昔兮三拍成，衔悲蓄恨兮何时平。

无日无夜兮不思我乡土，禀气含生兮莫过我最苦。天灾国乱兮人无主，唯我薄命兮没戎虏。殊俗心异兮身难处，嗜欲不同兮谁可与语！寻思涉历兮多艰阻，四拍成兮益凄楚。

雁南征兮欲寄边心，雁北归兮为得汉音[⑦]。雁飞高兮邈难寻，空断肠兮思愔愔[⑧]。攒眉向月兮抚雅琴，五拍泠泠[⑨]兮意弥深。

冰霜凛凛兮身苦寒，饥对肉酪兮不能餐。夜闻陇水[⑩]兮声呜咽，朝见长城兮路杳漫[11]。追思往日兮行李难，六拍悲来兮欲罢弹。

日暮风悲兮边声四起，不知愁心兮说向谁是！原野萧条兮烽戍万里，俗贱老弱兮少壮为美。逐有水草兮安家葺垒，牛羊满野兮聚如蜂蚁。草尽水竭兮羊马皆徙，七拍流恨兮恶居于此。

为天有眼兮何不见我独漂流？为神有灵兮何事处我天南海北头？我不负天兮天何配我殊匹[12]？我不负神兮神何殛[13]我越荒州？制兹八拍兮拟排忧，何知曲成兮心转愁。

天无涯兮地无边，我心愁兮亦复然。人生倏忽兮如白驹之过隙，然不得欢乐兮当我之盛年。怨兮欲问天，天苍苍兮上无缘。举头仰望兮空云烟，九拍怀情兮谁与传？

城头烽火不曾灭，疆场征战何时歇？杀气朝朝冲塞门，胡风夜夜吹边月。故乡隔兮音尘绝，哭无声兮气将咽。一生辛苦兮缘别离，十拍悲深兮泪成血。

我非贪生而恶死，不能捐身兮心有以。生仍冀得兮归桑梓，死当埋骨兮长已矣。日居月诸兮在戎垒，胡人宠我兮有二子。鞠[14]之育之兮不羞耻，愍之念之兮生长边鄙[15]。十有一拍兮因兹起，哀响缠绵兮彻心髓。

东风应律[16]兮暖气多，知是汉家天子兮布阳和。羌胡蹈舞兮共讴歌，两国交欢兮罢兵戈。忽遇汉使兮称近诏，遣千金兮赎妾身。喜得生还兮逢圣君，嗟别稚子兮会无因。十有二拍兮哀乐均，去住两情兮难具陈。

不谓[17]残生兮却得旋归，抚抱胡儿兮泣下沾衣。汉使迎我兮四牡騑騑[18]，胡儿号兮谁得知？与我生死兮逢此时，愁为子兮日无光辉，焉得羽翼兮将汝归。一步一远兮足难移，魂消影绝兮恩爱遗。十有三拍兮弦急调悲，肝肠搅刺兮人莫我知。

身归国兮儿莫之随，心悬悬兮长如饥。四时万物兮有盛衰，唯我愁苦兮不暂移。山高地阔兮见汝无期，更深夜阑兮梦汝来斯。梦中执手兮一喜一悲，觉后痛吾心兮无休歇时。十有四拍兮涕泪交垂，河水东流兮心自思。

十五拍兮节调促，气填胸兮谁识曲？处穹庐兮偶殊俗。愿得归来兮天从欲，再还汉国兮欢心足。心有怀兮愁转深，日月无私兮曾不照临。子母分离兮意难任，同天隔越兮如商参[19]，生死不相知兮何处寻！

十六拍兮思茫茫，我与儿兮各一方。日东月西兮徒相望，不得相随兮空断肠。对萱草[20]兮忧不忘，弹鸣琴兮情何伤！今别子兮归故乡，旧怨平兮新怨长！泣血仰头兮诉苍苍，胡为生我兮独罹[21]此殃！

十七拍兮心鼻酸，关山阻修兮行路难。去时怀土[22]兮心无绪，来时别儿兮思漫漫。塞上黄蒿兮枝枯叶干，沙场白骨兮刀痕箭瘢。风霜凛凛兮春夏寒，人马饥尪[23]兮筋力单。岂知重得兮入长安，叹息欲绝兮泪阑干。胡笳本自出胡中，缘琴翻出[24]音律同。

十八拍兮曲虽终，响有余兮思无穷。是知丝竹微妙兮均造化之功，哀乐各随人心兮有变则通。胡与汉兮异域殊风，天与地隔兮子西母东。苦我怨气兮浩于长空，六合[25]虽广兮受之应不容！

字词注解

① 胡笳：中国古代北方民族的一种乐器，类似笛子。十八拍：即十八乐章，在歌辞也就是十八段辞。

② 乖：违背。

③ 戎羯：戎和羯，古代民族名。泛指西北少数民族。

④ 虺蛇：指毒蛇。

⑤ 控弦：拉弓，持弓。被：同“披”。

⑥ 羯羶：羊臊气。

⑦ 汉音：这里指家乡来的书信。

⑧ 愔愔：幽深、悄寂貌。

⑨ 泠泠：形容清脆激越的声音。

⑩ 陇水：河流名。源出陇山，因名。

⑪ 杳漫：渺茫旷远。

⑫ 殊匹：异族的配偶。

⑬ 殛：这里意为惩罚。

⑭ 鞠：抚育。

⑮ 边鄙：边疆；边远的地方。

⑯ 应律：应合历象。

⑰ 不谓：不意，不料。

⑱ 騑騑：马行走不止貌。

⑲ 商参：即二十八宿的商星与参星，商在东，参在西，此出彼没，永不相见。后以“商参”比喻人之分离不能相见。

⑳ 萱草：俗称金针菜、黄花菜。古人以为种植此草，可以使人忘忧，因称忘忧草。

㉑ 罹：遭受苦难或不幸。

㉒ 怀土：怀恋故土。

㉓ 饥㾊：同“饥虺”，意谓又饿又病。

㉔ 翻出：重新改作。

㉕ 六合：天地四方，指整个宇宙的巨大空间。

奇文共赏

《胡笳十八拍》，又名《胡笳吟》，是古乐府琴曲歌辞，一章为一拍，共十八章，故有此名。琴曲反映的主题是“文姬归汉”，据传为蔡文姬亲作，为中国古代十大名曲之一。

蔡文姬（生卒年不详），名琰，原字昭姬，晋时避司马昭讳，改字文姬。陈留郡圉县（今河南省开封市杞县于镇镇）人。东汉末年文学家，东汉大文学家蔡邕之女。

蔡文姬博学多才，擅长文学、音乐、书法。初嫁于卫仲道，丈夫死后回家。

蔡文姬的父亲蔡邕（133—192年），字伯喈，是东汉时期著名的文学家、书法家。

蔡邕早年拒朝廷征召之命，后被征辟为司徒掾属，任河平长、郎中、议郎等职，曾参与续写《东观汉记》及刻印熹平石经。后因罪被流放朔方，几经周折，避难江南长达12年。

到董卓掌权的时候，蔡邕已回到洛阳。那时候，董卓正想笼络人心，听说蔡邕名气大，就把他请来，封他做官。董卓对他十分敬重，三天里连升三级，历任侍御史、尚书、侍中、左中郎将等职，封高阳乡侯，世称“蔡中郎”。

后来董卓被杀，蔡邕想起董卓待他不错，便叹了口气。但这却惹恼了司徒王允，认为他是董卓一党的人，把他抓了起来。尽管朝廷里有许多大臣都替他说情，王允还是不同意放人，结果死在了监狱里。

蔡邕死后，关中地区又发生李傕、郭汜的混战，长安一带百姓到处逃难，蔡文姬也跟着难民到处流亡。此时，汉朝属国南匈奴趁机反叛。有一天，蔡文姬碰上南匈奴兵，见她年轻美貌，就把她献给了南匈奴的左贤王，左贤王便逼蔡文姬做他的妻子。蔡文姬在塞外度过了12个春秋，生了两个儿女。虽然左贤王很宠爱蔡文姬，但她却无时无刻不在思念故乡，渴望有朝一日能回归故土。

建安中，随着曹操军事力量的不断强大，吕布、袁绍等割据势力被逐步削平，中国北方遂趋于统一。在这一历史条件下，曹操出于对故人蔡邕的怜惜与怀念，“痛其无嗣”，乃遣使者以金璧将蔡文姬从匈奴赎回国中，再嫁给陈留人董祀。

这首《胡笳十八拍》就是蔡文姬在重返中原故土的途中，百感交集，借用胡地的胡笳音调创作的琴歌作品。

《胡笳十八拍》是一曲感人肺腑的千古绝唱，以感人的音调诉说了蔡文姬一生的悲苦遭遇，反映了战乱给人民带来的深重灾难，抒发了对祖国、乡土的思念和不忍骨肉分离的强烈感情。全曲气贯长虹，感情深沉，完整统一。

《胡笳十八拍》还鲜明地反映了当时战争动乱的社会特征和民族之间难以分割的骨肉之情，在音调方面又有着汉匈交融的特色，无论在诗歌还是音乐方面，都达到了很高的艺术境界。

据传，南宋遗民诗人汪元亮曾为身在狱中的文天祥弹奏《胡笳十八拍》，以抒国破之哀恨。这一时期，《胡笳十八拍》在南宋的旧臣遗民间很快流传开来，引起了空前的共鸣。

唐代诗人李颀在其诗《听董大弹胡笳声兼寄语弄房给事》写有“蔡女昔造胡笳声，一弹一十有八拍。胡人落泪沾边草，汉使断肠对归客”之句，生动地描绘了这首琴歌作品感人的艺术魅力。

明朝学者、文学理论学家陆时雍在《诗镜总论》中说：“东京风格颓下，蔡文姬才气英英。读《胡笳吟》，可令惊蓬坐振，沙砾自飞，真是激烈人怀抱。”

作者简介

“文姬归汉”的故事，在历史上广为流传，这里再谈一下蔡文姬归国后的事。

蔡文姬最后嫁的丈夫董祀是一名普通的屯田都尉，后因犯法罪当论死，蔡文姬去找曹操给董祀求情。当时曹操正在宴请公卿名士，对满堂宾客说：“蔡邕的女儿在外面，今天让大家见一见。”时值严冬，史载文姬“蓬首徒行，叩头请罪，音辞清辩，旨甚酸哀，众皆为改容”。但曹操却说：“可是降罪的文书已经发出去了，怎么办呢？”文姬说：“你马厩里的好马成千上万，勇猛的士卒不可胜数，还吝惜一匹快马来拯救一条垂死的生命吗？”曹操最终被蔡文姬感动，不仅赦免了董祀，还赠给她头巾与鞋袜。

曹操又问文姬：“听说你家原来有很多古籍，现在还能想起来吗？”文姬说：“当初父亲留给我的书籍有四千余卷，但因为战乱流离失所，保存下来的很少。现在我能记下的，只有四百余篇。”曹操说：“我派十个人陪夫人写下来，可以吗？”蔡文姬说：“男女授受不亲，给我纸笔，我一个人写给你就是。”据说蔡文姬将自己所记下的古籍内容写下来送给曹操，没有一点错误。

蔡文姬回家后，于伤感悲愤之余作《悲愤诗》二首，一首为五言体，一首为骚体。其中五言的那首侧重于“感伤乱离”，是一首以情纬事的叙事诗，是中国诗歌史上第一首文人创作的自传体长篇叙事诗。清代诗论家张玉谷曾作诗称赞蔡文姬的五言诗：“文姬才欲压文君，《悲愤》长篇洵大文。老杜固宗曹七步，瓣香可也及钗裙。”大意是说蔡文姬的才华压倒了汉代才女卓文君，曹植和杜甫的五言叙事诗也受到了她的影响。

作此二诗之后，目前史书上再未见到蔡文姬的相关记载。

白马篇

——捐躯赴难，视死如归

经典原文

白马饰金羁[①]，连翩西北驰[②]。借问谁家子？幽并游侠儿[③]。
少小去乡邑[④]，扬声沙漠垂[⑤]。宿昔秉良弓[⑥]，楛矢何参差[⑦]！
控弦破左的[⑧]，右发摧月支[⑨]。仰手接飞猱[⑩]，俯身散马蹄[⑪]。
狡捷过猴猿，勇剽若豹螭[⑫]。边城多警急，虏骑数迁移[⑬]。
羽檄[⑭]从北来，厉马[⑮]登高堤。长驱蹈[⑯]匈奴，左顾凌鲜卑[⑰]。
弃身[⑱]锋刃端，性命安可怀[⑲]？父母且不顾，何言子与妻？
名编壮士籍[⑳]，不得中[㉑]顾私。捐躯赴国难，视死忽[㉒]如归。

字词注解

①金羁：金饰的马笼头。

②连翩：连续不断。原指鸟飞的样子，这里用来形容白马奔驰的俊逸形象。

③幽并：幽州和并州，在今河北、山西、陕西一带。游侠儿：即游侠，泛指古代勇武豪爽、喜好交游、轻生重义、勇于排难解纷的人。

④去：离开。乡邑：指家乡。

⑤扬声：扬名。垂：同“陲”，边境。

⑥ 宿昔：早晚。秉：执、持。

⑦ 楛矢：用楛木做成的箭。何：多么。参差：长短不齐的样子。

⑧ 控弦：开弓。的：箭靶。

⑨ 摧：毁坏。月支：箭靶的名称。

⑩ 接：接射。飞猱：飞奔的猿猴。猱，猿的一种，行动轻捷。

⑪ 散：射碎。马蹄：箭靶的名称。

⑫ 勇剽：勇敢剽悍。螭：传说中形状如龙的黄色猛兽。

⑬ 虏骑：指匈奴、鲜卑的骑兵。迁移：指进兵入侵。

⑭ 羽檄：插着鸟羽的军事文书，以示紧急，必须迅速传递。

⑮ 厉马：扬鞭策马。

⑯ 蹈：践踏。

⑰ 陵：压制。鲜卑：中国东北方的少数民族，东汉末成为北方强族。

⑱ 弃身：舍身。

⑲ 怀：爱惜。

⑳ 籍：名册。

㉑ 中：内心。

㉒ 忽：忽略，不在意。

奇文共赏

从汉献帝建安到魏文帝黄初年间（196—226 年），是中国诗歌史上的一个黄金时代。由于曹氏父子的提倡，汉乐府诗“感于哀乐，缘事而发”的现实主义精神得到了继承和发扬。这一时期最有价值的文学作品，除了那些反映人民苦难的篇目外，就是抒发渴望为国家建功立业的理想篇章。这方面的代表作当属曹植的《白马篇》。

《白马篇》，又名《游侠篇》，是曹植创作的乐府新题，属《杂曲歌·齐瑟行》，是曹植前期的代表作品。

此诗以曲折动人的情节描写边塞游侠儿捐躯赴难、奋不顾身的英勇行为，塑造了边疆地区一位武艺高超、渴望卫国立功甚至不惜牺牲生命的游侠少年形象，表达了诗人建功立业的强烈愿望。

全诗风格雄放，气氛热烈，语言精美，称得上是情调兼胜。诗中的英雄形象，既是诗人的自我写照，又凝聚和闪耀着时代的光辉。

作者简介

曹植（192—232年），字子建，三国时魏国诗人，魏武帝曹操第三子。生前曾为陈王，去世后谥号“思”，因此又称陈思王。

曹植是三国时期曹魏著名文学家，作为建安文学的代表人物之一与集大成者，他在两晋南北朝时期被推尊到“文章典范”的地位。其代表作有《洛神赋》《白马篇》《七哀诗》等。后人因其文学上的造诣而将他与曹操、曹丕合称为“三曹”。留有文集三十卷，已佚，今存《曹子建集》为宋人所编。

曹植的文学成就是多方面的。南朝宋文学家谢灵运有“天下才有一石，曹子建独占八斗”的评价。《诗品》的作者钟嵘亦赞曹植“骨气奇高，词彩华茂，情兼雅怨，体被文质，粲溢今古，卓尔不群”。

作为《诗品》全书中品第最高的诗人、中国诗歌抒情品格的确立者，曹植在诗史上具有“一代诗宗”的历史地位。清代诗词理论家王士祯也曾给予高度评价：“汉魏以来二千年间诗家堪称‘仙才’者，曹植、李白、苏轼三人耳。”

与山巨源[①]绝交书

——离事自全，志高文伟

经典原文

康白[②]:

足下昔称吾于颍川[③]，吾常谓之知言[④]。然经怪此意尚未熟悉于足下[⑤]，何从便得之也？前年从河东还[⑥]，显宗、阿都说足下议以吾自代[⑦]，事虽不行，知足下故不知之。足下傍通[⑧]，多可而少怪[⑨]；吾直性狭中[⑩]，多所不堪[⑪]，偶与足下相知耳。闲闻足下迁[⑫]，惕然[⑬]不喜，恐足下羞庖人[⑭]之独割，引尸祝[⑮]以自助，手荐鸾刀[⑯]，漫[⑰]之膻腥，故具为足下陈[⑱]其可否。

吾昔读书，得并介之人[⑲]，或谓无之，今乃信其真有耳。性有所不堪，真不可强。今空语同知有达人[⑳]无所不堪，外不殊俗，而内不失正，与一世同其波流，而悔吝[㉑]不生耳。老子、庄周，吾之师也，亲居贱职[㉒]；柳下惠、东方朔，达人也，安乎卑位[㉓]，吾岂敢短[㉔]之哉！又仲尼兼爱，不羞执鞭[㉕]；子文[㉖]无欲卿相，而三登令尹[㉗]，是乃君子思济物[㉘]之意也。所谓达能兼善而不渝，穷则自得而无闷[㉙]。以此观之，故尧、舜之君世[㉚]，许由之岩栖[㉛]，子房之佐汉[㉜]，接舆之行歌[㉝]，其揆[㉞]一也。仰瞻数君，可谓能遂其志者也。故君子百行[㉟]，殊途而同致，循性而动，各附所安。故有处朝廷而不出，入山林而不返之论。且延陵高子臧之风[㊱]，长卿慕相如之节[㊲]，志气所托，不可夺也。吾每读尚子平、台孝威传[㊳]，慨然慕之，想其为人。少加孤露[㊴]，母兄见骄，不涉经学。性复疏懒，筋驽肉缓，头面常一月十五日不洗，不大闷痒[40]，不能[41]沐也。每常小便而忍不起，令胞[42]中略转乃起耳。又纵逸来久，情意傲散，简与礼相背，懒与慢相成，而为侪类[43]见宽，不攻其过。又读《庄》《老》，重增其放[44]，故使荣进之心日颓，任实[45]之情转笃。此犹禽鹿，少见[46]驯育，则服从教制；长而见羁，则狂顾顿缨[47]，赴蹈汤火；虽饰以金镳[48]，飨以嘉肴，愈思长林而志在丰草也。

阮嗣宗[49]口不论人过，吾每师之而未能及；至性过人，与物无伤，唯饮酒过差[50]耳。至为礼法之士所绳[51]，疾之如仇，幸赖大将军保持[52]之耳。吾不如嗣宗之资，而有慢弛之阙[53]；又不识人情，暗于机宜[54]；无万石[55]之慎，而有好尽之累[56]。久与事接，疵衅[57]日兴，虽欲无患，其可得乎？又人伦有礼，朝廷有法，自惟至熟[58]，有必不堪者七，甚不可者二：卧喜晚起，而当关呼之不置[59]，一不堪也。抱琴行吟，弋[60]钓草野，而吏卒守之，不得妄动，二不堪也。危坐一时，痹[61]不得摇，性[62]复多虱，把搔[63]无已，而当裹以章服[64]，揖拜上官，三不堪也。素不便[65]书，又不喜作书，而人间多事，堆案盈机[66]，不相酬答，则犯教伤义[67]，欲自勉强，则不能久，四不堪也。不喜吊丧，而人道以此为重，已为未见恕者所怨，至欲见中伤者；虽瞿然[68]自责，然性不可化，欲降心顺俗[69]，则诡故不情[70]，亦终不能获无咎无誉[71]如此，五不堪也。不喜俗人，而当与之共事，或宾客盈坐，鸣声聒耳，嚣尘臭处[72]，千变百伎[73]，在人目前，六不堪也。心不耐烦，而官事鞅掌[74]，机务[75]缠其心，世故烦其虑，七不堪也。又每非汤、武而薄周、孔[76]，在人间不止，此事会显[77]，世教所不容，此甚不可一也。刚肠疾恶，轻肆直言，遇事便发，此甚不可二也。以促中小心[78]之性，统此九患，不有外难，当有内病，宁可久处人间邪？又闻道士遗言，饵术黄精[79]，令人久寿，意甚信之；游山泽，观鱼鸟，心甚乐之；一行作吏，此事便废，安能舍其所乐而从其所惧哉！

夫人之相知，贵识其天性，因而济之。禹不逼伯成子高[80]，全其节也；仲尼不假盖于子夏[81]，护其短也；近诸葛孔明不逼元直以入蜀[82]，华子鱼不强幼安以卿相[83]，此可谓能相终始，真相知者也。足下见直木不可以为轮，曲木不可以为桷[84]，盖不欲枉其天才[85]，令得其所也。故四民有业[86]，各以得志为乐，唯达者为能通之，此足下度内[87]耳。不可自见好章甫[88]，强越人以文冕也[89]；己嗜臭腐，养鸳雏[90]以死鼠也。吾顷[91]学养生之术，方外[92]荣华，去滋味[93]，游心于寂寞，以无为为贵。纵无九患，尚不顾足下所好者。又有心闷疾，顷转增笃，私意自试，不能堪其所不乐。自卜已审[94]，若道尽途穷则已耳。足下无事冤之[95]，令转于沟壑也[96]。

吾新失母兄之欢，意常凄切。女年十三，男年八岁，未及成人，况复多病。顾此悢悢[97]，如何可言！今但愿守陋巷，教养子孙，时与亲旧叙离阔，陈说平生，浊酒一杯，弹琴一曲，志愿毕矣。足下若嬲之不置[98]，不过欲为官得人，以益时用耳。足下旧知吾潦倒粗疏[99]，不切事情[100]，自惟亦皆不如今日之贤能也。若以俗人皆喜荣华，独能离之，以此为快；此最近之，可得言耳。然使长才广度[101]，无所不淹[102]，而能不营[103]，乃可贵耳。若吾多病困，欲离事自全，以保余年，此真所乏耳，岂可见黄门而称贞哉[104]！若趣欲共登王途[105]，期于相致，时为欢益，一旦迫之，必发狂疾。自非重怨[106]，不至于此也。野人有快炙背而美芹子者[107]，欲献之至尊，虽有区区之意，亦已疏矣。愿足下勿似之。其意如此，既以解足下，并以为别[108]。

嵇康白。

字词注解

① 山巨源：山涛（205—283年），字巨源。河内郡怀县（今河南武陟西）人。三国至西晋时期大臣、名士，“竹林七贤”之一。

② 白：陈述，说明；禀告，报告。

③ 称：指称说嵇康不愿出仕的意志。颍川：指山涛的叔父山嵚。古代常以某人的任职地名、籍贯、官名作为他的代称，山嵚曾为颍川太守。

④ 知言：知己的话。山涛曾向山嵚称说嵇康不愿出仕，嵇康认为可谓相知之言。

⑤ 经：常常。此意：指嵇康不愿出仕的意志。

⑥ 河东：地名。在今山西省夏县西北。

⑦ 显宗：公孙崇，字显宗，谯国人，曾为尚书郎。阿都：吕安，字仲

悌，小名阿都，东平人，嵇康好友。以吾自代：指山涛拟推荐嵇康代其之职。嵇康在河东时，山涛正担任选曹郎职务。

⑧ 傍通：善于应付变化。

⑨ 可：许可。怪：责怪。

⑩ 狭中：心地狭窄。

⑪ 不堪：承受不了。

⑫ 闲：近来。迁：升官。指山涛从选曹郎迁为大将军从事中郎。

⑬ 惕然：忧惧的样子。

⑭ 庖人：厨师。

⑮ 尸祝：指祭祀中执祭版对神主祝祷的人。

⑯ 鸾刀：刀环鸾铃的刀。古代祭祀时割牲用。

⑰ 漫：沾污。

⑱ 陈：陈说，叙说。

⑲ 并介之人：兼济天下而又耿介孤直的人。并，指能兼济天下。介，指耿介孤直。这两种品性是相互排斥、不能统一的，故下句说“或谓无之”，再下一句“今乃信其有”是一句反话，用来讽刺山涛处世圆滑。

⑳ 达人：通达世理的人。

㉑ 悔吝：悔恨。

㉒ 亲居贱职：老子曾为周朝的守藏史，庄周曾为宋国漆园吏，都是小官。

㉓ 安乎卑位：柳下惠曾做鲁国士师，管狱讼之事；东方朔在汉武帝时为郎官，均职位卑下。

㉔ 短：轻视。

㉕ 执鞭：指执鞭赶车的人。

㉖ 子文：姓鬬，名谷於菟，春秋时楚国贤相。他曾三任首辅，“自毁其家，以纾国难”，对楚国强大和北上争霸，做出了杰出贡献，孔子誉为“忠”。《论语·公冶长》云：“令尹子文，三仕为令尹，无喜色；三已之，无愠色。”

㉗ 令尹：楚国官名，相当宰相。

㉘ 济物：救世济人。

㉙ 无闷：没有忧烦。

㉚ 君世：为君于世。

㉛ 许由：尧时隐士。尧想把天下让给他，他不肯接受，就到箕山去隐居。岩栖：指栖宿于山岩之中。

㉜ 子房：张良，字子房。他曾帮助汉高祖刘邦统一天下，建立汉王朝。

㉝ 接舆：春秋时楚国隐士。孔子游宦楚国时，接舆唱着讽劝孔子归隐的歌从其车边走过。

㉞ 揆：原则，道理。

㉟ 百行：各种不同行为。

㊱ 延陵：名季札，春秋时吴国公子。居于延陵，人称延陵季子。子臧：一名欣时，曹国公子。曹宣公死后，曹人要立子臧为君，子臧拒不接受，离国而去。季札的父兄要立季札为嗣君，季札引子臧不为曹国君为例，拒不接受。风：风操。指高尚情操。

㊲ 长卿：汉代司马相如的字。相如：指战国时赵国人蔺相如，以“完璧归赵”功拜上大夫。《史记·司马相如传》载：“（司马）相如既学，慕蔺相如之为人，更名相如。”

㊳ 尚子平：东汉时人。《文选》李善注引《英雄记》说他“有道术，为县功曹，休归，自入山担薪，卖以供食饮”。《后汉书·逸民传》作“向子平”，说他在儿女婚嫁后，即不再过问家事，恣意游五岳名山，不知所终。台孝威：名佟，东汉时人。隐居武安山，凿穴而居，以采药为业。

㊴ 孤露：孤单无所荫庇，指丧父、丧母，或父母双亡。

㊵ 闷痒：闷热发痒。

㊶ 不能：不愿。能，通“耐”。

㊷ 胞：原指胎衣，这里指膀胱。

㊸ 侪类：指同辈朋友。

㊹ 放：放荡。

㊺ 任实：放纵任性。

㊻ 少：从小。见：被。

㊼ 狂顾：疯狂地四面张望。顿缨：挣脱羁索。

㊽ 金镳：金属制作的马笼头。这里指鹿笼头。

㊾ 阮嗣宗：阮籍，字嗣宗，与嵇康同为“竹林七贤”之一。

㊿ 过差：过度。

51 绳：弹劾、纠正过失。

52 大将军：指司马昭。保持：保护。

53 慢弛：傲慢懒散。阙：缺点。

54 暗于机宜：不懂得随机应变。

55 万石：汉代石奋，一生以谨慎著称。他和四个儿子都官至二千石，共一万石，所以汉景帝称他为“万石君”。

56 好尽：毫不忌讳，尽情而言。累：过失，毛病。

57 疵衅：缺点和罪过。疵，缺点。衅，争端。

58 惟：思虑。熟：精详。

59 当关：守门的差役。不置：不已。

60 弋：系有绳子的箭，用来射取禽鸟。这里即指射禽鸟。

61 痹：麻木。

62 性：通“身”，身体。

63 把搔：用手搔痒。把，通“爬”。

64 章服：冠服。指官服。

65 不便：不习，不善于。

66 机：同“几”，小桌子。

67 犯教伤义：指触犯封建礼教失去礼仪。

68 瞿然：惊惧的样子。

69 降心顺俗：压抑自己傲散的心意，随顺世俗。降心，抑制自己的心意。

70 诡故不情：违背本性，是自己所不情愿的。诡故，违背自己本性。不情，不符合真情。

71 无咎无誉：即无荣无辱，既不遭到罪责也得不到称赞。

72 嚣尘：喧杂多尘。臭处：秽气所集。均指官府所在。

73 千变百伎：指仕途中人各种钩心斗角的伎俩。

74 鞅掌：指职事纷扰繁忙。

75 机务：官府要务。

⑯ 非：非难。薄：鄙薄。

⑰ 此事：指非难成汤、武王，鄙薄周公、孔子之事。会显：会当显著，为众人所知。

⑱ 促中小心：指心胸狭隘。

⑲ 饵术黄精：道家中有服食派，认为久服仓术与黄精，均可轻身延年。饵，服食。

⑳ 伯成子高：禹时隐士。传说中三代时的贤者伯成子高，尧舜时立为诸侯，至夏禹时辞去诸侯而归耕。禹往见之，子高告以今世德衰，耕而不顾。

㉑ 子夏：孔子弟子卜商的字。假：借。盖：雨伞。《孔子家语·致思》云：孔子将行，遇雨，门人告诉他子夏有雨具，孔子说："商之为人也，甚吝于财，吾闻与人交，推其长者，违其短者，故能久也。"于是不向卜商借伞。

㉒ 元直：徐庶的字。他与诸葛亮为友，两人原来都在刘备部下，后来徐庶的母亲被曹操捉去，他就辞别刘备而投奔曹操，诸葛亮没有加以阻留。

㉓ 华子鱼：华歆的字。幼安：管宁的字。两人为同学好友，魏文帝时，华歆为太尉，想推举管宁接任自己的职务，管宁便举家渡海而归，华歆也不加强迫。

㉔ 桷：屋上承瓦的椽子。因为它是直的，曲木不能用来做桷子。

㉕ 天才：指本性。

㉖ 四民：指士、农、工、商。

㉗ 度内：意料之中。

㉘ 章甫：殷代冠名，一种绾在发髻上的帽子。

㉙ 越人：指今浙江、福建一带居民。文冕：饰有图纹的帽子。

㉚ 鸳雏：传说中像凤凰一类的鸟。

㉛ 顷：刚刚，不久。

㉜ 外：疏远，排斥。

㉝ 滋味：美味。

㉞ 自卜已审：自己已考虑得十分明确。

㉟ 无事：平白无故。冤：委屈。

㊱ 转于沟壑：流转在山沟河谷之间。指流离而死。

⑰ 悢悢：悲恨。

⑱ 嬲之不置：纠缠不放。嬲，纠缠。

⑲ 潦倒粗疏：放任散漫的意思。

⑳ 不切事情：不愿接触世事。

⑩① 长才广度：指有高才大度的人。

⑩② 淹：贯通。

⑩③ 不营：不营求。指不求仕进。

⑩④ 黄门：宦官。宦官不淫乱，不能称为贞洁；喻自己不慕荣华是因为缺乏才量，不能以为就高尚。

⑩⑤ 趣：急于。王途：仕途。

⑩⑥ 自非：若不是。重怨：大仇。

⑩⑦ 野人：居住在乡野的人。快炙背：对太阳晒背感到快意。美芹子：以芹菜为美味。

⑩⑧ 别：告别。这里是绝交的婉辞。

奇文共赏

《与山巨源绝交书》是魏晋时期文学家嵇康写给朋友山涛的一封信，也是一篇名传千古的散文。

魏晋之际，活跃着一个著名的文人集团，时人称之为“竹林七贤”，即嵇康、阮籍、山涛、刘伶、向秀、阮咸、王戎。当时，政治上正面临着王朝更迭的风暴。“竹林七贤”在开始时政治上倾向于亲魏，后来司马氏日兴、曹魏日衰，胜负之势分明，七人便分化了。首先是山涛，即山巨源，投靠司马氏做了官，随之他又出面拉嵇康。嵇康是“七贤”的精神领袖，出身寒门，与曹魏宗室通婚，故对司马氏采取了拒不合作的态度。为了表明自己的这一态度，也为了抒发对山巨源的鄙夷和对黑暗时局的不满，他写下了这篇有名的绝交书。

这封信是嵇康听到山涛在由选曹郎调任大将军从事中郎时，想荐举他代其原职的消息后所写的。

这是一篇战斗性极强而艺术水平很高的文章。在信中，嵇康拒绝了山涛的荐引，指出人的秉性各有所好，申明他自己赋性疏懒，不堪礼法约束，不可加以勉强。他强调放任自然，既是对世俗礼法的蔑视，也是他崇尚老庄无为思想的一种反映。

文章风格清峻，立意超俗，行文精练。嵇康用辛辣的笔触，满腔愤慨地抨击了司马懿父子的残暴，提出了“非汤武而薄周孔”的政治见解，这也成了他日后被杀的伏笔。

嵇康这篇文章看似在责备山涛不懂得自己的志向，还说要与山涛绝交，实际上是写给司马昭看的，是在向司马昭表明自己拒绝做官的坚决态度。

面对嵇康的讽刺，山涛居然没有发声辩解。山涛后来因为和司马家族的联姻关系选择加入司马氏集团，与嵇康他们的来往就少了，但还没有断交。

最令人意想不到的反转，是在嵇康被杀之前将自己年仅十岁的儿子嵇绍托付给了山涛，不仅嵇康的亲友想不通，这在外人看来也不可思议。嵇康对儿子说，山涛是个值得信赖的人，只要他在，你就不是没有父亲的孤儿，他会像父亲一样照顾你。

嵇康的被杀其实和山涛没有半点关系，而是因为他得罪了钟会。此人经常在司马昭面前进献谗言，最后因为吕安的事情判处嵇康死罪。

面对旧友的托孤，山涛竟然也没有拒绝，可见山涛不仅没有对嵇康绝交记恨在心，反而选择理解他、原谅他。事实证明他的选择是正确的，山涛将嵇绍视如己出，用心培养教育。

这出史上最匪夷所思的“绝交”背后，体现出了竹林七贤名士们身上的洒脱与自然，至今仍值得回味。

嵇康其人品性高洁，其文亦如其人。他临刑的时候，有3000名太学生请求以他为师，可见他在当时社会上的声望。

《与山巨源绝交书》是他的代表作，也最能显露他的高贵品性和卓越的才华。刘勰在《文心雕龙》说：“嵇康《绝交》，实志高而文伟。”真是一语中的。

作者简介

嵇康（224—263，一作223—262年），字叔夜，谯国铚县（今安徽省濉溪县）人，三国时期曹魏思想家、音乐家、文学家。

嵇康自幼聪颖，博览群书，广习诸艺，尤为喜爱老庄学说。早年迎娶魏武帝曹操曾孙女长乐亭主为妻，拜官郎中，授中散大夫，世称“嵇中散”。司马氏掌权后，隐居不仕，拒绝出仕。景元四年（263年），因受司隶校尉钟会构陷，而遭掌权的大将军司马昭处死。

嵇康与阮籍等人共倡玄学新风，主张“越名教而任自然”“审贵贱而通物情”，成为“竹林七贤”的精神领袖。

嵇康工诗善文，其作品风格清峻，思想新颖，析理绵密，笔锋犀利，给后世思想界、文学界带来许多启发。今有《嵇康集》传世。

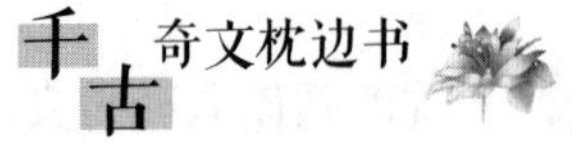

酒德颂

——居无室庐，幕天席地

经典原文

有大人先生者[①]，以天地为一朝[②]，万期[③]为须臾，日月为扃牖[④]，八荒为庭衢[⑤]。行无辙迹[⑥]，居无室庐，幕天席地[⑦]，纵意所如。止则操卮执觚[⑧]，动则挈榼提壶[⑨]，唯酒是务，焉知其余？

有贵介[⑩]公子，搢绅处士[⑪]，闻吾风声[⑫]，议其所以。乃奋袂攘襟[⑬]，怒目切齿，陈说礼法，是非锋起。先生于是方捧罂承槽[⑭]，衔杯漱醪[⑮]。奋髯箕踞[⑯]，枕曲借糟[⑰]，无思无虑，其乐陶陶。兀然而醉，豁尔而醒。静听不闻雷霆之声，熟视不睹泰山之形，不觉寒暑之切肌，利欲之感情。俯观万物，扰扰焉如江汉之载浮萍；二豪侍侧焉，如蜾蠃之与螟蛉[⑱]。

字词注解

① 大人先生：指德行高尚的老先生，此处作者用以自代。大人，古时用以指称圣人或有道德的人。先生，对有德业者的尊称。

② 一朝：一天。朝：古时平旦至食时为朝。

③ 万期：万年。期：周年。

④ 扃牖：门窗。

⑤ 八荒：也叫八方，泛指周围、各地；也指四面八方遥远的地方，犹

称“天下”。庭衢：庭道。

⑥ 辙迹：轨迹。

⑦ 幕天席地：以天为幕，以地为席。原形容性情豁达，也用来形容行为放旷。

⑧ 操卮执觚：指举杯饮酒。卮、觚，均为饮酒的器具。

⑨ 挈榼提壶：指举杯饮酒。榼，古代盛酒或贮水的器具。

⑩ 贵介：尊贵。

⑪ 搢绅：即“缙绅”，士大夫。搢，插。绅，大带。古时仕宦者垂绅插笏，故称士大夫为搢绅。处士：有才德而隐居不仕的人。

⑫ 风声：名声。

⑬ 奋袂攘襟：敛起袖子，绾起衣襟。

⑭ 罂：小口大肚的瓶子。槽：盛饮料或其他液体的器具。

⑮ 漱：含着。醪：浊酒。

⑯ 奋髯：拨弄胡须。箕踞：两脚张开，两膝微曲地坐着，形状像箕。这是一种不拘礼节、傲慢不敬的坐法。比喻轻慢傲视对方的姿态。

⑰ 曲：酒曲。糟：酒糟。

⑱ 二豪：指公子与处士。蜾蠃：细腰蜂。螟蛉：螟蛾的幼虫。蜾蠃捕捉螟蛉，存在窝里，留作它幼虫的食物，然后产卵并封闭洞口。古人误认为蜾蠃养螟蛉为己子，螟蛉即变为蜾蠃。此处以二虫比作处士与公子。

奇文共赏

魏晋人嗜酒，而以“竹林七贤”尤甚。但其中借酒消愁的成分居多，唯有刘伶却多引以为乐趣。在一次酒醉之后，他挥笔写下上面这篇二百余字的骈文——《酒德颂》。

这篇文章虚构了两组对立的人物形象，一是“唯酒是务”的大人形象，一是贵介公子和缙绅处士。他们代表了两种处世态度：大人先生纵情任性，沉醉于酒中，睥睨万物，不受羁绊；而贵介公子和缙绅处士则拘泥礼教，死守礼法，不敢越雷池半步。

全文洋洋洒洒，以颂酒为名，把喝酒升华到了一种玄奥的境界，尽显作者不羁的风度，表达了作者刘伶超脱世俗、蔑视礼法的鲜明态度。文章行文轻灵，笔意恣肆，刻画生动，语言幽默。

作者写此文本为自赏，不想却成了千古妙文。明代金圣叹《天下才子必读书》评曰："从来只说伯伦沉醉，又岂知其得意在醒时耶？看其'天地一朝'等，乃是未饮以前；'静听不闻'，乃是既醒以后，则信乎众人皆醉，伯伦独醒耳。"

作者简介

刘伶（221—300年），字伯伦。西晋沛国（治今安徽濉溪县西北）人。魏晋时期名士，与阮籍、嵇康、山涛、向秀、王戎和阮咸并称为"竹林七贤"。

刘伶好老庄之学，追求自由逍遥、无为而治。他曾在建威将军王戎幕府下任参军；晋武帝泰始初，对朝廷策问，强调无为而治，被认为无能而罢免。泰始二年（266年），朝廷征召刘伶再次入朝为官，被其拒绝。

刘伶现今存世的作品只有《酒德颂》和《北芒客舍》二篇。

刘伶嗜酒不羁，被称为"醉侯"。他常常纵情饮酒，任性放诞。有时他甚至脱掉衣服，赤身裸体待在屋中。有人看到后讥笑他，他说："我把天地当房子，把房屋当裤子，诸位为什么跑到我裤子里来？"

相传当年酒神杜康在金乡县造酒，刘伶路过此地时闻香下马，因痛饮美酒过量，没走多远便醉死落马，被人葬于今杨早村东南的张庄东面。三年后，刘伶家人闻讯追寻到此，找酒家要人，酒家言说："刘伶酒后尚欠饭钱未还。"刘伶的家人来到葬地，挖开坟墓，想不到这醉死三年的刘伶竟奇迹般地醒来。醒后的刘伶喊了声"好酒"，便吐酒在地。被酒浸湿的地方从此便逢旱不干，茂盛不衰。这就是"刘伶醉酒"的传说。

别赋

——黯然销魂，唯别而已

经典原文

黯然销魂[①]者，唯别而已矣。况秦吴兮绝国[②]，复燕宋[③]兮千里。或春苔兮始生，乍秋风兮蹔起[④]。是以行子[⑤]肠断，百感凄恻。风萧萧而异响，云漫漫而奇色。舟凝滞于水滨，车逶迟[⑥]于山侧，棹容与而讵前[⑦]，马寒鸣而不息。掩金觞[⑧]而谁御，横玉柱而沾轼[⑨]。居人愁卧，怳若[⑩]有亡。日下壁而沉彩[⑪]，月上轩而飞光。见红兰之受露，望青楸之离霜[⑫]。巡曾楹[⑬]而空掩，抚锦幕[⑭]而虚凉。知离梦之踯躅[⑮]，意别魂之飞扬[⑯]。

故别虽一绪[⑰]，事乃万族[⑱]。

至若龙马银鞍，朱轩绣轴[⑲]，帐饮东都[⑳]，送客金谷[㉑]。琴羽张[㉒]兮箫鼓陈，燕赵[㉓]歌兮伤美人；珠与玉兮艳暮秋，罗与绮兮娇上春[㉔]。惊驷马之仰秣[㉕]，耸[㉖]渊鱼之赤鳞。造分手而衔涕[㉗]，感寂漠[㉘]而伤神。

乃有剑客惭恩[㉙]，少年报士[㉚]，韩国赵厕[㉛]，吴宫燕市[㉜]，割慈忍爱，离邦去里，沥泣共诀[㉝]，抆血[㉞]相视。驱征马而不顾，见行尘之时起。方衔感[㉟]于一剑，非买价于泉里[㊱]。金石震而色变[㊲]，骨肉悲而心死[㊳]。

或乃边郡未和，负羽[㊴]从军。辽水[㊵]无极，雁山[㊶]参云。闺中风暖，陌上草薰。日出天而耀景[㊷]，露下地而腾文[㊸]，镜朱尘之照烂[㊹]，袭青气之烟煴[㊺]。攀桃李兮不忍别，送爱子[㊻]兮沾罗裙。

至如一赴绝国，讵[47]相见期？视乔木兮故里，决北梁[48]兮永辞。左右[49]兮魂动，亲宾[50]兮泪滋。可班荆兮赠恨[51]，惟尊[52]酒兮叙悲。值秋雁兮飞日，当白露兮下时。怨复怨兮远山曲，去复去兮长河湄[53]。

又若君居淄右[54]，妾家河阳[55]。同琼佩之晨照，共金炉之夕香，君结绶[56]兮千里，惜瑶草之徒芳[57]。惭幽闺之琴瑟，晦高台之流黄[58]。春宫閟此青苔色[59]，秋帐含兹明月光，夏簟[60]清兮昼不暮，冬釭[61]凝兮夜何长！织锦曲兮泣已尽，回文诗兮影独伤。

傥有华阴上士[62]，服食还山[63]。术既妙而犹学，道已寂而未传[64]。守丹灶而不顾[65]，炼金鼎而方坚，驾鹤上汉[66]，骖鸾腾天[67]。暂游万里，少别千年。惟世间兮重别，谢[68]主人兮依然。

下有芍药之诗[69]，佳人之歌[70]。桑中卫女[71]，上宫陈娥[72]。春草碧色，春水渌波[73]，送君南浦[74]，伤如之何！至乃秋露如珠，秋月如珪，明月白露，光阴[75]往来，与子之别，思心徘徊。

是以别方[76]不定，别理千名[77]，有别必怨，有怨必盈，使人意夺神骇，心折骨惊[78]。虽渊云[79]之墨妙，严乐[80]之笔精，金闺之诸彦[81]，兰台[82]之群英，赋有凌云之称[83]，辩有雕龙之声[84]，谁能摹暂离之状，写永诀之情者乎！

字词注解

①黯然销魂：心神沮丧，好像丢失了魂一样。形容极度沮丧。黯然，心神沮丧，形容惨戚之状。销魂，即丧魂落魄。

②秦吴：二古国名。秦国在今陕西一带，吴国在今江苏、浙江一带。绝国：相隔极远的邦国，交通隔绝之国。

③燕宋：二古国名。燕国在今河北一带，宋国在今河南一带。

④乍：忽然。蹔：同“暂”。

⑤行子：旅客。

⑥逶迟：徘徊不行的样子。

⑦棹：船桨，这里指代船。容与：随水波起伏动荡貌。讵前：滞留不前。

⑧掩：覆盖。觞：酒杯。御：进用。

⑨横：横持。玉柱：琴瑟上的系弦之木，这里指琴。轼：古代车厢前

面用作扶手的横木。

⑩ 怳若：丧神失意的样子。

⑪ 沉彩：指日光西沉。

⑫ 楸：一种落叶乔木，古人多植于道旁。离：即“罹”，遭受。

⑬ 曾楹：高高的楼房。曾，同“层”。楹，屋前的柱子，此指房屋。

⑭ 锦幕：锦织的帐幕。

⑮ 踯躅：徘徊不前的样子。

⑯ 意：同“臆”，料想。飞扬：指心神不安。

⑰ 一绪：同一心绪。

⑱ 万族：指不同的种类。

⑲ 朱轩：红漆的车子，古代为显贵所乘。绣轴：绘有彩饰的车轴。此指车驾之华贵。

⑳ 帐饮：指在郊野张设帷帐，宴饮送别。东都：指东都门，长安城门名。

㉑ 金谷：指晋代石崇在洛阳西北金谷所造金谷园。

㉒ 琴羽：指琴中弹奏出羽声。羽，古代五音之一，声最细切，宜于表现悲戚之情。张：调弦。

㉓ 燕赵：《古诗》有“燕赵多佳人，美者颜如玉”之句，后因以美人多出燕赵。此指美女歌姬。

㉔ 上春：即初春。

㉕ 驷马：古时四匹马拉的车驾称驷，马称驷马。仰秣：此谓马听见美妙的音乐，反常地抬起头倾听，竟忘了吃饲料。秣，喂马的谷饲料。

㉖ 耸：因惊动而跃起。

㉗ 造：等到。衔涕：含泪。

㉘ 寂漠：即“寂寞”。

㉙ 惭恩：指自惭于未报主人知遇之恩。

㉚ 报士：指心怀报恩之念的侠士。

㉛ 韩国：指战国时侠士聂政为韩国严仲子报仇，刺杀韩相侠累一事。赵厕：指战国时豫让为替智伯报仇，埋伏在厕所里，欲刺死赵襄子一事。

㉜ 吴宫：指春秋时专诸置匕首于鱼腹，在宴席间为吴国公子光刺杀吴

王僚一事。燕市：指荆轲与朋友高渐离等饮于燕国街市，因感燕太子恩遇，藏匕首于地图中，至秦献图刺秦王一事。荆轲刺杀未成身死，高渐离为了替他报仇，又一次入秦谋杀秦王。

㉝ 沥泣：洒泪哭泣。诀：诀别。

㉞ 抆血：指眼泪流尽后又继续流血。抆，擦拭。

㉟ 衔感：怀恩感遇。衔，怀。

㊱ 买价：指以生命换取金钱。泉里：黄泉。

㊲ 金石震而色变：原本出自《燕丹太子》：“荆轲与武阳入秦，秦王陛戟而见燕使，鼓钟并发，群臣皆呼万岁，武阳大恐，两足不能相过，面如死灰色。”金石震，指钟、磬等乐器齐鸣。

㊳ 骨肉悲而心死：典出《史记·刺客列传》。聂政刺杀韩相侠累后，剖腹毁容自杀，以免牵连他人。韩国当政者将他暴尸于市，悬赏千金。他的姐姐聂嫈说：“妾其奈何畏殁身之诛，终灭贤弟之名！”于是宣扬弟弟的义举后，伏尸自杀。骨肉，指死者亲人。

㊴ 负羽：挟带弓箭。

㊵ 辽水：辽河。在今辽宁省西部，流经营口入海。

㊶ 雁山：雁门山。在今山西原平市西北。

㊷ 耀景：闪射光芒。景，同“影”。

㊸ 腾文：指露水在阳光下反射出绚烂的色彩。文，同“纹”。

㊹ 镜：照耀。朱尘：红色的尘霭。照烂：指日光绚丽而耀眼。

㊺ 袭：扑入，侵入。青气：春天草木上腾起的烟霭。烟煴：同“氤氲”，云气笼罩弥漫的样子。

㊻ 爱子：爱人，指征夫。

㊼ 讵：岂有。

㊽ 北梁：意思指在北边的桥。古代多指送别之地。

㊾ 左右：指身边的人。

㊿ 亲宾：亲戚与宾客。

51 班荆：即“班荆道故”，比喻亲旧惜别的悲痛。班，铺设。荆，树枝条。据《左传·襄公二十六年》记载，楚国伍举与声子相善。伍举将奔晋国，在郑国郊外遇到声子，“班荆相与食，而言复故”。

52 尊：同“樽”，古代一种酒器。

53 湄：水边。

54 淄右：淄水西面。在今山东境内。

55 河阳：黄河北岸。

56 结绶：指出仕做官。绶，系官印的丝带。

57 瑶草：仙山中的芳草。这里比喻闺中少妇。徒芳：比喻虚度青春。

58 晦：昏暗不明。流黄：黄色丝绢，这里指黄绢做成的帷幕。此句指为免伤情，不敢卷起帷幕远望。

59 春宫：指闺房。閟：关闭。

60 簟：竹席。

61 釭：油灯。

62 傥：同“倘”，如果。华阴：即华山，在今陕西渭南县南。上士：道士；求仙的人。

63 服食：指服食丹药，以求长生不老。还山：即成仙。一作“还仙”。

64 寂：进入微妙、深远之境。未传：未得真传。传，至，最高境界。

65 丹灶：炼丹炉。不顾：指不顾问尘俗之事。

66 汉：霄汉。

67 骖鸾腾天：指仙人驾驭鸾鸟飞天云游。骖，三匹马驾的车。鸾，古代神话传说中凤凰一类的鸟。

68 谢：告辞，告别。

69 下：下士；世间。与“上士”相对。芍药之诗：指以芍药为题的情诗。语出《诗经·郑风·溱洧》：“维士与女，伊其相谑，赠以芍药。”

70 佳人之歌：指李延年的歌《佳人歌》：“北方有佳人，绝世而独立。”

71 桑中：卫国地名。《诗经·鄘风·桑中》：“云谁之思？美孟姜矣。期我乎桑中，要我乎上宫。”卫女：卫国女子，指《鄘风·桑中》的女主人公。鄘与卫相近，故称。

72 上宫：即《鄘风·桑中》所说的“上宫”，指约会地点。陈娥：陈国美女。陈与卫亦邻近，故称。

⑬ 渌波：清澈的水波。

⑭ 南浦：古代地名。《楚辞·九歌·河伯》：“子交手兮东行，送美人兮南浦。”后以“南浦”泛指送别之地。

⑮ 光阴：指月光、露水相映，骤暗骤明。

⑯ 别方：离别的地方或去向。

⑰ 别理：离别的原因、道理。千名：谓各种各样。

⑱ 心折骨惊：内心极度惊骇。形容创痛之深。

⑲ 渊：即王褒，字子渊。云：即扬雄，字子云。二人都是汉代辞赋家。

⑳ 严：即严安。乐：即徐乐。二人均为汉代文学家。

㉑ 金闺：原指汉代长安金马门，后为汉代官署名，是聚集才识之士以备汉武帝诏询的地方。彦：有学识才干的人。

㉒ 兰台：汉代朝廷中藏书和讨论学术的地方。

㉓ 凌云：据《史记·司马相如列传》载，司马相如作《大人赋》，汉武帝赞誉为“飘飘有凌云之气，似游天地之间”，形容才高。

㉔ 雕龙：据《史记·孟子荀卿列传》载，驺奭写文章，善于闳辩，所以齐人称其为“雕龙奭”，用以形容文笔绝妙。

奇文共赏

《别赋》是南朝文学家江淹创作的一首抒情小赋。此赋由“黯然销魂者，唯别而已矣”起笔，细致地描写了不同人物的离别情态，语言优美，情景交融，并带有感伤情调，既是南朝抒情小赋中的名作，也是后世离别之作的典范，千百年来脍炙人口。

魏晋南北朝是一个战乱频繁、门阀等级森严的时代，江淹出身寒微，早年仕途坎坷。据《南史·江淹传》载：“宋建平王景素好士，淹随景素在南兖州。广陵（今扬州）令郭彦文得罪，辞连淹，言受金。淹被系狱，自狱中上书……景素览书，即日出之。”泰始二年（466年），江淹转入建平王刘景素幕下，受广陵令郭彦文案牵连，被诬受贿入狱，他在狱中上书陈情获释。刘景素密谋叛乱，江淹曾多次谏劝，刘景素不纳，贬江淹为建安吴兴县令。仕途的变迁令江淹辗转各地，经历了各种生死离别，深深体会了世态炎凉，遂发此叹，作此《别赋》。

《别赋》中表现的都是偏于低沉和感伤的思想情绪，之所以对这种种带有普遍性的人生情绪有如此细致入微的体会，除掉江淹作为封建士大夫的心情失意之外，还与当时那个动荡纷乱的年代有直接关系。早期的江淹久困于官场，周旋于皇室逐权争位的旋涡，30岁左右又丧妻夭子，人生的伤心悲怀层递累积，概括反映了这个动乱时代酿造的社会苦难。《别赋》可以说是作者对现实不幸的直接体味，是集合多种情况的离愁组织而成。

此赋以浓郁的抒情笔调，以环境烘托、情绪渲染、心理刻画等艺术方法，通过对富豪升迁别、侠客赴死别、戍人征夫别、逃亡去国别、宦游异地别、道士游仙别、情人约后别等七种类型别离情境的描写，生动具体地反映出南朝齐梁时代社会动乱的侧影。

全赋骈俪整饬，绘声绘色，语言清丽，声情婉谐。种种离别的情境，如在眼前；各类离别的人，声情宛然；而所有的离别，所有离别的人，都不出开篇那四个字——黯然销魂。

清代学者李元度《赋学正鹄》评说此文道："总起总收，中分七段平叙。情中有景，景中有情。或就春说，或就秋说，或合春秋、兼四时说。炼句各极其妙，而一起尤超拔，已制全局之胜，故通篇只发明'黯然销魂'四字，殆非'五色笔'不能。"

作者简介

江淹（444—505年），字文通，谥号宪伯。济阳考城（今河南兰考）人。南朝政治家、文学家，历仕宋、齐、梁三朝。

江淹自幼聪颖，6岁能诗。13岁时丧父，虽家境贫穷，但很好学。早年仕途不甚得意，但在文学创作上获得了很大成功。20岁左右在新安王刘子鸾幕下任职，开始其政治生涯。萧道成废宋建齐，他历任中书侍郎、尚书右丞、国子博士、御史中丞等职。萧衍执政后，他迁金紫光禄大夫，封醴陵伯。

江淹一生经历宋、齐、梁三朝，优秀作品多作于早先仕途坎坷之时；后来仕途得意，便无佳作，世称"江郎才尽"。其诗意趣深远，善于刻画模拟；其赋遣词精工，尤以《别赋》《恨赋》脍炙人口。今有《江文通集》传世。

关于江淹的文笔，有两则传说：

一则是“文通残锦”：

江淹年少时以文辞扬名，到晚年才气稍减。据他自己说是做宣城太守罢官回家时，曾停泊在禅灵寺附近的河洲边，夜里梦见一个人自称是张景阳（张协），对他说：“从前把一匹锦寄放在你这儿，现在请还给我。”江淹就从怀里掏出几尺锦还给他，张景阳大怒说：“怎么就剩下这么一点儿！”回头看见丘迟说：“剩下这几尺既然没有什么用了，送给你吧。”从那以后江淹的文章就大不如前了。

另一则是“江郎才尽”：

江淹做宣城太守罢官回家时，曾在冶亭投宿，梦见一男子自称郭璞，对江淹说：“我有一支笔在你这儿放了多年，请还给我。”江淹从怀里摸出一枝五彩笔递给了他，此后再写诗完全写不出好句子了。当世人说他是“江郎才尽”了。

第四章

隋唐五代奇文

钱本草

——积散之道，取与合宜

经典原文

钱，味甘，大热，有毒。偏能驻颜采泽流润[①]，善疗饥寒，解困厄之患立验。能利邦国、污贤达、畏清廉。贪者服之，以均平为良；如不均平，则冷热相激，令人霍乱[②]。

其药，采无时，采之非理则伤神。此既流行，能召神灵，通鬼气。如积而不散，则有水火盗贼之灾生；如散而不积，则有饥寒困厄之患至。

一积一散谓之道，不以为珍谓之德，取与合宜谓之义，无求非分谓之礼，博施济众谓之仁，出不失期[③]谓之信，入不妨[④]己谓之智。以此七术精炼，方可久而服之，令人长寿。若服之非理，则弱志伤神，切须忌之。

字词注解

①采泽：光彩润泽。流润：流布滋润。

②霍乱：一种因摄入的食物或水受到霍乱弧菌污染而引起的一种急性腹泻性传染病。此处形容心神受困扰而迷乱。

③出不失期：支出有度，不超预期。

④妨：伤害。

奇文共赏

《钱本草》系唐朝名臣张说仿古传《神农本草经》体式与语调撰著的一篇奇文。

张说为官时贪财好利，好物敛钱，排斥异己，曾因此被贬到岳阳做了一个地方官。张说经历了60多年的人生道路，且有40多年的做官经验，积17年的修史功底，事业一帆风顺，官场青云直上，但却为了黄白之物栽了个大跟头。此时，张说有所醒悟，认识到人虽离不开金钱，但金钱也能害人，于是写下了这篇《钱本草》，以警后人。

这篇短文以钱喻药，区区两百余字便把金钱的性质、利弊、积散之道叙述得淋漓尽致。

文章从正反两方面道出了金钱的特殊功能，总结出了颇有价值的驾驭金钱的“七术”：道、德、仁、义、礼、智、信。作者主张用道德的力量来驾驭金钱，要取之有道，取用适度，积散有序，造福民众。全文语句精练，内容新奇，入木三分地揭示了适度用钱则可治病、违常用钱则可害人的道理。

全文针砭时弊，富含哲理，寓教深刻，意在希望后来者不再重蹈其覆辙，堪称奇文。

《钱本草》于后世亦有积极的借鉴意义，对于那些盲目崇拜金钱者不失为一剂醒脑良药。

作者简介

张说（667—730年），字道济，一字说之，洛阳（今河南洛阳）人。唐朝宰相，政治家、军事家、文学家。

张说擅长文辞，执掌文坛30年，成为开元前期一代文宗，与许国公苏颋齐名，号称“燕许大手笔”。

张说文武兼资，明于政体，改革不合时宜的政治和军事制度，故史家称赞他“发明典章，开元文物彬彬，说居力多”，是推动“开元之治”的一位重要人物。

为徐敬业讨武曌檄[1]

——传檄天下，同指山河

经典原文

伪临朝武氏者[2]，性非和顺，地[3]实寒微。昔充太宗下陈[4]，曾以更衣入侍[5]。洎乎晚节[6]，秽乱春宫[7]。潜隐先帝之私[8]，阴图后房之嬖[9]。入门见嫉，蛾眉[10]不肯让人；掩袖工谗[11]，狐媚[12]偏能惑主。践元后于翚翟[13]，陷吾君于聚麀[14]。加以虺蜴[15]为心，豺狼成性，近狎邪僻[16]，残害忠良，杀姊屠兄[17]，弑君鸩母[18]。人神之所同嫉，天地之所不容。犹复包藏祸心，窥窃神器[19]。君之爱子，幽之于别宫[20]；贼之宗盟[21]，委之以重任。呜呼！霍子孟之不作[22]，朱虚侯[23]之已亡。燕啄皇孙[24]，知汉祚[25]之将尽；龙漦帝后[26]，识夏庭之遽衰。

敬业皇唐旧臣，公侯冢子[27]。奉先君之成业[28]，荷[29]本朝之厚恩。宋微子之兴悲[30]，良有以也[31]；袁君山之流涕[32]，岂徒然哉！是用气愤[33]风云，志安社稷。因天下之失望，顺宇内之推心[34]，爰[35]举义旗，以清妖孽。南连百越[36]，北尽三河[37]，铁骑成群，玉轴[38]相接。海陵红粟[39]，仓储之积靡穷；江浦黄旗[40]，匡复之功何远？班声[41]动而北风起，剑气冲而南斗[42]平。喑呜[43]则山岳崩颓，叱咤[44]则风云变色。以此制敌，何敌不摧！以此图功，何功不克！

公等或家传汉爵[45]，或地协周亲[46]，或膺重寄于爪牙[47]，或受顾命于宣室[48]。言犹在耳，忠岂忘心？一抔之土未干，六尺之孤何托？倘能转祸为福，送往事居[49]，共立勤王之勋，无废旧君之命，凡诸爵赏，同指山河[50]。若其眷恋穷城[51]，徘徊歧路，坐昧先几之兆[52]，必贻后至之诛。请看今日之域中，竟是谁家之天下！移檄[53]州郡，咸使知闻。

字词注解

①徐敬业（636—684年）：又称李敬业，曹州离狐（今山东省菏泽市）人。唐开国功臣徐世勣（赐姓李）之孙。历任太仆少卿、眉州刺史，后贬为柳州司马。公元684年起兵扬州声讨武则天，兵败而死。武曌：即武则天（624—705年），并州文水（今山西省文水县）人。武周开国君主（690—705年在位），也是中国历史上唯一的正统女皇帝。檄：檄文，中国古代官府往来文书的下行文种名称之一。

②伪：指非法的，表示不为正统所承认。临朝：临御朝廷掌握政权；古代特指太后摄政称制。武氏：即武则天。

③地：指家庭、家族的社会地位。

④下陈：古人宾主相见，陈列礼品、傧从站立之处均位于堂下，故称为“下陈”。后来延伸至古代统治者充实于府库、内宫的财物以及妾婢，亦称“下陈”。这里指武则天曾充当过唐太宗的才人。

⑤更衣入侍：换衣。《汉书》记载：歌女卫子夫乘汉武帝更衣时入侍而得宠幸。这里借以说明武则天以不光彩的手段得到唐太宗的宠幸。更衣，古人在宴会中常以此作为离席休息或如厕的托言。

⑥洎：及，到。晚节：后来；晚年时节。

⑦春宫：亦称东宫，是太子居住的地方，后人常借指太子。

⑧潜隐：潜藏、隐藏。私：宠幸。

⑨后房：旧多指姬妾住处。亦为姬妾的代称。嬖：宠爱。

⑩蛾眉：原以蚕蛾的触须，比喻女子修长而美丽的眉毛，后多借指美女。

⑪掩袖工谗：据《战国策》记载：楚怀王夫人郑袖对楚王所爱美女说：“楚王喜欢你的美貌，但讨厌你的鼻子，以后见到楚王，要掩住你的鼻子。”美女照办，结果反而惹怒楚王，割去了美女的鼻子。这里借此暗指武则天

曾偷偷捂死亲生女儿，而嫁祸于王皇后，使皇后失宠。

⑫ 狐媚：多指女性用手段迷惑男子。

⑬ 践：登上，承袭。元后：正宫皇后。翚翟：用美丽鸟羽织成的衣服。唐代皇后服饰上饰有翚翟的图案，这里代指皇后之位。翚，五彩雉鸡。翟，长尾山鸡。

⑭ 聚麀：多匹牡鹿共有一匹牝鹿。此指两代的乱伦行为。麀，母鹿。《礼记·曲礼上》云："夫惟禽兽无礼，故父子聚麀。"这句意谓武则天原是唐太宗的姬妾，后来又当上了高宗的皇后。

⑮ 虺蜴：指毒物。虺，毒蛇。蜴，蜥蜴，古人以为有毒。

⑯ 近狎：指狎近帝王的侍臣。狎，亲近。邪僻：指不正派的人。

⑰ 杀姊屠兄：据《旧唐书·外戚传》记载：武则天被册立为皇后之后，陆续杀死侄儿武惟良、武怀运和姊女魏国夫人贺兰氏及外甥贺兰敏之。其兄武元庆、武元爽也被贬谪而死。传说姊韩国夫人亦死于其手。

⑱ 弑君鸩母：谋杀君王，毒死国母。史书中并无武后谋杀唐高宗和毒死母亲的记载，但却有杀害王皇后和萧淑妃之事。母，此处与君对应，应指国母，即王皇后，并非是误传的母亲。

⑲ 神器：指皇位。

⑳ 幽：幽禁。别宫：正式寝宫以外的宫室。此指唐高宗死后，中宗李显继位，旋被武后废为庐陵王，将其幽禁起来，改立睿宗李旦为帝，但实际上是被幽禁起来。

㉑ 宗盟：家属和党羽。

㉒ 霍子孟：即霍光，西汉大臣。霍光受汉武帝遗诏，辅助幼主汉昭帝；昭帝死后因无后，故而由昌邑王刘贺继位。刘贺荒嬉无道，霍光又废刘贺，更立宣帝刘病已，是安定西汉王朝的重臣。作：兴起。

㉓ 朱虚侯：即刘章，汉高祖子齐惠王刘肥的次子。高祖死后，吕后专政，重用吕氏，危及刘氏天下，刘章与丞相陈平、太尉周勃等合谋，诛灭吕氏，拥立文帝，稳定了西汉王朝。

㉔ 燕啄皇孙：据《汉书·五行志》记载：汉成帝时有童谣说"燕飞来，啄皇孙"，后赵飞燕入宫为皇后，因无子而妒杀了许多皇子，汉成帝因此

无后嗣。不久，王莽篡政，西汉灭亡。这里借汉朝故事，指斥武则天先后废杀太子李忠、李弘、李贤，致使唐室倾危。

㉕ 祚：指皇位、国统。

㉖ 龙漦帝后：据《史记·周本纪》记载：当夏王朝衰落时，有两条神龙降临宫廷中，夏后把龙的唾涎用木盒藏起来。到周厉王时，木盒开启，龙漦溢出，化为玄鼋流入后宫。一宫女感而有孕，生褒姒。后幽王为其所惑，废太子，西周终于灭亡。这里是说武后当朝，于唐不利。漦：口水；涎沫。

㉗ 冢子：嫡长子。李敬业是英国公李勣的长房长孙，故有此语。

㉘ 先君：指刚死去的唐高宗。成业：犹基业。

㉙ 荷：承，受。

㉚ 宋微子之兴悲：据《尚书大传》记载：殷亡后，宋微子去朝见周武王，路过荒废了的殷旧都，作《麦秀歌》来寄托自己亡国的悲哀。这里是李敬业的自喻。宋微子，即微子启，子姓，宋氏，名启。宋国开国国君。宋微子是商王帝乙的长子、商纣王帝辛的长兄，因被封于宋，所以称“宋微子”。

㉛ 良：确实、真的。以：缘由，缘故。

㉜ 袁君山之流涕：据《后汉书·桓谭传》记载：东汉光武帝时，给事中桓谭因反对当时盛行的谶纬神学，而被贬为六安县丞，忧郁而死。袁君山：即桓谭（约公元前23—56年），字君山，沛国相（今安徽省淮北市相山区人）人。东汉哲学家、经学家、琴师、天文学家。袁，通假“桓”。

㉝ 气愤：情绪激愤。愤，激愤，激荡。

㉞ 推心：指人心所推重。

㉟ 爰：于是。

㊱ 百越：通“百粤”。古代越族有百种，故称“百越”。这里指越人所居的偏远的东南沿海。

㊲ 三河：指洛阳附近河东、河内、河南三郡，是当时政治中心所在的中原之地。

㊳ 玉轴：战车的美称。

㊴ 海陵：古县名，治所在今江苏省泰州市，位近扬州，汉代曾在此置粮仓。红粟：米因久藏而发酵变成红色。

㊵ 江浦：长江沿岸。黄旗：指王者之旗。

㊶ 班声：指战马嘶鸣声。

㊷ 南斗：星名，天文上指南斗六星，即斗宿。此处借指南方、南部地区。

㊸ 喑鸣：悲咽声。

㊹ 叱吒：同“叱咤”，叱喝、叱骂，指发怒时的喝叫声。

㊺ 家传汉爵：拥有世代传袭的爵位。汉初曾大封功臣以爵位，可世代传下去，所以称“汉爵”。

㊻ 地协周亲：指身份地位都是皇家的宗室或姻亲。协，相配，相合。周亲，至亲。

㊼ 膺：承受。重寄：重大的托付。爪牙：喻武将。

㊽ 顾命：君王临死时的遗命。宣室：汉宫中有宣室殿，是皇帝斋戒的地方，汉文帝曾在此召见并咨问贾谊。后借指皇帝郑重召问大臣之处。

㊾ 送往事居：礼葬死者，奉养生者。往，死者，此指唐高宗。居，在生者，此指唐中宗。

㊿ 同指山河：这里意为指山河为誓。

51 穷城：指孤立无援的城邑。

52 昧：不分明。先几：指预先洞知细微。几，迹象。

53 移檄：发布文告晓示。多用于征召、晓谕和声讨。

奇文共赏

《为徐敬业讨武曌檄》是唐代文学家骆宾王创作的一篇檄文，为千百年来檄文中的上乘之作。

檄是古代用以声讨、征召或晓谕的文告，主要用于军事行动之际。刘勰《文心雕龙》论析“檄”时说其是“震雷始于曜电，出师先乎声威”，形象地说明檄文的特点在于先声夺人。而要先声夺人，檄文必须“事昭而理辨，气盛而辞断”，要有理有据，而且理直气壮。

嗣圣元年（684 年），武则天废掉刚登基的中宗李显，另立李旦为帝，自己临朝称制，为进一步自己登位称帝做准备。此时徐敬业在扬州起兵反对武氏，骆宾王在徐敬业幕下任文艺，负责撰写军中书檄，《为徐敬业讨武曌檄》即作于此时。

此文亦称《讨武曌檄》，但武则天自名“曌”是在永昌元年（689年）称帝以后的事，可见此题目为后人所改；又称《代李敬业传檄天下文》，徐敬业的祖父徐世勣因为辅佐唐太宗建立唐朝有功，被封为英国公，赐姓李，以后子孙因袭英国公。

此文开篇即历数武则天之累累罪恶，层层揭露，有如贯珠，事昭理辨，并点明武氏乃亡国之祸根，从而道出讨伐武氏之必要性；再写起兵讨武之正义性，气盛而辞断；最后向敌方晓以赏罚诱胁。

此文属骈体，骈四俪六，对仗工整，用典切实，又清新自然。全文综合运用对仗、用典、夸张等表现手法来烘托文章气势，对人晓之以理、动之以情，表现出强有力的说服力和号召力。

全篇先声夺人，立论严正，理直气壮，气势磅礴，且语言犀利明快，节奏紧促，充分地体现了刘勰所说檄文的特点，具有极大的煽动力与鼓动性。

据《新唐书》记载，当武则天读到“一抔之土未干，六尺之孤何托”时，惊问此文是谁所写，继而感叹说：“宰相安得失此人？有如此才，而使之沦落不偶，宰相之过也！”

这也从另一个侧面证明了此檄的

犀利锋芒，不愧为传诵千古的不朽名篇。

作者简介

骆宾王（约 626—约 684 年），字观光，婺州义乌（今属浙江）人。唐朝大臣、文学家、诗人，与王勃、杨炯、卢照邻合称“初唐四杰”。

骆宾王出身寒微，少有才名。永徽年间，任道王李元庆文学、武功主簿，迁长安主簿。仪凤三年（678 年），任侍御史，因事下狱，遇赦而出。调露二年（680 年），出任临海县丞，坐事免官。光宅元年（684 年），跟随英国公徐敬业起兵讨伐武则天，撰写《讨武曌檄》。徐敬业败亡后，骆宾王下落不明，或说被乱军所杀，或说遁入空门。

骆宾王与王勃、杨炯、卢照邻以诗文齐名，为“初唐四杰”之一。有《骆宾王文集》传世。

关于骆宾王的生死，唐朝人孟棨在《本事诗》中说：“当（徐）敬业之败，与（骆）宾王俱逃，捕之不获。将帅虑失大魁，得不测罪。时死者数万人，因求戮类二人者，函首以献。后虽知不死，不敢捕送。故敬业得为衡山僧，年九十余乃卒。宾王亦落发，遍游名山，至灵隐，以周岁卒。”

春江花月夜

——孤篇横绝，诗盖全唐

经典原文

春江潮水连海平，海上明月共潮生。滟滟[①]随波千万里，何处春江无月明。

江流宛转绕芳甸[②]，月照花林皆似霰[③]。空里流霜[④]不觉飞，汀[⑤]上白沙看不见。

江天一色无纤尘，皎皎空中孤月轮。江畔何人初见月，江月何年初照人。

人生代代无穷已，江月年年只相似。不知江月待何人，但见长江送流水。

白云一片去悠悠，青枫浦[⑥]上不胜愁。谁家今夜扁舟子[⑦]？何处相思明月楼[⑧]。

可怜楼上月徘徊，应照离人[⑨]妆镜台。玉户[⑩]帘中卷不去，捣衣砧[⑪]上拂还来。

此时相望不相闻，愿逐月华流照君。鸿雁长飞光不度，鱼龙潜跃水成文[⑫]。

昨夜闲潭[⑬]梦落花，可怜春半不还家。江水流春去欲尽，江潭落月复西斜。

斜月沉沉藏海雾，碣石潇湘[⑭]无限路。不知乘月几人归，落月摇情[⑮]满江树。

字词注解

①滟滟：波光荡漾的样子。

②芳甸：芳草丰茂的郊野。甸，郊外之地。

③霰：雪珠。此处形容月光下春花晶莹洁白。

④流霜：飞霜。古人以为霜和雪一样，是从空中落下来的，所以叫流霜。在这里比喻月光皎洁，月色朦胧、流荡。

⑤汀：水边平地，小洲。

⑥青枫浦：地名。此处泛指游子所在的地方。

⑦扁舟子：指飘荡江湖的游子。扁舟：小舟。

⑧明月楼：月夜下的闺楼。这里指闺中思妇。

⑨离人：此处指思妇。

⑩玉户：玉饰的门户，形容楼阁华丽。亦用作门户的美称。

⑪捣衣砧：捣衣石，捶布石。

⑫文：同“纹”。

⑬闲潭：幽静的水潭。

⑭碣石：山名，在渤海边上。潇湘：水名。二者一北一南，暗指路途遥远，相聚无望。

⑮摇情：激荡情思，犹言牵情。

奇文共赏

《春江花月夜》是乐府《清商曲辞·吴声歌曲》旧题，相传最早为南朝陈后主所作。宋人郭茂倩的《乐府诗集》卷四十七共收《春江花月夜》同题诗五家七首，张若虚此首即在其中。

此诗的具体创作年份目前还难以确考，但对此诗的创作地点则有三种说法：一说是扬州南郊的曲江，表现的是唐代曲江一带的景色；一说是瓜洲，表现的是千年古镇瓜洲江畔清幽如诗的意境之美；一说是扬子江，其地在今扬州市江都区大桥镇南部。现今的张若虚纪念馆和春江花月夜艺术馆便坐落于千年古镇瓜洲。

这首诗以春江花月之夜为背景，从月开始，以月收结，细致、形象而有层次地描绘相思离别之苦，词清语丽，韵调幽美，初步洗脱了六朝宫体诗的脂粉气息，突破了哲理诗的枯燥氛围。

全诗紧扣春、江、花、月、夜五个字来写，重点就是“月”。将画意、诗情与对宇宙奥秘和人生哲理的体察融为一体，创造出情景交融、玲珑透彻的诗境，展现出一幅充满着人生哲理和生活情趣的淡雅清幽的水墨画卷。

全诗共三十六句，每四句一换韵，通篇融诗情、画意、哲理为一体，意境空明，想象奇特，语言自然隽永，韵律宛转悠扬，为历代文人墨客常诵不衰。

清代文学家王闿运《论唐诗诸家源流(答陈完夫问)》中云:“张若虚《春江花月夜》用《西洲》格调，孤篇横绝，竟为大家。李贺、商隐，挹其鲜润;宋词、元诗，尽其支流，宫体之巨澜也。”闻一多先生称之为“诗中的诗，顶峰上的顶峰”，誉为“孤篇盖全唐”（闻一多《唐诗杂论》）。张若虚在唐代诗坛并不太有名气，但凭这首《春江花月夜》便一举奠定了他在中国文学史上的不朽地位。

作者简介

张若虚（660—720 年），字不详，扬州（今江苏扬州）人。唐代诗人。

张若虚生平事迹不详，按照《旧唐书》的记载，他曾经担任过兖州兵曹的职务。唐中宗神龙年间（705—707 年），与贺知章、张旭、包融号称“吴中四士”。张若虚的诗今仅存二首于《全唐诗》中，即《春江花月夜》与《代答闺梦还》。

张若虚出生在于繁华富庶、人才辈出的扬州，从小生活在自然风景如此秀丽、文化气息如此浓厚的环境里，自然而然就有了满腹的毓秀文章。成年后的张若虚凭借出众的才华被朝廷赏识，派到山东兖州担任兵曹，主管军队官员的人事任免。张若虚深感军中将士生活疾苦，对士兵思念亲人的心情更是感同身受，为此假借深闺女子之口写下了下面这首《代答闺梦还》。

关塞年华早，楼台别望违。
试衫著暖气，开镜觅春晖。
燕入窥罗幕，蜂来上画衣。
情催桃李艳，心寄管弦飞。
妆洗朝相待，风花暝不归。
梦魂何处入，寂寂掩重扉。

《代答闺梦还》体现了张若虚不同于宫体诗的别样情怀，以及诗人对唯美的竭力追求。

从中国古典诗歌的发展过程来看，张若虚及其作品的出现，意味着诗坛对建安以来直至南北朝时期艺术经验的扬弃和发展。唐诗的高潮正是在这种扬弃和发展中成为水到渠成的结果。

祭十二郎文

——情意刺骨，千年绝调

经典原文

年、月、日[①]，季父愈[②]闻汝丧之七日，乃能衔哀致诚[③]，使建中远具时羞之奠[④]，告汝十二郎[⑤]之灵：

呜呼！吾少孤[⑥]，及长，不省所怙[⑦]，惟兄嫂是依。中年，兄殁南方。吾与汝俱幼，从嫂归葬河阳[⑧]；既又与汝就食江南[⑨]，零丁孤苦，未尝一日相离也。吾上有三兄[⑩]，皆不幸早世。承先人[⑪]后者，在孙惟汝，在子惟吾，两世一身[⑫]，形单影只。嫂尝抚汝指吾而言曰："韩氏两世，惟此而已！"汝时尤小，当不复记忆；吾时虽能记忆，亦未知其言之悲也。

吾年十九，始来京城。其后四年，而归视汝[⑬]。又四年，吾往河阳省坟墓[⑭]，遇汝从嫂丧来葬[⑮]。又二年，吾佐董丞相于汴州[⑯]，汝来省吾，止[⑰]一岁，请归取其孥[⑱]。明年，丞相薨[⑲]，吾去汴州，汝不果[⑳]来。是年，吾佐戎[㉑]徐州，使取[㉒]汝者始行；吾又罢去[㉓]，汝又不果来。吾念汝从于东[㉔]，东亦客也，不可以久；图久远者，莫如西归，将成家而致汝。呜呼！孰谓汝遽去吾而殁乎！吾与汝俱少年，以为虽暂相别，终当久相与处，故舍汝而旅食[㉕]京师，以求斗斛之禄[㉖]；诚知其如此，虽万乘[㉗]之公相，吾不以一日辍[㉘]汝而就也！

去年，孟东野[㉙]往，吾书与汝曰："吾年未四十，而视茫茫，而发苍苍，而齿牙动摇。念诸父与诸兄，皆康强而早世；如吾之衰者，其能久存乎？吾不可去，汝不肯来；恐旦暮死，而汝抱无涯之戚[30]也。”孰谓少者殁而长者存，强者夭而病者全乎？

呜呼！其信然邪？其梦邪？其传之非其真邪？信也，吾兄之盛德而夭其嗣乎？汝之纯明而不克蒙其泽乎[31]？少者强者而夭殁，长者衰者而存全乎？未可以为信也。梦也，传之非其真也？东野之书，耿兰[32]之报，何为而在吾侧也？呜呼！其信然矣！吾兄之盛德而夭其嗣矣！汝之纯明宜业[33]其家者，不克蒙其泽矣！所谓天者诚难测，而神者诚难明矣！所谓理者不可推，而寿者不可知矣！虽然，吾自今年来，苍苍者或化而为白矣，动摇者或脱而落矣[34]，毛血[35]日益衰，志气[36]日益微，几何不从汝而死也！死而有知，其几何离[37]？其无知，悲不几时，而不悲者无穷期矣！

汝之子始十岁，吾之子始五岁，少而强者不可保，如此孩提者，又可冀其成立[38]邪？呜呼哀哉！呜呼哀哉！

汝去年书云：“比得软脚病[39]，往往而剧。”吾曰：“是疾也，江南之人，常常有之。”未始以为忧也。呜呼！其竟以此而殒其生乎？抑别有疾而至斯极乎？汝之书，六月十七日也。东野云：汝殁以六月二日；耿兰之报无月日。盖东野之使者，不知问家人以月日；如耿兰之报，不知当言月日；东野与吾书，乃问使者，使者妄称以应之乎。其然乎？其不然乎？

今吾使建中祭汝，吊汝之孤[40]与汝之乳母。彼有食，可守以待终丧[41]，则待终丧而取以来[42]；如不能守以终丧，则遂取以来；其余奴婢，并令守汝丧。吾力能改葬，终葬汝于先人之兆[43]，然后惟其所愿。

呜呼！汝病吾不知时，汝殁吾不知日，生不能相养以共居，殁不得抚汝以尽哀，敛[44]不凭其棺，窆[45]不临其穴。吾行负神明而使汝夭，不孝不慈，而不能与汝相养以生，相守以死；一在天之涯，一在地之角，生而影不与吾形相依，死而魂不与吾梦相接，吾实为之，其又何尤[46]！彼苍者天，曷其有极！自今已往，吾其无意于人世矣！当求数顷之田于伊、颍[47]之上，以待余年，教吾子与汝子幸其成，长[48]吾女与汝女待其嫁，如此而已！

呜呼，言有穷而情不可终，汝其知也邪？其不知也邪？呜呼哀哉！尚飨[49]！

字词注解

① 年、月、日：此为拟稿时原样。《文苑英华》作“贞元十九年五月廿六日”；但祭文中说十二郎在“六月十七日”曾写信给韩愈，“五”字当误。

② 季父：父辈中排行最小的叔父。愈：作者韩愈自称。

③ 衔哀致诚：指胸怀哀痛之情，致真诚之意。

④ 建中：人名，当为韩愈家中仆人。时羞：应时的鲜美佳肴。羞，同“馐”。

⑤ 十二郎：即韩老成（770—803 年），韩介之子，唐代河南河阳人。因排行十二，故称十二郎。因韩愈的伯父韩会无子，以韩老成为后。

⑥ 孤：指幼年丧父。《新唐书·韩愈传》在：“愈生三岁而孤，随伯兄会贬官岭表。”

⑦ 怙：依仗，凭借，引申义是指父亲。

⑧ 河阳：今河南孟州西，是韩氏祖宗坟墓所在地。

⑨ 就食：谓出外谋生。江南：指宣州（今安徽宣城）。唐德宗建中二年（781 年），北方藩镇李希烈反叛，中原局势动荡。因韩氏在宣州置有田宅别业，韩愈便随嫂迁家避居宣州（今安徽宣城）。

⑩ 三兄：一说指韩愈的三位叔父，即韩会、韩介；还有一位死时尚幼，未及命名。一说指韩愈自己的两个哥哥和十二郎的哥哥韩百川（韩介的长子）。

⑪ 先人：指已去世的父亲韩仲卿。

⑫ 两世一身：子辈和孙辈均只剩一个男丁。

⑬ 视：古时探亲，上对下曰视，下对上曰省。贞元二年（786 年），韩愈 19 岁，由宣州至长安应进士举，至贞元八年（792 年）春始及第，其间曾回宣州一次。但据韩愈《答崔立之书》与《欧阳生哀辞》均称其 20 岁至京都举进士，与本篇所记相差一年。

⑭ 省：探望，此引申为凭吊。

⑮ 遇汝从嫂丧来葬：韩愈的嫂子、十二郎的母亲郑氏卒于元贞元九年（793 年），韩愈写有《祭郑夫人文》。贞元十一年（795 年），韩愈往河

阳祖坟扫墓，与奉其母郑氏灵柩来河阳安葬的十二郎相遇。

⑯ 董丞相：指董晋。贞元十二年（796 年），董晋以检校尚书左仆射，同中书门下平章事任宣武军节度使，汴、宋、亳、颍等州观察使。时韩愈在董晋幕中任节度推官。汴州：唐郡名，治所在今河南开封市。

⑰ 止：住。

⑱ 取其孥：把家眷接来。孥，妻和子的统称。

⑲ 丞相：指董晋。薨：古时诸侯或二品以上大官死曰薨。贞元十五年（799 年）二月，董晋死于汴州任所，韩愈随葬西行。去后第四天，汴州即发生兵变。

⑳ 不果：没能够。指因兵变事。

㉑ 佐戎，辅助军务。贞元十五年秋，韩愈入徐、泗、濠节度使张建封幕任节度推官。

㉒ 取：迎接。

㉓ 罢去：贞元十六年（800 年）五月，张建封卒，韩愈离开徐州赴洛阳。

㉔ 东：指故乡河阳之东的汴州和徐州。

㉕ 旅食：客居、寄食之意。

㉖ 斗斛之禄：指微薄的俸禄。斗斛，唐时十斗为一斛。韩愈离开徐州后，于贞元十七年（801 年）来长安选官，调四门博士；贞元十九年（803 年），迁监察御史。

㉗ 万乘：指高官厚禄。古代兵车一乘，有马四匹。封国大小以兵赋计算，凡地方千里的大国，称为万乘之国。

㉘ 辍：停止。此指舍弃。

㉙ 孟东野：即韩愈的诗友孟郊。贞元十八年（802 年），孟东野出任溧阳（今属江苏）尉，溧阳去宣州不远，故韩愈托他捎信给宣州的十二郎。

㉚ 无涯之戚：无穷的悲伤。涯，边。戚，忧伤。

㉛ 纯明：纯正贤明。不克：不能。蒙：承受。

㉜ 耿兰：生平不详，当时宣州韩氏别业的管家人。十二郎死后，孟郊在溧阳写信告诉韩愈，时耿兰也有丧报。

㉝ 业：继承。

㉞ 动摇者：指牙齿松动脱落。时年韩愈有《落齿》诗云：“去年落一

牙，今年落一齿。俄然落六七，落势殊未已。”

㉟ 毛血：指体质。

㊱ 志气：指精神。

㊲ 其几何离：分离会有多久呢？意谓死后仍可相会。

㊳ 成立：指长大成人，成家立业。

㊴ 比：近来。软脚病：即脚气病。

㊵ 吊：慰问。孤：指十二郎的儿子。

㊶ 终丧：守满三年丧期。

㊷ 取以来：指把十二郎的儿子和乳母接来。

㊸ 兆：葬域，墓地。

㊹ 敛：同“殓”。为死者更衣称小殓，尸体入棺材称大殓。

㊺ 窆：下棺入土。

㊻ 何尤：怨恨谁？尤，怨恨。

㊼ 伊、颍：伊水和颍水，均在今河南省境。此指故乡。

㊽ 长：养育之意。

㊾ 尚飨：古代祭文结语用辞，意为希望死者享用祭品。尚，庶几，表示希望。飨，本义指众人相聚宴饮，引申为以酒食款待人，又引申为请人享用。

奇文共赏

韩愈幼年丧父，靠兄嫂抚养成人。他与其侄十二郎自幼相守，历经患难，感情尤为深厚。但成年以后，韩愈四处漂泊，与十二郎很少见面。正当韩愈官运好转，有可能与十二郎相聚的时候，突然传来十二郎去世的噩耗。此篇祭文便是韩愈在得知韩老成死讯七日之后所作，充满了对往事的回忆和对侄儿过世的悲痛欲绝之情。

但凡祭文，内容往往是赞颂死者的生前功业或德行，但韩愈此文中，却只有一重又一重不能自抑的悲伤。

韩愈的第一重悲伤，是由十二郎之死而念及的家世之悲。韩愈三岁即丧父失母，由兄嫂抚养。代宗大历十二年（777 年），韩会由起居舍人贬

为韶州（今广东韶关）刺史，次年死于任所，年仅43岁，时年韩愈11岁。韩愈和十二郎随寡嫂将兄长灵柩送回家乡后，又为避战乱，随寡嫂“就食江南”，迁居于今安徽宣城。在颠沛流离中，全赖寡嫂含辛茹苦的抚养。家庭的丧乱与时代的动荡，让韩愈的早年备尝艰辛与凄苦。

成年后与十二郎的聚少离多，是韩愈的第二重悲伤。韩愈自19岁进京参加科举考试，至36岁任监察御史，而韩老成病亡，两人17年间只有过三次短暂的相会。韩愈的科举之路和早期仕途并不顺畅，他四次参加科举考试才考取进士，又三次参加吏部铨选均未通过；为生计所迫，不得已于29岁后往汴州、徐州等地任地方大员的幕僚。这期间韩愈也曾多次谋划接韩老成及其家人同住，但由于种种原因未果。韩愈以为来日方长，与十二郎的分别只是暂别，等到十二郎猝然离世，才惊觉暂别已成永别，痛悔自己不应为了仕途而离开十二郎。

死别之悲是韩愈的第三重悲伤，写得尤其感人。在不得不接受了十二郎已然不在人世的事实后，他顿觉生无可恋。甚至觉得死是一种解脱。

对于十二郎的死，韩愈不仅感到悲伤，还感到愧疚，他陷于深深的悔恨与自责之中。行文至此，韩愈再也克制不住，终于一发不可收拾，以至于捶胸顿足，号啕痛哭。

作者采用与死者对话的方式，似在生者和死者之间作无穷无尽的长谈，边诉边泣，吞吐呜咽，交织着悔恨、悲痛、自责等种种感情。文章把抒情与叙事结合在一起，联系家庭、身世和生活琐事，反复抒写他对亡侄的无限哀痛之情，同时也饱含着自己凄楚的宦海沉浮的人生感慨。文章语意反复而一气贯注，情感极其浓烈而深厚，恰如祭文结尾所言，整篇文章“言有穷而情不可终”。

明代茅坤《唐宋八大家文钞》卷十六云：“通篇情意刺骨，无限凄切，祭文中千年绝调。”清代吴楚材、吴调侯《古文观止》云：“读此等文，须想其一面哭，一面写，字字是血，字字是泪；未尝有意为文，而文无不工——祭文中千年绝调。”

作者简介

韩愈（768—824 年），字退之，河南河阳（今河南孟州）人，一说怀州修武（今河南修武）人。自称“郡望昌黎”，世称“韩昌黎”“昌黎先生”。唐代文学家、思想家、哲学家、政治家、教育家。贞元八年（792 年）进士。曾任国子博士、刑部侍郎等职，因谏阻宪宗奉迎佛骨被贬为潮州刺史。后官至吏部侍郎。卒谥“文”。

韩愈倡导古文运动，其散文被列为“唐宋八大家”之首，与柳宗元并称“韩柳”，有“文章巨公”和“百代文宗”之名。后人将其与柳宗元、欧阳修和苏轼合称“千古文章四大家”。其诗力求新奇，有时流于险怪，对宋诗影响颇大。他提出的“文道合一”“气盛言宜”“务去陈言”“文从字顺”等散文的写作理论，对后人有很大的指导意义。

五箴

——言行好恶，不慎胡为

经典原文

人患不知其过，既知之不能改，是无勇也。余生三十有八年，发之短者日益白，齿之摇者日益脱，聪明不及于前时，道德日负于初心，其不至于君子而卒为小人也昭昭矣！作五箴以讼[①]其恶云。

游箴

余少之时，将求多能，蚤[②]夜以孜孜；余今之时，既饱而嬉，蚤夜以无为。呜呼余乎，其无知乎？君子之弃，而小人之归乎？

言箴

不知言之人，乌[③]可与言？知言之人，默焉而其意已传。幕中之辩[④]，人反以汝为叛[⑤]；台中之评[⑥]，人反以汝为倾[⑦]；汝不惩邪，而呶呶[⑧]以害其生邪！

行箴

行与义乖[⑨]，言与法违，后虽无害，汝可以悔；行也无邪，言也无颇[⑩]，死而不死，汝悔而何？宜悔而休，汝恶曷瘳[⑪]？宜休而悔，汝善安在？悔不可追，悔不可为；思而斯得，汝则弗思。

好恶箴

无善而好，不观其道；无悖而恶，不详其故。前之所好，今见其尤[12]；从也为比[13]，舍也为仇。前之所恶，今见其臧[14]；从也为愧，舍也为狂。维仇维比，维狂维愧，于身不祥，于德不义。不义不祥，维恶之大，几如是为，而不颠沛[15]？齿之尚少，庸有不思，今其老矣，不慎胡为！

知名箴

内不足者，急于人知；霈[16]焉有余，厥闻[17]四驰。今日告汝，知名之法：勿病无闻，病其晔晔[18]。昔者子路，惟恐有闻，赫然千载，德誉愈尊。矜汝文章，负汝言语，乘人不能，掩以自取。汝非其父，汝非其师，不请而教，谁云不欺？欺以贾憎[19]，掩以媒怨[20]，汝曾不寤[21]，以及于难。小人在辱，亦克知悔；及其既宁，终莫能戒；既出汝心，又铭汝前；汝如不顾，祸亦宜然？

字词注解

①讼：责备，揭发。

②蚤：通“早”，表时间。

③乌：哪里，怎么。

④幕中之辩：指贞元十二年（796年）九月一日韩愈上张建封书，论晨入夜归事，其后有谏击球书及诗。

⑤叛：违背。

⑥台中之评：韩愈在《论天旱人饥状》中提出“伏请特敕京兆府”停征赋税，而京兆尹李实是德宗的幸臣，他不止一次对德宗说“今年虽旱，而谷甚好”，德宗因此认为韩愈是有意倾轧、排挤李实，将韩愈贬为阳山令。

⑦倾：倾轧、排挤。

⑧呶呶：多言之状。

⑨乖：违反；背离。

⑩颇：偏颇。

⑪瘳：病愈；损害。

⑫ 尤：缺点、错误；罪过。

⑬ 比：亲密。

⑭ 臧：善；好。

⑮ 颠沛：灭亡，死亡；困顿挫折。

⑯ 霈：自满的样子。

⑰ 闻：名声。

⑱ 晔晔：美盛貌；光芒四射貌；也形容才华外露。

⑲ 贾憎：招致憎恨。

⑳ 媒怨：招致怨恨。

㉑ 寤：通“悟”，醒悟。

奇文共赏

《五箴》是韩愈在贞元二十一年（805年）谪居阳山时所写的表露自己真情实感的自戒之作。通篇以自我批评为基调，明为自戒，暗中却蕴含着激愤和不屈之情。

箴铭是古代文体之一，它用简明、整齐而且协韵的语句，阐明历史的经验或者人生的哲理，寓有深刻的教训。韩愈的这篇《五箴》不能视为严肃的说教，而是抒发他对黑暗现实的牢骚和不满，表达他对自己怀才不遇、屡遭排挤打击的坎坷身世的深沉感叹。

“序言”是抒发自己不到四旬就因命运多舛而过早衰老的感叹。

“游箴”表面上是谴责自己饱食终日，无所作为，实是抒发内心的无限愤懑。

“言箴”是讽刺当朝权贵昏庸腐朽、不辨是非，不值得跟他们说话。

“行箴”其实更应得名“悔箴”，主要是对自己生平经历的反省，并且认为只要所作所为合乎道义，即使处于困境也不悔恨。

“好恶箴”是论证交际之道，所好所恶要以道为准，务必慎重。

“知名箴”则是通过阐明一个人如果自恃有才、锋芒毕露，必然会招致危险的社会经验，含蓄地倾吐了作者对于公侯显贵妒贤害能的不平之声。

《五箴》篇幅虽短，然神旨旷远，词旨深切，语意含蓄。

作者简介

作者韩愈生平简介见前《祭十二郎文》。韩愈在政治上力主加强统一，反对藩镇割据；思想上尊儒排佛，以孔孟道统的继承者自居。下面简要说一说韩愈的文学成就。

韩愈反对六朝以来的形式主义的骈偶文风，大力提倡古文，和柳宗元共同领导了中唐古文运动。

韩愈是唐代著名散文家，苏轼称他“文起八代之衰”（《潮州韩文公庙碑》）。

韩愈的议论文内容广博，体裁不拘一格。

如《原道》《论佛骨表》《师说》《进学解》等，立意新颖，观点鲜明，大胆坦率，战斗性强。

韩愈的碑志文“随事赋形，各肖其人”（钱基博《韩愈志》），创造性地把《左传》《史记》的传记手法运用于碑志，塑造了一大批栩栩如生的人物形象，使碑志这种历来枯燥无味的文体增辉生色。其中有的作品已成为优秀的传记文学，如《柳子厚墓志铭》等。

《送孟东野序》《送董邵南序》等赠序，手法多样，使赠序发展成为一种富有文学性的实用性的文体。

《答崔立之书》等书启，因人陈词，情真意切。

韩愈的文章雄奇奔放，汪洋恣肆，“如长江大河，浑浩流转”（苏洵《上欧阳内翰书》）；深于立意，巧于构思，语言精练，极富创造性。

韩愈的诗亦别开生面，勇于创新，工于长篇古风，采用散文辞赋的章法笔调，气势雄浑，才力充沛，想象奇特，形成奇崛弘伟的独特风格，开创了李白、杜甫之后的一个重要流派，纠正了大历以来的平庸诗风。代表作有《山石》《八月十五夜赠张功曹》《左迁蓝关示侄孙湘》等，均是脍炙人口的名篇。

三戒[①]

——鸡人早唱，晨钟夜警

经典原文

吾恒恶世之人，不知推己之本[②]，而乘物以逞[③]，或依势以干[④]非其类，出技以怒[⑤]强，窃时以肆暴[⑥]，然卒迨[⑦]于祸。有客谈麋[⑧]、驴、鼠三物，似其事，作《三戒》。

临江[⑨]之麋

临江之人畋[⑩]，得麋麑[⑪]，畜[⑫]之。入门，群犬垂涎，扬尾皆来。其人怒，怛[⑬]之。自是日抱就[⑭]犬，习示之，使勿动，稍使与之戏。积久，犬皆如[⑮]人意。麋麑稍大，忘己之麋也，以为犬良我友，抵触偃仆[⑯]，益狎[⑰]。犬畏主人，与之俯仰[⑱]甚善，然时啖[⑲]其舌。

三年，麋出门，见外犬在道甚众，走欲与为戏。外犬见而喜且怒，共杀食之，狼藉[⑳]道上。麋至死不悟。

黔[㉑]之驴

黔无驴，有好事者船载以入。至则[㉒]无可用，放之山下。虎见之，庞然大物也，以为神。蔽[㉓]林间窥之，稍出近之，慭慭然[㉔]，莫相知。

他日，驴一鸣，虎大骇，远遁，以为且[㉕]噬己也，甚恐。然往来视之，觉无异能者。益习其声，又近出前后，终不敢搏。稍近益狎，荡倚冲冒[㉖]，驴不胜怒，蹄[㉗]之。虎因喜，计[㉘]之曰："技止此耳！"因跳踉大㘚[㉙]，断其喉，尽其肉，乃去。

噫！形之庞也类有德[30]，声之宏也类有能，向不出其技。虎虽猛，疑畏，卒不敢取；今若是焉，悲夫！

永[31]某氏之鼠

永有某氏者，畏日[32]，拘忌异甚[33]。以为己生岁直子[34]；鼠，子神也。因爱鼠，不畜猫犬，禁僮击鼠。仓廪庖厨，悉以恣[35]鼠，不问。

由是鼠相告，皆来某氏，饱食而无祸。某氏室无完器，椸[36]无完衣，饮食大率[37]鼠之馀也。昼累累与人兼行[38]，夜则窃啮斗暴[39]，其声万状，不可以寝，终不厌。

数岁，某氏徙居他州；后人来居，鼠为态如故。其人曰："是阴类[40]，恶物也，盗暴[41]尤甚。且何以至是乎哉？"假五六猫，阖[42]门撤瓦灌穴，购僮罗捕之，杀鼠如丘。弃之隐[43]处，臭数月乃已。

呜呼！彼以其饱食无祸为可恒也哉！

字词注解

① 三戒：三件应该警惕防备的事。

② 推己之本：审察自己的实际能力。推，推求。

③ 乘物以逞：依靠别的东西来逞强。

④ 干：触犯。

⑤ 怒：激怒。

⑥ 窃时：趁机。肆暴：放肆地做坏事。

⑦ 迨：遭到。

⑧ 麋：一种形体较大的鹿类动物。

⑨ 临江：唐代县名，在今江西省清江县。

⑩ 畋：打猎。

⑪ 麑：鹿仔。

⑫ 畜：饲养。

⑬ 怛：恐吓。

⑭ 就：接近。

⑮ 如：依照，按照。

⑯ 抵触：用头角相抵相触。偃：仰面卧倒。仆：俯面卧倒。

⑰ 狎：态度亲近但不庄重。

⑱ 俯仰：低头和抬头。

⑲ 啖：吃。此处是舔的意思。

⑳ 狼藉：乱七八糟的样子；散乱。

㉑ 黔：指唐代黔中道，治所在今四川省彭水县，辖地相当于今彭水、酉阳、秀山一带和贵州北部部分地区。现以“黔”为贵州的别称。

㉒ 则：却。

㉓ 蔽：躲藏。

㉔ 慭慭然：小心谨慎的样子。

㉕ 且：将要。

㉖ 荡：碰撞。倚：靠近。冲：冲击。冒：冒犯。

㉗ 蹄：用蹄子踢。

㉘ 计：盘算。

㉙ 跳踉：跳跃。㘎：怒吼。

㉚ 类：似乎，好像。德：道行。

㉛ 永：永州，在今湖南省零陵县。

㉜ 畏日：怕犯日忌。旧时迷信，认为年月日辰都有凶吉，凶日要禁忌做某种事情。

㉝ 拘忌：禁忌迷信。异甚：特别奇怪；特别多。

㉞ 生岁直子：出生的年份正当农历子年。直，同“值”，正当，恰逢。

㉟ 恣：放纵。

㊱ 椸：衣架。

㊲ 大率：大都是。

㊳ 累累：一个接一个。兼行：并走。

㊴ 窃啮：偷咬东西。斗暴：指打架并糟蹋。

㊵ 阴类：在阴暗地方活动的东西。

㊶ 盗暴：盗吃食品、糟蹋物品。

㊷ 阖：关闭。

㊸ 隐：偏僻。

奇文共赏

《三戒》作于柳宗元被贬官永州之后。这时的作者经历过复杂的斗争，有了更丰富的社会阅历和更深切的人生体验，于是将其中足以垂戒世人的现象，写成寓言，以示劝惩。

“三戒”之语出自《论语·季氏》中的“君子有三戒”。《论语》中所说的“三戒”本指少时戒色、壮年戒斗、老而戒得，柳宗元仅仅借用了其字面意思，而赋予了它另外的内涵。

《三戒》分别以麋、驴、鼠为主人公。

《临江之麋》以揶揄的口吻讽喻了社会上“依势以干非其类”之人。“忘己之麋”任性妄为，冒犯外物。可当它失去了主人的庇护时，轻而易举地就被外犬“共杀食之”，更加可悲的是它至死还没有明白个中原因。古往今来，那些行事不知推己之本，对自身没有清楚认识、没有自知之明却还依靠外在条件肆意妄为的人，一旦环境变化，必然大祸临头。

《黔之驴》是这三篇中最广为流传的一篇，它深刻地批判了无才无能却又惯于逞能炫耀的“叫驴”式人物。结合柳宗元当时的遭遇，可见他是针对政敌而写，讽刺了当时统治集团中官高位显、仗势欺人而无才无德、外强中干的某些上层人物。柳宗元通过想象、夸张的手法，抓住了驴、虎之物类的特征，刻画社会中某些人“出技以怒强”的行径，生动形象。

《永某氏之鼠》嘲讽了社会上“窃时以肆暴”的一类人。这类人抓住侥幸得到的机会肆意胡作非为，以为能够“饱食无祸为可恒”，让人深恶痛绝。这则寓言，深刻有力地讽刺了纵恶逞凶的官僚和猖獗一时的丑类，巧妙地批判了封建社会丑恶的人情世态。

清代学者常安《古文披金》卷十四云：“麋不知彼，驴不知己，窃时肆暴，斯为鼠辈也。”作者借麋、驴、鼠三种动物的可悲结局，对社会上那些倚仗人势、色厉内荏、擅威作福的人进行辛辣的讽刺。三篇寓言主题统一而又各自独立，形象生动而又寓意深刻，篇幅短小，语言简练而又刻画细致传神，在艺术上达到了比较高的境界。

清代文学家孙琮《山晓阁选唐大家柳柳州全集》卷四云："读《三戒》，真如鸡人早唱，晨钟夜警，唤醒无数梦梦。妙在写麋、写犬、写驴、写虎、写鼠、写某氏，皆描情绘影，因物肖形，使读者说其解颐，忘其猛醒。"

作者简介

柳宗元（773—819年），字子厚。唐代河东（今山西运城）人，世称"柳河东""河东先生"。唐代诗人、哲学家、儒学家、政治家，"唐宋八大家"之一。

唐德宗贞元九年（793年）柳宗元考中进士，授校书郎，调蓝田尉。顺宗即位，王叔文、韦执谊用事，受其重用。不久被贬永州司马，放浪山水间，以诗文自娱。元和十年（815年）移柳州刺史，有善政，世号"柳柳州""柳愚溪"。

柳宗元与韩愈共同倡导唐代古文运动，并称为"韩柳"；与刘禹锡并称"刘柳"；与王维、孟浩然、韦应物并称"王孟韦柳"。

柳宗元一生所存诗文作品达600余篇，其文的成就大于诗；骈文有近百篇，散文论说性强，笔锋犀利，讽刺辛辣；游记写景状物，多所寄托。

种树郭橐驼传

——吾问养树，得养人术

经典原文

郭橐驼[①]，不知始[②]何名。病偻[③]，隆然伏行[④]，有类[⑤]橐驼者，故乡人号之“驼”。驼闻之曰：“甚善。名我固当[⑥]。”因舍其名，亦自谓“橐驼”云。

其乡曰丰乐乡，在长安西。驼业[⑦]种树，凡长安豪富人为观游[⑧]及卖果者，皆争迎取养[⑨]。视驼所种树，或[⑩]移徙，无不活；且硕茂，早实以蕃[⑪]。他植者虽窥伺效慕[⑫]，莫能如也。

有问之，对曰：“橐驼非能使木寿且孳也[⑬]，能顺木之天以致其性焉尔[⑭]。凡植木之性[⑮]，其本[⑯]欲舒，其培[⑰]欲平，其土欲故[⑱]，其筑[⑲]欲密。既然已[⑳]，勿动勿虑，去不复顾。其莳也若子[㉑]，其置[㉒]也若弃，则其天者全而其性得[㉓]矣。故吾不害[㉔]其长而已，非有能硕茂之也；不抑耗[㉕]其实而已，非有能早而蕃之也。他植者则不然。根拳[㉖]而土易，其培之也，若不过焉则不及。苟有能反是者，则又爱之太恩，忧之太勤。旦视而暮抚，已去而复顾。甚者，爪[㉗]其肤以验其生枯，摇其本以观其疏密，而木之性日以离矣。虽曰爱之，其实害之；虽曰忧之，其实仇之；故不我若[㉘]也。吾又何能为哉？”

问者曰：“以子之道，移之官理[㉙]，可乎？”驼曰：“我知种树而已，理，非吾业也。然吾居乡，见长人者好烦其令[30]，若甚怜焉，而卒以祸。旦暮吏来而呼曰：‘官命促尔耕，勖[31]尔植，督尔获，早缫而绪[32]，早织而缕[33]，字[34]而幼孩，遂[35]而鸡豚。’鸣鼓而聚之，击木[36]而召之。吾小人辍飧饔以劳吏者[37]，且不得暇，又何以蕃吾生而安吾性耶[38]？故病且怠[39]。若是，则与吾业者其[40]亦有类乎？”

问者曰：“嘻，不亦善夫！吾问养树，得养人术。”传其事以为官戒也[41]。

字词注解

①橐驼：骆驼的别名。这里指驼背。郭橐驼因驼背而得名。

②始：当初，原先。

③偻：脊背弯曲。

④隆然：高起、耸起的样子。伏行：指弯着腰走路。

⑤类：像，似。

⑥名：起名，称呼。固当：确实很恰当。固，的确。

⑦业：以……为业。

⑧为：修建。观游：指观赏游玩的园林。

⑨取养：指雇用。

⑩或：即或，即使。

⑪实：结出果实。以：而且。蕃：多。

⑫效慕：效仿。

⑬寿：活得长久。孳：滋长、繁殖，此处为“长得茂盛”之意。

⑭天：天性，指自然生长的规律。致：通“至”，极，尽。此处为“使……充分达到、体现、发展”之意。焉尔：罢了。

⑮性：性质、方法。

⑯本：根。

⑰培：在植物根部加土。

⑱故：旧有的，指原来培育树苗的原土。

⑲筑：本是捣土用的杵，这里指捣土。

⑳既然已：已经这样做了。

㉑ 莳：种植，移植。若子：像对待孩子那样。

㉒ 置：放在一边不管，这里指栽种完了。

㉓ 得：得以实现。

㉔ 害：妨碍。

㉕ 抑耗：抑制损耗。

㉖ 拳：拳曲，伸展不开。易：更换。

㉗ 爪：用指甲抠抓。

㉘ 不我若：即“不若我”，不如我。

㉙ 官理：当官治民。理：治理，统治。

㉚ 长：治理。人，民、老百姓。烦：通“繁”，使……繁多。

㉛ 勖：勉励，鼓励。

㉜ 早缫而绪：早早地让你们煮蚕茧抽取蚕丝。缫，把蚕茧浸在热水里抽出蚕丝。而，通“尔”，你们。绪，丝的头绪。

㉝ 缕：线。

㉞ 字：养育。

㉟ 遂：成，这里指养大。

㊱ 木：指梆子。

㊲ 小人：小民。飧：晚饭。饔：早饭。劳：接待，招待。

㊳ 蕃吾生：使我们繁衍生息。蕃，使……繁衍。安吾性：保全我们的身家性命。

㊴ 病：穷困。怠：疲惫。

㊵ 其：大概。

㊶ 传：记载。戒，通“诫”，警戒，告诫。

奇文共赏

《种树郭橐驼传》是一篇带有寓言和政论色彩的人物传记文，虽名曰“传”，其实是一个讽喻性极强的寓言故事。

本文是柳宗元早年在长安任职时期的作品。鲁迅先生说《种树郭橐驼传》是“幻设为文”，“以寓言为本”，是针对当时官吏繁政扰民的现象

而作的。

柳宗元在参加“永贞革新”前两年，即贞元十九年至二十一年（803—805年），曾任监察御史里行，是御史的见习官，品秩不高而权限较广，可以和御史一样“分察百僚，巡按郡县，纠视刑狱，肃整朝仪”，可以到各地检查工作，民事、军事、财政都可以过问。这篇文章，可能就是在此期间所写的，可以看成是柳宗元参加“永贞革新”的先声。

郭橐驼的驼背形态和人生态度与《庄子·大宗师》中的子舆相似。子舆也得“曲偻”病，鸡胸驼背，头垂背拱，肩高于顶。好友子祀看望他：“你厌恶这病吗？”子舆答曰：“不，造物若把我的左臂变成鸡，我就用它晨鸣报时；造化若把我的右臂变成弓弹，我就用它打鸟；造化若把我的大腿变成车轮，我正好乘着前行，不用换座驾了！得者，时也；失者，顺也。安时而处顺，哀乐不能入也！”郭橐驼和子舆一样随遇而安、自得其乐，因而对绰号毫不介怀，安之若素，甚至以之为名。柳宗元将主人公设计为驼背，或许正是向顺遂天性的《庄子》致敬。

既为寓言，郭橐驼便不一定实有其人，而作者也并非要为其立传，而是借他的种树之道以及对为官之理的论说，把说理寓于虚设的人物形象中，表达自己改革弊政的政治主张。

本文名为传记，实则借人物的语言阐明作者为官治民的观点。文章通过层层类比，由“种树之理”过渡到“为官之道”，将抽象的道理变为生动的形象，揭露和批判了中唐统治阶级政乱令烦给人民带来的灾难，体现了柳宗元改革弊政的主张。

全文以记言为主，穿插描写，行文错落有致，引人入胜。

作者简介

柳宗元生平简介见上文。

柳宗元是一个力求革新的人，同时又推崇古文运动。他的哲学思想，是同当时社会生产力的发展、自然科学所达到的水平相适应的。他把古代朴素唯物主义无神论思想发展到了一个新的高度，是中唐时代杰出的思想家。

柳宗元所写的一些关于社会政治的论著，是他的政治思想的具体反映，也是他参与政治斗争的一种手段。

在游记、寓言等方面，柳宗元同样为后世留下了优秀的作品。“永州八记”已成为中国古代山水游记名作。这些优美的山水游记，生动表达了人对自然美的感受，丰富了古典散文反映生活的新领域，从而确立了山水游记作为独立的文学体裁在文学史上的地位。

除寓言诗外，柳宗元还写了不少寓言故事。有的寓言篇幅虽短，但也同他的山水游记一样，被千古传诵。

将进酒[①]

——天生我材，饮者留名

经典原文

君不见黄河之水天上来，奔流到海不复回！
君不见高堂明镜悲白发，朝如青丝暮成雪！
人生得意须尽欢，莫使金樽空对月。
天生我材必有用，千金散尽还复来。
烹羊宰牛且为乐，会须[②]一饮三百杯。
岑夫子[③]，丹丘生[④]，将进酒，杯莫停。
与君歌一曲，请君为我侧耳听：
钟鼓馔玉[⑤]不足贵，但愿长醉不愿醒；
古来圣贤皆寂寞，唯有饮者留其名。
陈王昔时宴平乐[⑥]，斗酒十千恣欢谑[⑦]。
主人何为言少钱，径须沽取对君酌[⑧]。
五花马[⑨]，千金裘，呼儿将出换美酒，与尔同销万古愁。

字词注解

① 将进酒：属乐府旧题。将，请。

② 会须：正应当。

③ 岑夫子：岑勋，诗人李白的好友，生平不详。

④ 丹丘生：元丹丘，李白的好友，唐代著名隐士，后来隐居鸣皋山。

⑤ 钟鼓馔玉：指鸣钟鼓、食珍馐。形容富贵豪华的生活。钟鼓，富贵人家宴会中奏乐使用的乐器。馔玉：形容食物如玉一样精美。

⑥ 陈王：指陈思王曹植。平乐：观名，在洛阳西门外，为汉代富豪显贵的娱乐场所。

⑦ 斗酒十千：一斗酒值十千钱（即万钱），形容酒美价高。恣：纵情任意。欢谑：欢戏。

⑧ 径须：干脆，只管。沽：买。

⑨ 五花马：指名贵的马。一说毛色作五花纹，一说颈上长毛修剪成五瓣。

奇文共赏

《将进酒》原是汉乐府短箫铙歌的曲调，属汉乐府《鼓吹曲·铙歌》旧题。

《将进酒》一诗的写作时间大约是天宝十一年（752年）。此时，政治前途失意的李白已经离开长安，漫游天下。在嵩山颍阳元丹丘的家中，李白与好友开怀畅饮，酒酣耳热之际，写下了这首流传千古的《将进酒》。

唐玄宗天宝初年，李白经道士吴筠、诗人贺知章推荐，被唐玄宗召进京，任为供奉翰林。天宝三载（744年），因权贵的谗毁，李白被排挤出京，唐玄宗赐金放还。此后，李白在江淮一带盘桓，思想极度烦闷，又重新踏上了云游祖国山河的漫漫旅途。

作此诗时距李白被唐玄宗“赐金放还”已有八年之久。这一时期，李白多次与友人岑勋（岑夫子）应邀到嵩山另一好友元丹丘的颍阳山居做客。三人经常登高饮宴，借酒放歌。诗人在政治上被排挤、受打击，理想不能实现，常常借饮酒来发泄胸中的郁积。人生快事莫若置酒会友，作者又正值“抱用世之才而不遇合”之际，于是满腔不合时宜借酒兴诗情，以抒发满腔不平之气。

此诗思想内容非常深沉，艺术表现非常成熟。诗中表达了作者对怀才不遇的感叹，又抱着乐观、通达的情怀，也流露了人生几何当及时行乐的消极情绪。全诗洋溢着豪情逸兴，具有出色的艺术成就。

这首诗非常形象地表现了李白桀骜不驯的性格：一方面对自己充满自信，孤高自傲；一方面在政治前途出现波折后，又流露出纵情享乐之情。在这首诗里，他演绎庄子的乐生哲学，表示对富贵、圣贤的藐视；而在豪饮行乐中，实则深含怀才不遇之情。全诗气势豪迈，感情奔放，语言流畅，具有很强的感染力。

《将进酒》篇幅不算长，却五音繁会，气象不凡，如大河奔流，有气势亦有曲折，纵横捭阖，力能扛鼎。宋人严羽评价李白这首诗时说："一往豪情，使人不能句字赏摘。盖他人作诗用笔想，太白但用胸口一喷即是，此其所长。"

作者简介

李白（701—762 年），字太白，号青莲居士，唐代浪漫主义诗人。

李白祖籍陇西成纪（今甘肃省天水附近）。隋末时其先人流寓碎叶（今吉尔吉斯斯坦北部托克马克附近）。

李白幼年时随父亲迁居绵州昌隆县（今四川江油）青莲乡，25 岁时"辞亲远游"，仗剑出蜀。天宝初年（742 年），李白入值供奉翰林，因遭权贵谗毁，仅一年时间就离开长安。"安史之乱"中，李白曾为永王李璘幕僚，后因李璘谋反被远谪夜郎。李白晚年时投奔其族叔当涂令李阳冰，后卒于当涂。

李白生活在唐代极盛时期，他的大量诗篇既反映了那个时代的繁荣气象，也揭露和批判了统治集团的荒淫和腐败，表现出蔑视权贵、反抗传统束缚、追求自由和理想的积极精神。

李白的诗风豪放飘逸，想象丰富，语言流转自然，音律和谐多变，善于从民间文艺和神话传说中吸取营养和素材，构成其特有的瑰玮绚烂的色彩，达到盛唐诗歌艺术的巅峰，被后世的评论家称为"诗仙"。

饮中八仙歌

——格法独创，开天异品

经典原文

知章①骑马似乘船，眼花②落井水底眠。

汝阳三斗始朝天③，道逢麴车④口流涎，恨不移封向酒泉⑤。

左相⑥日兴费万钱，饮如长鲸吸百川，衔杯乐圣称避贤⑦。

宗之⑧潇洒美少年，举觞白眼望青天⑨，皎如玉树临风前⑩。

苏晋长斋绣佛前⑪，醉中往往爱逃禅⑫。

李白斗酒诗百篇，长安市上酒家眠。天子呼来不上船，自称臣是酒中仙。

张旭⑬三杯草圣传，脱帽露顶⑭王公前，挥毫落纸如云烟。

焦遂五斗方卓然⑮，高谈雄辩惊四筵⑯。

字词注解

①知章：即贺知章，越州永兴（今浙江萧山）人。唐代诗人、书法家。嗜酒，性旷放纵诞，自号“四明狂客”，又称“秘书外监”。

②眼花：醉眼昏花。

③汝阳：即汝阳王李琎，唐玄宗的侄子。朝天：朝见天子。

④麴车：酒车。

⑤移封：改换封地。酒泉：郡名，在今甘肃酒泉市。传说郡城下有泉，

味如酒，故名酒泉。

⑥ 左相：指左丞相李适之。唐朝宗室，唐太宗李世民曾孙。

⑦ 衔杯：贪酒。圣：酒的代称。

⑧ 宗之：即崔宗之，吏部尚书崔日用之子，袭父封为齐国公，官至侍御史。

⑨ 觞：古代一种较大的酒杯。白眼：相传晋时的阮籍能作青白眼，青眼看朋友，白眼视俗人。

⑩ 玉树临风：原形容人像玉树一样十分潇洒，秀美多姿。此处形容醉后摇曳之态。

⑪ 苏晋：唐代诗人，开元进士，曾为户部和吏部侍郎。长斋：长期斋戒。绣佛：刺绣的佛像。

⑫ 逃禅：指逃出禅戒，即不守佛门戒律。佛教戒饮酒，苏晋长斋信佛，却嗜酒，故曰“逃禅”。

⑬ 张旭：唐代著名书法家，善草书，时人称为“草圣”。

⑭ 脱帽露顶：形容张旭狂放不羁的醉态。据说张旭每当大醉，常呼叫奔走，索笔挥洒，甚至以头濡墨而书。醒后自视手迹，以为神异，不可复得，世称“张颠”。

⑮ 焦遂：唐代平民，以嗜酒闻名，事迹不详。卓然：形容酒后精神焕发，气度不凡的样子。

⑯ 四筵：四座。

奇文共赏

《饮中八仙歌》是一首别具一格、富有特色的“肖像诗”。

据《新唐书·李白传》载，李白与贺知章、李适之、李琎、崔宗之、苏晋、张旭、焦遂八人俱善饮，称为“酒中八仙人”。他们都在长安生活过，在嗜酒、豪放、旷达这些方面彼此相似。

杜甫的这首《饮中八仙歌》便是根据这风行一时的题材创作的。全诗将八人从“饮酒”这个角度联系在一起，用追叙的方式、洗练的语言以及人物速写的笔法，构成一幅栩栩如生的群像图。作者写八人醉态各有特点，纯用漫画素描的手法，写他们的平生醉趣，充分表现了他们嗜酒如命、放浪不羁的性格，生动地再现了盛唐时代文人士大夫乐观、放达的精神风貌。

全诗并列分写八人，句数多少不齐，变化中仍有条理，在体裁上是一个创新。明代文学家王嗣奭曾评论此诗："此创格，前无所因。"全诗风格独特，情调轻快谐谑，豪迈畅快，一气呵成；每个人物性格各异，却又异中有同，浑然一体又彼此映衬，在唐诗中可谓别开生面之作。

作者简介

杜甫（712—770年），字子美，号少陵野老，河南巩义（今河南巩义）人。举进士不第，曾任检校工部员外郎，故世称杜工部。盛唐现实主义诗人，世称"诗圣"，与李白并称"李杜"。

杜甫忧国忧民，一生写诗1500多首，诗艺精湛。其诗大胆揭露当时社会矛盾，对穷苦人民寄予深切同情，内容深刻。许多优秀作品，显示了唐代由盛转衰的历史过程，因被称为"诗史"。在艺术上，善于运用各种诗歌形式，尤长于律诗；风格多样，而以沉郁为主；语言精练，具有高度的表达能力。

怀古今

——风驱寒暑，川注光阴

经典原文

古，今。
感事，伤心。
惊得丧，叹浮沈[①]。
风驱寒暑，川注光阴。
始炫朱颜丽，俄[②]悲白发侵。
嗟四豪[③]之不返，痛七贵[④]以难寻。
夸父兴怀于落照[⑤]，田文起怨于鸣琴[⑥]。
雁足凄凉兮传恨绪[⑦]，凤台寂寞兮有遗音[⑧]。
朔漠幽囚[⑨]兮天长地久，潇湘[⑩]隔别兮水阔烟深。
谁能绝圣韬贤餐芝饵术[⑪]，谁能含光遁世炼石烧金[⑫]。
君不见屈大夫纫兰而发谏[⑬]，君不见贾太傅忌鵩而愁吟[⑭]。
君不见四皓[⑮]避秦峨峨恋商岭，君不见二疏[⑯]辞汉飘飘归故林。
胡为乎冒进贪名践危途与倾辙，胡为乎怙权恃宠顾华饰与雕簪。
吾所以思抗迹忘机用虚无为师范[⑰]，吾所以思去奢灭欲保道德为规箴[⑱]。

字词注解

①浮沈：即浮沉。沈，通“沉”。

②俄：一会儿。形容时间很短。

③四豪：指战国时孟尝君、平原君、信陵君、春申君四人，号“战国四君子”。

④七贵：指西汉时七个以外戚关系把持朝政的家族。隋末，洛阳人称段达、王世充、元文都、卢楚、皇甫无逸、郭文懿、赵长文为“七贵”，后泛指权贵。

⑤兴怀：引起感触。落照：落日的余晖。

⑥田文：即孟尝君。妫姓田氏，名文，又称文子、薛文、薛公。战国时齐国临淄（今山东省淄博市临淄区）人。父亲靖郭君田婴子，祖父齐威王。鸣琴：即“鸣琴而治”，指以礼乐教化人民，达到“政简刑清”的统治效果。旧时常用做称颂地方官简政清刑、无为而治的谀辞。

⑦雁足：指代书信。此句指苏武被囚匈奴之事。

⑧凤台：古泽州府治所，故址位于今晋城市城区和郊区，名称取当地神话宿凤高台、有凤来栖之意。此句指萧史、弄玉之典。

⑨朔漠幽囚：指西汉大将李陵，后降匈奴。朔漠，常指北方沙漠地带，有时也泛指北方。

⑩潇湘：指潇湘女神娥皇、女英。

⑪绝圣韬贤：意同“绝圣弃智”，摒弃聪明智巧，返归天真纯朴。这是古代老子、庄子的“无为而治”的思想。餐芝饵术：传说仙家以芝草、苍术为食，久服可以成仙。此指服药养身，修仙学道。

⑫含光：蕴含光彩。谓才华内蕴，不露锋芒遁世：独自隐居，避开俗世。炼石烧金：指方术之士烧炼丹石、丹砂炼丹。

⑬屈大夫：指屈原。纫兰：比喻人品高洁。谏：谏问，旧时称规劝君主或尊长，使其改正错误。

⑭贾太傅：指贾谊。此句指贾谊作《鹏鸟赋》自伤。

⑮四皓：指“商山四皓”，后泛指有名望的隐士。其主要事迹记载于

《史记·留侯世家》。

⑯ 二疏：指西汉疏广、疏受叔侄二人。其主要事迹记载于《汉书·卷七十一》。

⑰ 抗迹：高尚其志行、心迹。忘机：道家语，意为消除机巧之心。用以指淡泊清净，忘却世俗烦庸，与世无争。师范：学高为师，身正为范。

⑱ 规箴：劝勉告诫。

奇文共赏

《怀古今》一诗，是唐末五代的道士杜光庭所作的一首宝塔诗。诗人引经据典，怀古叹今，感叹隋末贤士隐退、民不聊生的情景，其后又详细解释了自己为什么归隐修道的原因——保存道德，“无为”为众人师。

所谓宝塔诗，原为杂体诗的一种，是一种摹状而吟、风格独特的诗体。顾名思义，它形如宝塔。从一字句或两字句的塔尖开始，向下延伸，逐层增加字数至七字句的塔底终止，如此排列下来，构成一个等腰三角形，即如塔形、山形。

宝塔诗原称“一字至七字诗”，从一言起句，依次增加字数，从一字到七字句逐句成韵。起始的字，既为诗题，又为诗韵。全诗对仗工整，读起来朗朗上口，声韵和谐，节奏明快，有如“鲲鹏展翅，扶摇直上”之感。后来这种诗体又增至十字句或十五字句，每句或每两句字数依次递增一个字。

宝塔诗按形状分可分为单宝塔诗、双宝塔诗和变形宝塔诗。从读法上分，人们把从上依次读到下的称宝塔诗；把交织读、倒读、回文读或迂回读的各自另起了名字，如火焰体诗、飞雁体诗、叠翠诗等。

比较常见的是双宝塔诗，由单塔中的一七体演化而来，犹如两塔对峙。唐朝这种诗刚出现时，首句为单字外（后来变为每两句为一组），其后每两句递增一字，恰似一副副对仗工整的对联，且寓意深刻。

如杜光庭的这首《怀古今》，从一字句递增到十五字句，各字句均为双字句，共240字，被认为是宝塔诗中最长的一首。

全诗内容可分三段：一至五字十句为第一段，慨叹时光流逝，朱颜难驻；六至十二字十四句为第二段，列举古代许多著名人物，说明真正要做到绝圣韬贤、含光遁世是不大可能的；十三至十五字六句为第三段，诗人直接发议论，抒发感慨，提出要“用虚无为师范”，“保道德为规箴”。

宝塔诗形式较为怪异，要求从一字句逐步递增为十五字句，弄得不好，便易变成文字游戏，生拼硬凑、词不达意、堆砌典故、割裂词语等毛病均会产生。但此诗文理清顺，前后连贯自然，语句通畅而对称，一韵到底，韵律和谐，在宝塔诗中是较为优秀的作品。

作者简介

杜光庭（850—933 年），字圣宾（又作宾至），号东瀛子。处州缙云（今属浙江）人。唐末五代道士，道教学者。

杜光庭少习儒学，博通经、子。唐咸通（860—874 年）年间应九经试不中，感慨古今浮沉，于是入天台山学道。唐僖宗闻其名声，召入宫廷，赐以紫袍，充麟德殿文章应制，为内供奉。中和元年（881 年），随僖宗入蜀，见唐祚衰微，便留蜀不返。王建建立前蜀，任为光禄大夫尚书户部侍郎上柱国蔡国公，赐号“广成先生”。王衍继位后，亲在苑中受道箓，以杜光庭为“传真天师”、崇真馆大学士。晚年在青城山白云溪潜心修道，相传 85 岁时逝世。

杜光庭对道教教义、斋醮科范、修道方术等多方面做了研究和整理，对后世道教影响很大。他对《老子道德经》的研究颇有成就，将以前注解诠释《道德经》的六十余家进行比较考察，概括意旨，对“重玄之道”尤其推重。其思想调和儒、道二家的思想，不融佛教，保持道家本色。

杜光庭一生著作颇多，有《道德真经广圣义》《道范大全集》《广成集》《洞天福地岳渎名山记》《青城山记》《武夷山记》《西湖古迹事实》等二十余种。惜一些著作亡佚于元初，无法见其原貌。

茶

——碾雕白玉，罗织红纱

经典原文

茶

香叶，嫩芽。

慕诗客，爱僧家。

碾①雕白玉，罗②织红纱。

铫③煎黄蕊色，碗转曲尘花④。

夜后邀陪明月，晨前命对朝霞。

洗尽古今人不倦，将知醉后岂堪夸。

字词注解

①碾：茶碾。

②罗：茶筛。

③铫：古代一种便携金属小锅，此处指煎茶器具。

④曲尘花：指茶汤上面的浮沫。曲尘，此处指茶。原为酒曲上所生菌，其色淡黄如尘。亦用以指淡黄色，或借指柳树、柳条。

奇文共赏

诗中藏宝塔，写的都是茶。此诗又称《一字至七字诗·茶》，是由中唐诗人元稹所创作的一首宝塔诗。

宝塔诗形式优美，是除五言、七言律诗之外非常新颖的一种诗歌形式，形象有趣，让人过目不忘。

公元829年春，唐代都城长安的兴化池边，大诗人元稹、李绅、张籍等九人，为好友白居易调任洛阳设宴送别。大家边喝边聊，离情依依。

酒兴正酣时，有人提议，在场的每人写一首宝塔诗纪念这次聚会。元稹提笔落字，写就了这首脍炙人口的宝塔茶诗。

元稹的这首宝塔诗，先后表达了三层意思：一是从茶的本性说到了人们对茶的喜爱；二是从茶的煎煮说到了人们的饮茶习俗；三是就茶的功用说到了茶能提神醒酒。

全诗妙在既似精心堆砌，又似漫不经心；既似深思熟虑，又似随手挥洒；既似文字游戏，又似精妙之作；既有深邃意境，又是平白如话。

这首茶诗，不仅形式美、韵律美，意蕴更美，在诸多的咏茶诗中别具一格，精巧玲珑，堪称一绝。

作者简介

元稹（779—831年），字微之，别字威明，河南府东都洛阳（今河南洛阳）人。唐朝著名诗人、文学家、宰相。有《元氏长庆集》传世，收录诗赋、诏册、铭谏、论议等共100卷。

元稹聪明过人，少时即有才名。元稹与白居易同科及第，并结为终生诗友。二人共同倡导新乐府运动，共创“元和体”，世称“元白”。

两人之间经常有诗歌唱和，即使两人分处异地，也经常有书信往来，并发明了“邮筒传诗”。

一次，白居易与好友李建同游慈恩寺，席间想念元稹，就写下了《同李十一醉忆元九》：“花时同醉破春愁，醉折花枝作酒筹。忽忆故人天际去，计程当日到梁州。”巧合的是，此时正在梁州的元稹也在思念白居易，他在同一天晚上写了一首《梁州梦》：“梦君同绕曲江头，也向慈恩院院游。亭吏呼人排去马，忽惊身在古梁州。”

后来两人都先后遭贬，分别被放置外地做官，于是他们经常联络，互相鼓励和慰藉。如白居易所说的那样，两人终其一生都是友情极其深厚的“文友诗敌”。

白居易有诗写道：“君写我诗盈寺壁，我题君句满屏风；与君相遇知何处，两叶浮萍大海中。”“所得惟元君，乃知定交难。”并说他们之间的友谊是“一为同心友，三及芳岁阑。花下鞍马游，雪中杯酒欢。衡门相逢迎，不具带与冠。春风日高睡，秋月夜深看。不为同登科，不为同署官。所合在方寸，心源无异端”。

而元稹对白居易也十分关心，更凝结成了千古名篇《闻乐天授江州司马》：“残灯无焰影幢幢，此夕闻君谪九江。垂死病中惊坐起，暗风吹雨入寒窗。”

三峡

——林寒涧肃，空谷传响

经典原文

自三峡七百里中[①]，两岸连山，略无阙处[②]。重岩叠嶂，隐天蔽日。自非亭午夜分[③]，不见曦[④]月。

至于夏水襄陵[⑤]，沿溯[⑥]阻绝。或王命急宣，有时朝发白帝[⑦]，暮到江陵[⑧]，其间千二百里，虽乘奔御风，不以疾也[⑨]。

春冬之时，则素湍[⑩]绿潭，回清[⑪]倒影。绝巘[⑫]多生怪柏，悬泉[⑬]瀑布，飞漱[⑭]其间，清荣峻茂[⑮]，良多趣味。

每至晴初霜旦[⑯]，林寒涧肃，常有高猿长啸，属引[⑰]凄异。空谷传响，哀转[⑱]久绝。故渔者歌曰："巴东[⑲]三峡巫峡长，猿鸣三声[⑳]泪沾裳。"

字词注解

① 三峡：指长江三峡，西起重庆市奉节县白帝城，东至湖北宜昌市南津关，全长 193 千米。沿途两岸奇峰陡立、峭壁对峙，自西向东依次为瞿塘峡、巫峡、西陵峡。七百里：此为约数。唐代诗人杨炯《巫峡》诗云："三峡七百里，唯言巫峡长。"

② 略无：完全没有。略，这里是完全、全部的意思。阙：同"缺"，空缺。

③自：如果。这里指太阳。亭午：正午。亭，正，当。夜分：半夜。

④曦：日光。

⑤至于：到。襄：漫上。陵：山陵、丘陵。

⑥沿：顺流而下。溯：逆流而上。

⑦白帝：城名，在今重庆市奉节县东。

⑧江陵：今湖北省江陵县。

⑨不以：比不上，不如。疾：快。

⑩素湍：白色的急流。

⑪回清：回旋着清波。

⑫绝𪩘：极高的山峰。绝，极、最。𪩘：大山上的小山。

⑬悬泉：从山崖上流下好像悬挂着的泉水。

⑭飞漱：飞流冲刷。

⑮清荣峻茂：指水清、树茂、山险、草盛。

⑯霜旦：降霜的早晨。

⑰属引：连续不断。属，连续。引，延长。

⑱哀转：悲哀婉转。

⑲巴东：古郡名，位于湖北省西南部。

⑳三声：多声、几声。三，虚数，非实指。

奇文共赏

本文是北魏郦道元《水经注·江水》中的“（江水）又东过巫县南，盐水从县东南流注之”这句话的一条注文。“江水注”关于长江三峡的描写是《水经注》中的精华之一，而总写三峡的这一段，更是脍炙人口，千古传唱不衰。

《水经注》不仅是一部具有重大科学价值的地理巨著，而且也是一部颇具特色的山水游记。郦道元以饱满的热情、浑厚的文笔与精美的语言，形象、生动地描述了祖国的壮丽山川，表现了他对祖国的热爱和赞美。其书名为《水经注》，实则以《水经》为纲，详细记载了我国境内一千多条大小河流及有关的历史遗迹、人物掌故、神话传说等，是我国古代最全面、最系统的综合性地理著作。该书还记录了不少碑刻墨迹和渔歌民谣，具有较高的历史和文学价值。

本文所选片段虽短短几节，但全文结构严谨，布局巧妙，浑然一体，形象描述了长江三峡雄伟壮丽的奇景。虽只100多字的短文,却概括千里江山，包容春夏秋冬四季，收纳山水草木，兼及青猿怪柏，道出了三峡700里的万千气象，堪称一幅色彩斑斓、生机蓬勃的“山水画”。

但据学者考证，郦道元作为北魏人，在那个南北分裂的时代，并没有机会亲身到三峡考察。这段向来被系于他名下的文字，其实是引自南朝盛弘之的《荆州记》。然而，盛弘之也不是原创者，他又是从东晋袁山松《宜都山川记》中引用的。后来，这段文字还成为李白《早发白帝城》一诗的蓝本。不管怎么说，都足见这段文字的魅力了。

下面看一看《宜都山川记》中是如何描写三峡的：

自黄牛滩东入西陵界，至峡口百许里，山水纡曲，而两岸高山重障，非日中夜半，不见日月，绝壁或十许丈，其石采色形容，多所像类，林木高茂，略尽冬春，猿鸣至清，山谷传响，泠泠不绝。所谓三峡，此其一也。

山松言：常闻峡中水疾，书记及口传，悉以临惧相戒，曾无称有山水之美也。及余来践跻此境，既至欣然，始信耳闻之不如亲见矣。

其叠崿秀峰，奇构异形，固难以辞叙。林木萧森，离离蔚蔚，乃在霞气之表。仰瞩俯映，弥习弥佳，流连信宿，不觉忘返。目所履历，未尝有也。既自欣得此奇观，山水有灵，亦当惊知己与千古矣。

作者简介

郦道元（？—527年），字善长，范阳涿州（今河北省涿州市）人。北魏时期官员，地理学家、散文家。

郦道元出生于官宦世家，父亲郦范曾经做过平东将军和青州刺史。郦道元先后在平城（北魏首都，今山西省大同市）和洛阳（公元495年北魏首都南迁到这里）担任过御史中尉等中央官吏，并且多次出任地方官，任过冀州（今河北省冀州）镇东文化教育长史、鲁阳郡（今河南省鲁山县）太守、东荆州（今河南省唐河县）刺史以及河南（今洛阳）尹、安南将军、关右大使等职。他执法严格，颇有威名，后被雍州刺史萧宝夤杀害。

郦道元一生著述很多，除《水经注》外，还有《本志》十三篇以及《七聘》等著作，但是，流传下来只有《水经注》一种。

郦道元在给《水经》作注过程中，十分注重实地考察和调查研究；同时还博览了大量前人著作，查看了不少精密详细的地图。据统计，郦道元写《水经注》一共参阅了437种书籍。经过长期艰苦的努力，郦道元终于完成了他的《水经注》这一名著。《水经注》共40卷，30多万字。它名义上是注释《水经》，实际上是在《水经》基础上的再创作。全书记述了1252条河流，比原著增加了近千条，文字增加了20多倍，内容比《水经》原著要丰富得多。

《水经注》是我国第一部全面、系统的综合性地理著述，对于研究我国古代历史和地理具有重要的参考价值。郦道元也因此成为中国游记文学的开创者，对后世游记散文的发展影响颇大。

心相篇

——相由心生，道破人心

经典原文

一、心者貌之根，审心而善恶自见；行者心之表，观行而祸福可知。

二、出纳[①]不公平，难得儿孙长育；语言多反复，应知心腹[②]无依。

三、消沮闭藏[③]，必是好贪之辈；披肝露胆，决为英杰之人。

四、心和气平，可卜孙荣兼子贵；才偏性执，不遭大祸必奇穷[④]。

五、转眼无情，贫寒夭促[⑤]；时谈念旧，富贵期颐[⑥]。

六、重富欺贫，焉可托妻寄子；敬老慈幼，必然裕后光前[⑦]。

八、轻口出违言，寿元短折；忘恩思小怨，科第[⑧]难成。

九、小富小贵易盈，前程有限；大富大贵不动，厚福无疆。

十、欺蔽阴私，纵有荣华儿不享；公平正直，虽无子息死为神。

一〇、开口说轻生，临大节决然规避；逢人称知己，即深交究竟平常。

一一、处大事不辞劳怨，堪为栋梁之材；遇小故辄避嫌疑，岂是腹心之寄。

一二、与物难堪，不测亡身还害子；待人有地[⑨]，无端福禄更延年。

一三、迷花恋酒，阃中妻妾参商[⑩]；利己损人，膝下儿孙悖逆。

十四、贱买田园，决生败子；尊崇师傅，定产贤郎。

十五、愚鲁人说话尖酸刻薄，既贫穷必损寿元；聪明子语言木讷优容，享安康且膺[11]封诰。

十六、患难中能守者，若读书可作朝廷柱石之臣；安乐中若忘者，纵低才岂非金榜青云之客[12]。

十七、鄙吝勤劳，亦有大富小康之别，宜观其量；奢侈靡丽，宁无奇人浪子之分，必视其才。

十八、弗以见小为守成，惹祸破家难免；莫认惜福为悭吝，轻财仗义尽多。

十九、处事迟而不急，大器晚成；己机[13]决而能藏，高才早发。

二十、有能吝教，己无成子亦无成；见过隐规[14]，身可托家亦可托。

二一、知足与自满不同，一则矜而受灾，一则谦而获福；大才与庸才自别，一则诞[15]而多败，一则实而有成。

二二、忮[16]求念胜，图名利，到底逊人；恻隐心多，遇艰难，中途获救。

二三、不分德怨，料难至乎遐年[17]；较量锱铢，岂足期乎大受[18]。

二四、过刚者图谋易就，灾伤岂保全无；太柔者作事难成，平福亦能安受。

二五、乐处生悲，一生辛苦；怒时反笑，至老奸邪。

二六、好矜己善，弗再望乎功名；乐摘[19]人非，最足伤乎性命。

二七、责人重而责己轻，弗与同谋共事；功归人而过归己，侭[20]堪救患扶灾。

二八、处家孝悌无亏，簪缨奕世；与世吉凶同患，血食[21]千年。

二九、曲意周全知有后；任情激搏必凶亡。

三〇、易变脸，薄福之人奚较；耐久朋，能容之士可宗。

三一、好与人争，滋培[22]浅而前程有限；必求自反，蓄积厚而事业能伸。

三二、少年飞扬浮动，颜子之限难过[23]；壮岁冒昧昏迷，不惑之期怎免[24]。

三三、喜怒不择轻重，一事无成；笑骂不审是非，知交断绝。

三四、济急拯危，亦有时乎贫乏，福自天来；解纷排难，恐亦涉乎囹圄[25]，神必佑之。

三五、饿死岂在纹描[26]，抛衣撒饭[27]；瘟亡不由运数，骂地咒天。

三六、甘受人欺，有子自然大发；常思退步，一身终得安闲。

三七、举止不失其常，非贵亦须大富，寿更可知；喜怒不形于色，成名还立大功，奸亦有之。

三八、无事失措仓皇，光如闪电；有难怡然不动，安若泰山。

三九、积功累仁，百年必报；大出小入，数世其昌。

四〇、人事可凭，天道不爽。

四一、如何餐刀饮剑[28]？君子刚愎自用，小人行险侥幸。

四二、如何短折亡身？出薄言、做薄事、存薄心，种种皆薄。

四三、如何凶灾恶死？多阴毒、积阴私、有阴行，事事皆阴。

四四、如何暴疾而殁？纵欲奢情。

四五、如何毒疮而终？肥甘凝腻[29]。

四六、如何老后无嗣？性情孤洁。

四七、如何盛年丧子？心地欺瞒。

四八、如何多遭火盗？刻剥民财。

四九、如何时犯官府，强梁作胆[30]。

五〇、何知端揆首辅[31]？常怀济物之心。

五一、何知拜将封侯？独挟盖世之气。

五二、何知玉堂金马[32]？动容清丽。

五三、何知建牙拥节[33]？气概凌霄。

五四、何知丞簿下吏？量平胆薄。

五五、何知明经教职？志近行拘。

五六、何知苗而不秀？非惟愚蠢更荒唐；何知秀而不实？盖谓自贤兼短行。

五七、若论妇人，先须静默，从来淑女不贵才能。

五八、有威严，当膺一品之封；少修饰，能掌万金之重。

五九、多言好胜，纵然有嗣必伤身；尽孝兼慈，不特助夫还旺子。

六〇、贫苦中毫无怨詈，两国褒封[34]；富贵时常惜衣粮，满堂荣庆。

六一、奴婢成群，定是宽宏待下；赀财盈筐，决然勤俭持家。

六二、悍妇多因性妒，老后无归；奚婆定是情乖[35]，少年浪走[36]。

六三、为甚欺夫？显然淫行；缘何无子？暗里伤人。

六四、信乎骨格步位[37]，相辅而行；允矣血气精神，由之而显。

六五、知其善而守之，锦上添花；知其恶而弗为，祸转为福！

字词注解

① 出纳：买卖。

② 心腹：好友知心。

③ 消沮闭藏：消沮，耗损别人的钱财和资源。消，削减、耗损。沮，破坏、败坏。闭藏，封闭囤积，指厚己薄人，损人利己，趁机积累自己的财富。

④ 奇穷：困厄。指厄运。

⑤ 夭促：夭折，短命。

⑥ 期颐：年寿一百岁以上的人。期，期待。颐，供养。意谓百岁老人饮食起居不能自理，一切需期待别人供养或照顾。所以古时称百岁为“期颐之年”。

⑦ 裕后光前：为后人造福，给前辈增光。常用以歌颂人们的不世功勋。

⑧ 科第：科举考试。

⑨ 地：余地，指留有余地。

⑩ 闺：指妇女居住的内室。参商：参星与商星，二者在星空中此出彼没。古人以此比喻彼此对立，不和睦，或亲友隔绝。

⑪ 膺：接受，承受。

⑫ 青云之客：指仕途显达的人。

⑬ 机：谋划。

⑭ 隐规：暗中规劝。

⑮ 诞：荒诞。指夸夸其谈。

⑯ 忮：嫉妒。

⑰ 遐年：高龄；长寿。

⑱ 大受：承担重任；委以重任。此处指大富大贵。

⑲ 摘：指摘，挑剔。

⑳ 偬：极，最。

㉑ 血食：谓受享祭品。古代杀牲取血以祭，故称。

㉒ 滋培：栽培，养育。

㉓ 颜子之限：形容一个人英才早夭，因为孔子最得意的弟子颜回死时只有32岁。

㉔ 壮岁：壮年。冒昧：无知妄为，鲁莽轻率。昏迷：愚昧糊涂。不惑之期：指四十岁。出自孔子《论语·为政》：“四十而不惑。”不惑，意思是遇到事情能明辨不疑。

㉕ 囹圄：监狱。指吃官司。

㉖ 纹描：相面术语，指人的面相上有“螣蛇纹入口”之相。

㉗ 抛衣撒饭：指糟蹋五谷，胡乱浪费。

㉘ 餐刀饮剑：指遭遇刀剑之祸而丧命；或指以刀剑自杀。

㉙ 肥甘：肥美香甜的食物。凝腻：凝膏油腻的食物。

㉚ 强梁：强暴；强横。

㉛ 端揆：指相位。宰相居百官之首，总揽国政，故称。

㉜ 玉堂金马：玉堂殿和金马门的并称。玉堂殿原为汉未央宫的属殿，金马门原为汉宫宦者署门，均为学士待诏之所，后沿用为翰林院或翰林学士的代称，此指文官。也比喻高官显爵。

㉝ 建牙拥节：指武官拜将封侯。建牙，即建立警卫部队；亦指出任一方。古代武官级别到达一定高度可以有自己的警卫部队，建立警卫部队或出师前树立军旗叫做建牙，其中的头目叫牙将，所用旗帜叫牙旗。拥节，执持符节。

㉞ 两国：原指汉与匈奴。此处指夫家和娘家。褒封：嘉奖封赏。“两国之封”是说王昭君，在汉是宫女封为假公主，在匈奴封为妃。

㉟ 奚婆：指卖淫为娼的妇人。情乖：性情乖戾。

㊱ 浪走：行为浪荡。

㊲ 步位：分布的位置。

奇文共赏

五代、北宋之间，有个著名的道教学者陈希夷，就是传说中的“陈抟老祖”，他留下一篇传世之作，名《心相篇》，取“相由心生”之意，兼有佛家《因果经》的味道。

《心相篇》虽名为相面之说，但并不是谈具体的相面之术，而是指点人们认清人性人心，劝人去恶扬善，与那些江湖流传的相面术不可同日而语，读之耐人寻味。

这篇文章只有117句、1304个字，但却把古代相学的精华悉数点出，可以说是一部流传千古的不朽之作。

《心相篇》讲的不是宿命论，而是告诉我们一些朴素的道理：相由心生，相由心转，人如果存好心，就是福相；如果心不善，念念自私自利，损人利己，就会变成刻薄、薄福的相。正所谓诸恶莫做，众善奉行。

文章篇幅虽然不长，却不仅揭示了易学的精髓，而且告诉了人们安身立命之根本，实乃垂世之作。

作者简介

陈抟（871—989年），字图南，号扶摇子，赐号希夷先生、白云先生。亳州真源县（今河南鹿邑县太清宫镇陈竹园村）人，五代宋初著名道教学者、隐士。

陈抟继承汉代以来的象数学传统，并把黄老清静无为思想、道教修炼方术和儒家修养汇归一流，对宋代理学有较大影响，后人称其为“陈抟老祖”“睡仙”“希夷祖师”等。

陈抟尊奉黄老之学，少年时起就无心于功名，先是隐居于武当山九室岩，后移至华山云台观。他精通于道家学问，尤其是对《易经》和相学有非常透彻的研究，多有著述，对后世影响很大。

第五章

宋元奇文

寒窑赋

——天地循环，周而复始

经典原文

天有不测风云，人有旦夕祸福。蜈蚣百足，行不及蛇；雄鸡两翼，飞不过鸦。马有千里之程，无骑不能自往；人有冲天之志，非运不能自通。

盖闻：人生在世，富贵不能淫，贫贱不能移。文章盖世，孔子厄于陈邦[①]；武略超群，太公钓于渭水。颜渊命短，殊非凶恶之徒；盗跖[②]年长，岂是善良之辈？尧帝明圣，却生不肖之儿；瞽叟[③]愚顽，反生大孝之子。张良原是布衣，萧何称谓县吏。晏子身无五尺，封作齐国宰相；孔明卧居草庐，能作蜀汉军师。楚霸虽雄，败于乌江自刎；汉王虽弱，竟有万里江山。李广有射虎之威，到老无封；冯唐有乘龙之才，一生不遇。韩信未遇之时，无一日三餐；及至遇行，腰悬三尺玉印；一旦时衰，死于阴人[④]之手。

有先贫而后富，有老壮而少衰。满腹文章，白发竟然不中；才疏学浅，少年及第登科。深院宫娥，运退反为妓妾；风流妓女，时来配作夫人。

青春美女，却招愚蠢之夫；俊秀郎君，反配粗丑之妇。蛟龙未遇，潜水于鱼鳖之间；君子失时，拱手于小人之下。衣服虽破，常存仪礼之容；面带忧愁，每抱怀安[⑤]之量。时遭不遇，只宜安贫守份；心若不欺，必然扬眉吐气。初贫君子，天然骨骼生成；乍富小人，不脱贫寒肌体。

天不得时，日月无光；地不得时，草木不生；水不得时，风浪不平；人不得时，利运不通。注福注禄，命里已安排定，富贵谁不欲？人若不依根基八字，岂能为卿为相？

吾昔寓居洛阳，朝求僧餐，暮宿破窑，思衣不可遮其体，思食不可济其饥，上人憎，下人厌。人道我贱，非我不弃[⑥]也。今居朝堂，官至极品，位置三公，身虽鞠躬于一人之下，而列职于千万人之上，有挞百僚之杖[⑦]，有斩鄙吝[⑧]之剑，思衣而有罗锦千箱，思食而有珍馐百味，出则壮士执鞭，入则佳人捧觞，上人宠，下人拥。人道我贵，非我之能也，此乃时也、运也、命也。

嗟呼！人生在世，富贵不可尽用，贫贱不可自欺，听由天地循环，周而复始焉。

字词注解

①厄：困顿，困厄。陈邦：春秋时期的陈国。

②盗跖：指称一个名叫跖的大盗。此处形容烦闷迷乱。

③瞽叟：舜的父亲。

④阴人：指吕后。

⑤怀安：心怀天下、安邦治国。

⑥非我不弃：别人都说我低贱，并非我不嫌弃。意思就是说我也不想这样啊，但这是命运的安排，我又能怎样呢？

⑦挞：用鞭、棍等打人。杖：此指权杖、权柄。

⑧鄙吝：庸俗，鄙俗。形容心胸狭窄。

奇文共赏

《寒窑赋》，又名《破窑赋》《劝世章》。相传此文乃北宋宰相吕蒙正为劝诫太子赵恒（即后来的宋真宗）而作。

吕蒙正曾三次入相，并兼任太子的太师。当时太子赵恒年少，目中无人，没有谁敢当面教训他，吕蒙正遂决定写一篇文章来告诫太子。

吕蒙正出身贫寒，切身体会过穷人的苦难，所以十分勤奋。他年幼时便与母亲栖身于一处破落窑洞之中，年轻时又曾和寇准一起在破窑读书，深深体会了人情冷暖；后来做了宰相，是更体会到人心的宠辱变化。于是吕蒙正便以自身从贫苦的寒窑生活到位极人臣的经历，并列举了自古以来历史上诸多名人经历的各种命运和磨难，摆事实、讲道理，来说明这世界人生命运的起落不定，由此有了这篇名传千古的《寒窑赋》。

此文文字通俗易懂，朗朗上口，但义理深刻，其状物之精、明理之深，堪称一代奇文。

《寒窑赋》蕴含的是作者对人生命运和天地自然变化循环的思想认识，认为只有经历过苦难沧桑和大起大伏的人才能够深刻体会到天道无常和人情冷暖的巨大变化，才能体会到在人困、人为和天地自然变化循环中命运的沉浮人生的无奈。

作者认为，富贵不可尽用，贫贱不可自欺，天地循环周而复始，因此人要学会坦然面对坦途与坎坷。

据说太子读过此文后，一改前非，变得谦恭有礼，常虚心向他人请教。

作者简介

吕蒙正（944—1011 年），字圣功，洛阳（今属河南省）人。北宋大臣。

太平兴国二年（977 年），吕蒙正考中状元，授将作丞，出任升州通判。其后步步高升，三次登上相位，封莱国公，授太子太师。后改封徐国公、许国公。卒谥文穆，赠中书令。

吕蒙正的祖父、父亲都是后周的官员，按理来说他出生在官宦之家，条件应该不差。可由于他是庶子出身不被重视，出生没多久便与母亲一起被父亲赶出家门。从此，他与母亲在寒窑中相依为命，过着贫困、艰难的生活，经常食不果腹。因常到附近一古寺求食，备受僧人戏弄。

少年吕蒙正没有因此沉沦，而是在寒窑中发愤读书。寒窗苦读十几年后，吕蒙正终于高中状元，开始了他的仕途生涯，实现了寒门逆袭。

吕蒙正是一位勤政爱民的贤相。他在仕途中“三起三落”，最终均化险为夷，可见他的政治才能与智慧。

《宋史·吕蒙正传》中这样评价他：“蒙正质厚宽简，有重望，以正道自持。遇事敢言，每论时政，有未允者，必固称不可，上嘉其无隐。”

水调歌头·中秋

——格高千古，余词尽废

经典原文

丙辰[①]中秋，欢饮达旦，大醉，作此篇，兼怀子由[②]。

明月几时有？把[③]酒问青天。不知天上宫阙，今夕是何年。我欲乘风归去，又恐琼楼玉宇，高处不胜寒。起舞弄清影，何似在人间！

转朱阁，低绮户[④]，照无眠[⑤]。不应有恨，何事长向别时圆？人有悲欢离合，月有阴晴圆缺，此事古难全。但愿人长久，千里共婵娟[⑥]。

字词注解

① 丙辰：指宋神宗熙宁九年（1076 年）。

② 子由：即作者的弟弟苏辙（1039—1112 年），字子由，一字同叔，晚号颍滨遗老。

③ 把：端着。

④ 绮户：雕花的门窗。

⑤ 无眠：指不能入睡的人。

⑥ 婵娟：指代月色。

奇文共赏

苏轼这首脍炙人口的中秋词作于宋神宗熙宁九年（1076年），即丙辰年的中秋节，为作者醉后抒情、怀念弟弟苏辙之作。

这一时期，苏轼因为与当权的王安石等人政见不同，自求外放，辗转各地为官。这一年的中秋，皓月当空，银辉遍地，词人自与弟弟苏辙分别之后，转眼已七年未得团聚了。此刻，词人面对一轮明月，心潮起伏，于是乘酒兴正酣，挥笔写下了这一名篇。

整首词通篇咏月，月是词的灵魂载体，却时时刻刻切合人事。

词人运用形象描绘的手法，勾勒出一种皓月当空、美人千里、孤高旷远的境界氛围，把自己遗世独立的意绪和往昔的神话传说融合一处，在月的圆缺当中，渗进浓厚的哲学意味，可以说是一首将自然和社会高度契合的感喟作品。

这首词仿佛是词人与明月的对话，在对话中探讨人生的意义，既有理性，又有情趣，很是耐人寻味。全词意境豪放而阔大，情怀乐观而旷达，对明月的向往之情、对人间的眷恋之意，以及那浪漫的色彩、潇洒的风格和行云流水一般的语言，给我们一种至美的享受。

南宋学者胡仔在《苕溪渔隐丛话》中说：“中秋词，自东坡《水调歌头》一出，余词尽废。”王国维《人间词话》

则赞其曰“格高千古”。

作者简介

苏轼（1037—1101 年），字子瞻，号“东坡居士”，眉州眉山（即今四川眉山）人，北宋著名散文家、书画家、文学家、词人、诗人。有《苏东坡全集》和《东坡乐府》等传世。

苏轼是北宋文坛的领袖人物，在文学艺术等许多领域均取得突出的成就。

他不仅是当时最杰出的散文大家，也是宋代豪放词风的开创者。他与他的父亲苏洵、弟弟苏辙皆以文学名世，世称“三苏”。

他在文学艺术方面堪称全才。其文汪洋恣肆，明白畅达，与欧阳修并称欧苏，为唐宋八大家之一；其诗清新豪健，善用夸张比喻，在艺术表现方面独具风格，与黄庭坚并称苏黄；其词开豪放一派，对后代很有影响，与辛弃疾并称“苏辛”；其书法擅长行书、楷书，能自创新意，用笔丰腴跌宕，有天真烂漫之趣，与黄庭坚、米芾、蔡襄并称“宋四家”；其画学文同，喜作枯木怪石，论画主张神似。

念奴娇·赤壁怀古[①]

——风流人物，古今绝唱

经典原文

大江[②]东去，浪淘[③]尽，千古风流人物[④]。故垒[⑤]西边，人道是：三国周郎[⑥]赤壁。乱石穿空，惊涛拍岸，卷起千堆雪。江山如画，一时多少豪杰。

遥想公瑾当年，小乔[⑦]初嫁了，雄姿英发。羽扇纶巾[⑧]，谈笑间、樯橹[⑨]灰飞烟灭。故国神游[⑩]，多情应笑我，早生华发[⑪]。人间如梦，一樽还酹江月[⑫]。

字词注解

① 念奴娇：词牌名，又名“百字令”“酹江月”等。赤壁：此指黄州赤壁，一名“赤鼻矶”，在今湖北黄冈西。而三国古战场的赤壁，文化界认为在今湖北省赤壁市蒲圻县西北。

② 大江：指长江。

③ 淘：冲洗，冲刷。

④ 风流人物：指杰出的历史名人。

⑤ 故垒：过去遗留下来的营垒。

⑥ 周郎：指三国时吴国名将周瑜，字公瑾。少年得志，24岁时拜为中郎将，掌管东吴重兵，吴中皆呼为“周郎”。

⑦ 小乔：《三国志·吴志·周瑜传》载，周瑜从孙策攻皖，“得桥公两女，皆国色也。策自纳大桥，瑜纳小桥。”乔，本作“桥”。

⑧ 羽扇纶巾：古代儒将的便装打扮。纶巾：青丝制成的头巾。

⑨ 樯橹：这里代指曹操的水军战船。樯：挂帆的桅杆。

⑩ 故国：这里指旧地，当年的赤壁战场。神游：于想象、梦境中游历。

⑪ 华发：花白的头发。

⑫ 樽：古代的一种酒杯。酹：把酒浇在地上，表示祭奠。

奇文共赏

这首词是宋神宗元丰五年（1082 年）苏轼谪居黄州时所写，是苏词豪放风格的代表作之一。

当时作者 47 岁，因“乌台诗案”被贬黄州已两年余。苏轼由于诗文讽喻新法，为新派官僚罗织论罪而被贬，心中有无尽的忧愁无从述说，于是四处游山玩水以放松心情。当他来到黄州城外的赤壁（鼻）矶，此处壮丽的风景使作者感触良多，更是让作者在追忆当年三国时期周瑜无限风光的同时也感叹时光易逝，因而奋笔写下此词。

此词以赤壁怀古为主题，将奔腾浩荡的大江波涛、波澜壮阔的历史风云和千古而来的风流人物，酣畅淋漓地泼墨挥写于大笔之下，抒发了作者宏伟的政治抱负和豪迈的英雄气概。词中也流露出壮志未酬的感慨和人生如梦、岁月流逝的遗憾。但这种感慨和遗憾并非失望和颓废，它向人们揭示：千古风流人物身名俱灭，但江山长在，江月长留，当举酒相酹。

全词借古抒怀，雄浑苍凉，大气磅礴，笔力遒劲，境界宏阔，将写景、咏史、抒情融为一体，给人以撼魂荡魄的艺术力量，被誉为“古今绝唱”。

作者简介

作者生平简介见前文。

此处谈一谈苏轼与赤壁之间的渊源与故事。

宋神宗元丰三年（1080 年），苏轼因历史上非常著名的“乌台诗案”

被贬到黄州。

在黄州，苏轼曾经两度游赤壁，并因此写下了《念奴娇·赤壁怀古》与前、后《赤壁赋》这三篇流传至今的名篇佳作，被誉为“赤壁三唱”。

元丰五年（1082年）七月十五日，苏轼在黄州赤鼻矶上宴客，巨浪拍击江岸，势如千军万马奔腾。苏轼由此想起800多年前的那场赤壁大战，眼前的巨浪，顿时化为艨艟巨舰，于是乘醉写下了词坛巨作《念奴娇·赤壁怀古》词。这首作品一直被认为是豪放词的代表作品，苏轼也是通过这样的方式赞美以前的英雄人物，表示了对其做出的业绩的向往，借此来抒发出自己的豪情壮志，同时这也显示出了他自己心里到底是想要选择出世还是入世的矛盾心情。

是日夕阳西下，苏轼兴起，与四川道士杨世昌泛舟游于赤鼻矶下。舟中置酒，二人醉后相枕而睡。一觉醒来，已是次日天明。苏轼濡墨展纸，写成《前赤壁赋》。这篇文章则是借用了道家一直信奉的神仙的特征而产生的一些神奇的幻想，这也能够表现出他当时那种超然的心境。可是实际上在那种情况下苏轼的这种生活态度，其实也是一种无可奈何的自我安慰的做法，主要就是为了能够给陷入低谷的人生提供一个精神寄托。

同为“赤壁”之作，在《前赤壁赋》中，作

者又表现了一种超脱、乐观的思想感情。这种“超然”之然是由眼前美景引起的。“清风徐来，水波不兴”，一段秋江月景的描述，确实给人以美的享受。作者与客人诵诗对饮，尽情欣赏那“出于东山之上，徘徊于斗牛之间”的明月，油然而产生了一种“羽化”和“遗世”的情怀。

三个月后的十月十五日晚，苏轼与朋友三人又重游赤鼻。但这回与前次不同，不仅时至初冬，万木萧疏，客人也不甚凑趣。苏轼游兴正浓、弃舟缘赤鼻攀岩而上，客人亦不敢相从，使苏轼“悄然而悲肃然而恐”。然而也正因为心理感受不同，才使他写出了与前赋风格迥异的《后赤壁赋》。此赋沿用了赋体主客问答、抑客伸主的传统格局，抒发了自己的人生哲学，同时也描写了长江月夜的优美景色。

《后赤壁赋》是《前赤壁赋》的续篇，也可以说是姐妹篇，珠联璧合，浑然一体。前赋主要是谈玄说理，后赋却是以叙事写景为主。前、后《赤壁赋》虽都以秋江夜月为景，以客为陪衬，但《后赤壁赋》重在游、状景，而《前赤壁赋》意在借景抒怀，阐发哲理。两赋字字如画，句句似诗，诗画合一，情景交融，同工异曲，各有千秋。

通观三文，从《念奴娇·赤壁怀古》到前、后《赤壁赋》，诗人的感情脉络分明是开始由凭吊故人、感慨人生转向“超脱、豁达”，并直面“惨淡的人生”。从他的心理发展轨迹来看，应该是超脱、乐观的苏轼已开始战胜对人生和现实悲哀、愁苦的苏轼了。

鹊桥仙·纤云弄巧

——柔情似水，佳期如梦

经典原文

纤云弄巧[①]，飞星传恨[②]，银汉[③]迢迢暗度。金风玉露[④]一相逢，便胜却人间无数。

柔情似水，佳期如梦，忍顾[⑤]鹊桥归路。两情若是久长时，又岂在朝朝暮暮。

字词注解

①纤云弄巧：一缕缕的云彩作弄出许多花巧。比喻织女织造精巧，也暗示这是乞巧节。

②飞星传恨：是说牛郎、织女流露出终年不得见面的离恨。

③银汉：银河，天河。

④金风：指秋风。玉露：指白露。

⑤忍顾：表示不忍分别之意。顾，回头看。

奇文共赏

秦观是北宋婉约词人的代表，而《鹊桥仙》又可说是秦词中的绝妙之作。

此词是秦观为寄情长沙义倡而作，写于湘南郴州，时间是宋哲宗绍圣四年（1097 年）的七夕。

绍圣三年（1096 年）春，秦观从监处州酒税削秩编管郴州，长沙是必经之路。关于长沙义倡，洪迈在《夷坚志补》卷二中有较详细的叙述：“义倡者，长沙人也，不知其姓氏。家世倡籍，善讴，尤喜秦少游乐府，得一篇，辄手笔口咏不置。”秦观南迁，取道长沙，访潭土风俗，邂逅了这位艺妓。秦观见其姿容既美，出语真诚，遂亮明身份。艺妓又惊又喜，殷勤款待，遍歌淮海乐府。秦观与她缱绻数日，临别之际，艺妓表达了侍奉左右的心愿。秦观答应她，将来北归重逢，便是二人双飞之日。

当时秦观贬谪的路还要往南走下去，他与长沙艺妓不得不洒泪而别。到了郴州以后，秦观日夜思念他的恋人，但戴罪之身，人命危浅，相聚又谈何容易！绍圣四年（1097 年）七夕，秦观在郴州写下了这首《鹊桥仙》，借牛女双星的鹊桥相会寄托了他对长沙歌女的恋情。

谁知一别数年后，秦观竟死于广西的藤县。长沙艺妓远行数百里为秦观吊唁，后竟哀恸而死。

婉约词的特点是以委婉含蓄的手法写哀怨感伤的情怀。这首《鹊桥仙》描写牵牛、织女的爱情，真挚、细腻、纯洁、坚贞，赋予这对仙侣浓郁的人情味。全词哀乐交织，熔抒情与议论于一炉，融天上人间为一体，优美的形象与深沉的感情结合起来，起伏跌宕地讴歌了美好的爱情。

全词景中有情，情中有景，叙述议论，有情有理，兼顾周密；语言清新自然，婉约含蓄，韵味盎然，哀乐交进，令人读之回肠荡气，不能自已。

清人许宝善《自怡轩词选》云：“七夕词以此为最，以其本色耳。”

作者简介

秦观（1049—1100 年），字太虚、少游，号淮海居士，扬州高邮（今江苏高邮市）人，北宋文学家。宋神宗元丰八年（1085 年）进士。历任太学博士、秘书省正字、兼国史院编修官。绍圣初，坐元祐党籍，连遭贬谪。徽宗时召还，后客死于广西藤州。

秦观善诗赋策论，与黄庭坚、晁补之、张耒合称“苏门四学士”；尤工词，为北宋婉约派重要作家。其所写诗词高古沉重，寄托身世，感人至深。其文长于议论，文丽思深，兼有诗、词、文赋和书法多方面的艺术才能，尤以婉约之词驰名于世。

满江红·怒发冲冠

——仰天长啸，壮怀激烈

经典原文

怒发冲冠，凭栏处、潇潇[①]雨歇。抬望眼，仰天长啸，壮怀激烈。三十功名尘与土，八千里路云和月。莫等闲[②]、白了少年头，空悲切。

靖康耻[③]，犹未雪；臣子恨，何时灭。驾长车[④]，踏破贺兰山缺[⑤]。壮志饥餐胡虏肉，笑谈渴饮匈奴血。待从头、收拾旧山河，朝天阙[⑥]。

字词注解

① 潇潇：形容雨势急骤。

② 等闲：轻易，随便。

③ 靖康耻：宋钦宗靖康二年（1127年），金兵攻陷汴京，掳走徽、钦二帝，史称“靖康之变”。

④ 长车：指战车。

⑤ 贺兰山：在今宁夏回族自治区西北，西汉时是与匈奴的交战之地。缺：险隘的关口。

⑥ 天阙：皇宫的楼观。

奇文共赏

岳飞的《满江红》在南宋词人中可以说是独辟蹊径，被后人看成是爱国主义诗词中的最强音，是英雄主义豪情壮志的千古绝唱。

全词满腔忠义，激情喷涌，情调激昂，慷慨壮烈，有碧血丹心般的英勇壮烈，显示出一种浩然正气和英雄气质，其势足以惊天地、泣鬼神，读来让人血脉债张，表现了作者报国立功的信心和乐观奋发的精神。词人笔力之雄健，脉络之流畅，情理之深婉，不同凡响，足为有宋一代词坛生色。

全词通篇洋溢着爱国主义的浩然正气，成为贯穿全篇的一条红线。作者是一位爱国英雄，又是指挥千军万马的优秀将领，只有他这样的身份，才能写出如此气壮山河的优秀作品。作者直抒胸臆，完全用白描手法来言志抒情，那种势如火山爆发似的悲愤，一泻千里的激情，真可以说是“末势犹壮”，读者无不为其英雄气概所倾倒、所感动。

作者简介

岳飞（1103—1142 年），字鹏举，相州汤阴（今属河南）人。南宋时期抗金名将、军事家、战略家、民族英雄、

书法家、诗人，位列南宋“中兴四将”（其他三人是张俊、韩世忠、刘光世）之首。

岳飞从20岁起，曾先后四次从军。自建炎二年（1128年）遇宗泽至绍兴十一年（1141年）止，先后参与、指挥大小战斗数百次。金军攻打江南时，独树一帜，力主抗金，收复建康。绍兴四年（1134年），收复襄阳六郡。绍兴六年（1136年），率师北伐，顺利攻取商州、虢州等地。绍兴十年（1140年），完颜宗弼毁盟攻宋，岳飞挥师北伐，两河人民奔走相告，各地义军纷纷响应，夹击金军。岳家军先后收复郑州、洛阳等地，在郾城、颍昌大败金军，进军朱仙镇。宋高宗赵构和宰相秦桧却一意求和，以十二道“金字牌”催令岳飞班师。在宋金议和过程中，岳飞遭受秦桧、张俊等人诬陷入狱。绍兴十一年十二月二十九日（1142年1月27日），以“莫须有”的罪名，岳飞与长子岳云、部将张宪一同遇害。宋孝宗时，为岳飞平反昭雪，改葬于西湖畔栖霞岭，追谥武穆，后又追谥忠武，封鄂王。

岳飞是南宋杰出的统帅，他重视人民抗金力量，缔造了“连结河朔”之谋，主张黄河以北的民间抗金义军和宋军互相配合，以收复失地；治军赏罚分明，纪律严整，又能体恤部属，以身作则，率领的“岳家军”号称“冻死不拆屋，饿死不打掳”，金军有“撼山易，撼岳家军难”的评语，以示对岳家军的由衷敬佩。

岳飞流传下来的作品不多，但都是充满爱国激情的佳作。

钗头凤[①]·红酥手

——山盟虽在，锦书难托

经典原文

红酥手，黄縢[②]酒，满城春色宫墙[③]柳。东风[④]恶，欢情薄。一怀愁绪，几年离索[⑤]。错，错，错！

春如旧，人空瘦，泪痕红浥鲛绡透[⑥]。桃花落，闲池阁[⑦]。山盟虽在，锦书[⑧]难托。莫[⑨]，莫，莫！

字词注解

① 钗头凤：词牌名，原名“撷芳词”，又名“折红英”，相传取自北宋政和年间宫苑撷芳园之名。后因有“可怜孤似钗头凤”词句名世，故名。

② 黄縢：一作“黄藤”。此处指美酒。宋代官酒以黄纸为封，故以黄封代指美酒。

③ 宫墙：南宋以绍兴为陪都，故绍兴的围墙也有宫墙之说。

④ 东风：喻指陆游的母亲。

⑤ 离索：离群索居。

⑥ 浥：湿润。鲛绡：神话传说鲛人所织的绡，极薄，后用以泛指薄纱，这里指手帕。绡，生丝，生丝织物。

⑦ 池阁：池上的楼阁。

⑧ 锦书：写在锦上的书信，代指书信。

⑨ 莫：相当于“罢了”之意。

奇文共赏

诗人陆游20岁时与表妹唐琬喜结连理，婚后二人生活美满。孰料唐琬因没有得到婆母的欢心，最终被迫和陆游分离，改嫁给他人。多年之后，陆游在绍兴城南的沈园邂逅唐琬夫妇，唐琬为他送来酒菜，陆游“怅然久之，为赋《钗头凤》一词，题园壁间”。不久之后，唐琬抑郁而终。陆游的这首词也就成了他与唐琬爱情悲剧的断肠词。

“红酥手，黄縢酒，满城春色宫墙柳。”这两句描写了邂逅沈园，唐琬为词人送来了佳肴美酒，词人睹物思人，柔肠九折。前两句既是写眼前之景，又是写对当年往事的回忆。

“东风恶，欢情薄，一怀愁绪，几年离索”，这一句话也是全词的关键所在，在词人心中造成自己爱情悲剧的核心。

“春如旧，人空瘦，泪痕红浥鲛绡透”，下片的前三句承接上文而来，进一步描写词人而今眼中看到的唐琬，虽然还是从前的老样子，却失去了往日的风采，“空”“瘦”两字反映了词人眼中的故人饱受相思之苦。

“桃花落，闲池阁，山盟虽在，锦书难托”，这句承接上片的“东风恶”而来，唐氏离去后的沈园，在东风的摧残下，桃花满地，池阁无人，此情此景，焉能不让词人伤心欲绝。试想当年海誓山盟，而今言犹在耳，人已离堂，词人纵有千言万语，无从说起，心中刻骨相思，只能深深埋藏。其痛苦是可想而知的。

“莫！莫！莫！”最后词人一连用了三个叹词，真是和血写成，令天下有情人读来，共为一哭。

据说陆游写了《钗头凤》一词后，唐琬看了非常伤感，后来也和了一首：

世情薄，人情恶，雨送黄昏花易落。晓风干，泪痕残，欲笺心事，独倚斜栏。难，难，难！

人成各，今非昨，病魂常似秋千索。角声寒，夜阑珊，怕人询问，咽泪装欢。瞒，瞒，瞒！

不久，唐琬郁郁而终。此后陆游辗转江淮川蜀，几十年的风雨生涯，依然无法排遣对唐琬的眷恋。陆游67岁时，重游沈园，看到当年题写《钗头凤》的破壁，感慨万千，遂写就《禹迹寺南有沈氏小园四十年前尝题小阕壁间偶》一诗以记此事，诗云：

枫叶初丹槲叶黄，河阳愁鬓怯新霜。
林亭感旧空回首，泉路凭谁说断肠。
坏壁醉题尘漠漠，断云幽梦事茫茫。
年来妄念消除尽，回首禅龛一炷香。

作者在75岁时，又重游沈园，为怀念唐氏又创作了两首悼亡诗，诗名就叫《沈园》：

其一曰：

城上斜阳画角哀，沈园非复旧池台。
伤心桥下春波绿，曾是惊鸿照影来。

其二曰：

梦断香消四十年，沈园柳老不吹绵。
此身行作稽山土，犹吊遗踪一泫然。

就在陆游去世的前一年，他最后一次来到沈园，写下了《春游》一诗：

沈家园里花如锦，半是当年识放翁。
也信美人终作土，不堪幽梦太匆匆。

由此可见，陆游对唐琬感情之深。沈园也因此成为千古名园，形成了“断云悲歌”“诗境爱意”“春波惊鸿”“残壁遗恨”“孤鹤哀鸣”“碧荷映日”“宫墙怨柳”“踏雪问梅”“诗书飘香”和“鹊桥传情”等十景。

作者简介

陆游（1125—1210年），字务观，号放翁，汉越州山阴（今浙江绍兴）人。南宋文学家、史学家、爱国诗人。

陆游生逢北宋灭亡之际，少年时即深受家庭爱国思想的熏陶。宋高宗时，参加礼部考试，因受宰臣秦桧排斥而仕途不畅。宋孝宗即位后，赐进士出身，历任福州宁德县主簿、敕令所删定官、隆兴府通判等职。因其坚持抗金，屡遭主和派排斥。乾道七年（1171年），应四川宣抚使王炎之邀，投身军旅，任职于南郑幕府。次年，幕府解散，陆游奉诏入蜀，与四川制置使范成大相知。宋光宗继位后，升为礼部郎中兼实录院检讨官，不久即因“嘲咏风月”罢官归居故里。嘉泰二年（1202年），宋宁宗诏陆游入京，主持编修孝宗、光宗《两朝实录》和《三朝史》，官至宝章阁待制。书成后，陆游长期蛰居山阴。嘉定二年（1210年），陆游与世长辞，留下绝笔《示儿》诗。

陆游一生笔耕不辍，诗、词、文具有很高成就。其诗语言平易晓畅、章法整饬谨严，兼具李白的雄奇奔放与杜甫的沉郁悲凉，尤以饱含爱国热情对后世影响深远。词与散文成就亦高，宋人刘克庄谓其词“激昂慷慨者，稼轩不能过”。

阿房宫[1]赋

——楚人一炬，可怜焦土

经典原文

六王毕[2]，四海一[3]，蜀山兀[4]，阿房出[5]。覆压[6]三百余里，隔离天日。骊山北构而西折[7]，直走[8]咸阳。二川溶溶[9]，流入宫墙。五步一楼，十步一阁；廊腰缦回[10]，檐牙高啄[11]；各抱地势，钩心斗角[12]。盘盘[13]焉，囷囷[14]焉，蜂房水涡，矗不知其几千万落[15]。长桥卧波，未[16]云何龙？复道[17]行空，不霁[18]何虹？高低冥迷[19]，不知西东。歌台暖响[20]，春光融融；舞殿冷袖，风雨凄凄。一日之内，一宫之间，而气候不齐。

妃嫔媵嫱[21]，王子皇孙，辞楼下殿，辇[22]来于秦。朝歌夜弦，为秦宫人。明星荧荧[23]，开妆镜也；绿云扰扰[24]，梳晓鬟也；渭流涨腻[25]，弃脂水也；烟斜雾横，焚椒兰[26]也。雷霆乍惊，宫车过也；辘辘[27]远听，杳[28]不知其所之也。一肌一容，尽态极妍[29]；缦立[30]远视，而望幸[31]焉，有不得见者三十六年[32]。燕赵之收藏[33]，韩魏之经营[34]，齐楚之精英[35]，几世几年，剽掠[36]其人，倚叠[37]如山。一旦不能有，输[38]来其间。鼎铛玉石[39]，金块珠砾[40]，弃掷逦迤[41]。秦人视之，亦不甚惜。

嗟乎！一人之心[42]，千万人之心也。秦爱纷奢[43]，人亦念其家。奈何取之尽锱铢[44]，用之如泥沙？使负栋[45]之柱，多于南亩之农夫；架梁之椽，多于机上之工女；钉头磷磷[46]，多于在庾[47]之粟粒；瓦缝参差，多于周身之帛缕；直栏横槛，多于九土[48]之城郭；管弦呕哑[49]，多于市人之言语。使天下之人，不敢言而敢怒。独夫[50]之心，日益骄固[51]。戍卒叫[52]，函谷举[53]，楚人一炬[54]，可怜焦土！

呜呼！灭六国者六国也，非秦也；族[55]秦者秦也，非天下也。嗟乎！使[56]六国各爱其人，则足以拒秦；使秦复爱六国之人，则递[57]三世可至万世而为君，谁得而族灭也？秦人不暇自哀[58]，而后人哀之；后人哀之而不鉴之，亦使后人而复哀后人也。

字词注解

① 阿房宫：秦始皇在渭南建造的宫殿。始建于公元前212年，至秦亡时尚未完工。遗址在今陕西西安西南阿房村。

② 六王：齐、楚、燕、韩、赵、魏六国的国王，即指六国。毕：完结，指为秦国所灭。

③ 一：统一。

④ 蜀：指四川地区。兀：山高而上平。这里形容山上树木已被砍伐净尽。

⑤ 出：出现，意思是建成。

⑥ 覆压：指殿宇重重叠叠，形容宫殿楼阁接连不断。

⑦ 骊山：位于陕西省西安市临潼区城南，是秦岭山脉的一个支脉。因山势逶迤，树木葱茏，远望宛如一匹苍黛色的骏马而得名。构：构建。

⑧ 走：趋向。

⑨ 二川：指渭水和樊川。溶溶：河水缓流的样子。

⑩ 廊腰：即走廊。连接高大建筑物的走廊如同人的腰部，故有此言。缦：萦绕。回：曲折。

⑪ 檐牙：屋檐突起，犹如牙齿。高啄：指向上撅起。

⑫ 钩心斗角：指宫室结构的参差错落，精巧工致。钩心，指各种建筑物都向中心区攒聚。斗角，指屋角互相对峙。

⑬ 盘盘：盘旋的样子。

⑭ 囷囷：曲折回旋的样子。

⑮ 矗：形容建筑物高高耸立的样子。落：相当于“座”或者“所”。

⑯ 未：没有。

⑰ 复道：在楼阁之间架木筑成的通道。因上下都有通道，所以叫复道。

⑱ 霁：雨后天晴。

⑲ 冥迷：分辨不清。

⑳ 暖响：热闹之意。

㉑ 妃嫔媵嫱：统指六国王侯的宫妃。

㉒ 辇：辇车。此指乘坐辇车。

㉓ 明星：明亮如星光，应指妆镜中珠翠首饰的光泽。荧荧：明亮的样子。

㉔ 绿云：即绿云鬟，云鬟上插着绿色的或者碧翠色的一种发饰。扰扰：纷乱的样子。

㉕ 渭流：渭水，渭河。腻：脂膏，含有胭脂、香粉的洗脸后的“脂水”。

㉖ 椒兰：椒与兰两种香料植物，焚烧以熏衣物。

㉗ 辘辘：车行的声音。

㉘ 杳：消失；遥远得踪迹全无。

㉙ 态：指姿态的美好。妍：美丽。

㉚ 缦立：久立。缦，通“慢”。

㉛ 幸：偏爱、宠爱。封建时代皇帝到某处，叫“幸”；妃、嫔受皇帝宠爱，叫“得幸”。

㉜ 三十六年：指秦始皇在位共36年。此处形容阿房宫很大，有36年都没有见到皇帝的宫嫔。

㉝ 收藏：指收藏的金玉珍宝等物。

㉞ 经营：指珍藏的金玉珍宝等物。

㉟ 精英：精品，也有金玉珍宝等物的意思。

㊱ 剽掠：抢劫，掠夺。

㊲ 倚叠：紧靠堆叠。

㊳ 输：运输，输送。

㊴ 鼎铛玉石：把宝鼎看作铁锅，把美玉看作石头。铛，平底的浅锅。

㊵ 金块珠砾：把黄金看作土块，把珍珠看作石子。

㊶ 逦迤：连续不断。这里有到处都是的意思。

㊷心：心意，意愿。

㊸纷奢：繁华奢侈。

㊹锱铢：古代重量名，一锱等于六铢，一铢约等于后来的一两的二十四分之一。锱、铢连用，极言其细微。

㊺栋：栋梁。

㊻磷磷：水中石头突立的样子。这里形容突出的钉头。

㊼庾：露天的谷仓。

㊽九土：即九州。

㊾呕哑：形容声音嘈杂。

㊿独夫：失去人心而极端孤立的统治者。这里指秦始皇。

51骄固：骄纵顽固。

52戍卒叫：指陈胜、吴广起义。

53函谷举：刘邦于公元前206年率军先入咸阳，推翻秦朝统治，并派兵守函谷关。举，被攻占。

54楚人一炬：指项羽于公元前206年入咸阳，并焚烧秦的宫殿，大火三月不灭。

55族：族灭；使……灭族。

56使：假使。

57递：传递，这里指王位顺着次序传下去。

58哀：哀叹。

奇文共赏

《阿房宫赋》是唐代文学家杜牧的名赋。

阿房宫，又称阿城，是中国历史上第一个统一的多民族中央集权制国家——秦帝国修建的朝宫，始建于秦始皇三十五年（公元前212年），与万里长城、秦始皇陵、秦直道并称为“秦始皇的四大工程”，被誉为“天下第一宫”。

阿房宫前殿遗址建在一条古代河沟上，这是秦朝帝都咸阳以阿房宫、沣峪口为中轴线的佐证。阿房宫主体虽然没有完全建成，但其部分附属建筑“阿城”等仍然存留了很长时间。

阿城因地近长安，历属兵家要地，往往成为屯兵之所。隋末李世民入关，自泾阳趋司竹，也曾经屯兵阿城。大约到了宋代，阿城被夷毁。

《阿房宫赋》通过对阿房宫兴建及毁灭的描写，生动形象地总结了秦朝统治者骄奢亡国的历史教训，向唐朝统治者发出了警告，表现出一个正直文人忧国忧民、匡世济俗的情怀。

全赋运用丰富的想象，以铺叙、夸张的手法，富于抑扬顿挫的音乐节奏，展开描写，语言工整而不堆砌，富丽而不浮华，气势雄健，风格豪放。

《阿房宫赋》写于唐敬宗宝历元年（825年），当时杜牧仅23岁。杜牧所处的时代，政治腐败，阶级矛盾异常尖锐。他希望当时的统治者励精图治、富民强兵，而事实恰恰和他的愿望相反。唐穆宗李恒因沉溺声色，一命归西。接替他的唐敬宗李湛荒淫更甚，“游戏无度，狎昵群小”，“视朝月不再三，大臣罕得进见”；又“好治宫室，欲营别殿，制度甚广”，并命令度支员外郎卢贞，“修东都宫阙及道中行宫”，以备游幸（《通鉴》卷二四三）。对于这一切，杜牧是愤慨而又痛心的。他在《上知己文章启》中直截了当地说:“宝历大起宫室,广声色,故作《阿房宫赋》。”可见《阿房宫赋》的批判锋芒,不仅指向秦始皇和陈后主、隋炀帝等亡国之君,而更主要是指向当时的最高统治者。

据《唐才子传》记载,太和二年(828年),太学博士吴武陵向科举主司侍郎崔郾推荐杜牧时说:“向偶见文士十数辈,扬眉抵掌,共读一卷文书,览之,乃进士杜牧《阿房宫赋》。其人,王佐才也。”杜牧因这篇慷慨飞扬的名作被举贤良方正科。

杜牧笔下的阿房宫,确实恢宏壮丽,奢华雄壮,实为古今罕见。“楚人一炬,可怜焦土!”杜牧把这座辉煌宫殿的毁灭归罪于项羽,却是一桩千古冤案。

阿房宫这座秦朝著名的宫殿,流传了将近两千年,名头很响亮,尤其是在杜牧诗篇的描绘下,让人们对阿房宫充满了好奇。进入现代社会后,通过考古发掘,阿房宫的遗址被找到。但令人意外的是,阿房宫的规模,远远没有杜牧诗中描绘的“东西跨越三百里”那么大,但通过遗址勘察,阿房宫依然是中国古代规模最大的宫殿群,要超过留存下来的故宫,以及汉唐的宫殿建筑群。

阿房宫,这座“中华第一宫”的名头,从规模上得到了科学验证;并且考古还发现,其实阿房宫并没有全部竣工,只是完成了部分宫殿的建设,属于“烂尾”工程。

后经细致研究考证,考古专家们惊奇地发现,其实阿房宫并未有过焚烧过的痕迹,残存的土壤中,根本没有大规模燃烧残存灰烬的成分,于是判定阿房宫属于自然倒塌现象。从此,也彻底否定了项羽焚烧阿房宫的罪行。

看来,项羽确实是被冤枉的。那么,后人为什么要把这项罪名加在项羽头上呢?

在相关史料记载中,当年西楚霸王项羽进入咸阳后,看到如此奢华的秦朝暴君享乐之所,心中产生了很大的怒气,于是便一把火烧了阿房宫。从这以后,在世人眼中一直认为阿房宫是项羽烧的。

其实,当年项羽打败秦国进入咸阳后,杀害了大批秦国宗室成员,当时的秦王子婴便死在项羽之手。虽然项羽也放了火，但烧掉的是秦国咸阳宫等建筑群。

由于项羽对咸阳秦国宗室大肆杀戮，以及对百姓也十分残暴，并且烧掉了咸阳宫，这些综合因素是扣上“火烧阿房宫”这顶帽子的主要原因。

作者简介

杜牧（803—852年），字牧之，京兆万年（今陕西省西安市）人。唐代文学家，大和进士。历任淮南节度使掌书记、监察御史、宣州团练判官、殿中侍御史、内供奉、左补阙、史馆编撰、司勋员外郎以及黄、池、睦、湖等州刺史。晚年长居樊川别业，世称杜樊川。

杜牧性情刚直，不拘小节，不屑逢迎，自负经略之才，诗、文均有盛名。文以《阿房宫赋》为最著，诗作明丽隽永，绝句诗尤受人称赞，世称“小杜”；与李商隐齐名，合称“小李杜”。其代表作有《泊秦淮》《江南春》《赤壁》《题乌江亭》等，脍炙人口。

杜牧年轻时即好读兵书，曾注曹操所定《孙子兵法》十三篇；又著《罪言》《战论》《守论》《原十六卫》等文论当代兵事。

两相思

——夫妻对忆，千古回文

经典原文

枯眼望遥山隔水，往来曾见几心知？
壶空怕酌一杯酒，笔下难成和韵诗。
途路阻人离别久，讯音无雁寄回迟。
孤灯夜守长寥寂，夫忆妻兮父忆儿。

奇文共赏

《两相思》出自宋朝一位名不见经传的诗人李禺。

乍读此诗，似乎也是平平无奇：作者远离家乡的妻儿，一个人在烛火摇曳中独酌，孤独地挨过漫漫长夜，表达了一位游子对家中妻子和孩子的强烈思念。

这类诗句，就是标准的“思妻诗”，在古代可以说是俯拾皆是，也看不出有什么惊才绝艳之处。那为什么在汗牛充栋的古代诗歌中，这么一首平凡的小诗，会一直流传下来，甚至被拔高到“古今第一奇诗”的高度呢？

其实，这首诗之所以被称为奇诗，原因竟是这首诗顺着读和倒着读都可以，但它表达的意思却变了个样，这也就是所谓的“回文诗”。让我们把这首诗倒过来看看：

儿忆父兮妻忆夫，寂寥长守夜灯孤。
迟回寄雁无音讯，久别离人阻路途。
诗韵和成难下笔，酒杯一酌怕空壶。
知心几见曾来往，水隔山遥望眼枯。

画风突变，从原来的“夫思妻”变为了“妻思夫”：此时，文中的主人公又成了思念丈夫的女子。她和儿子在老家苦苦等候丈夫的归来，每天在寂静长夜中与她相伴的只有孤灯。迟回的鸿雁也没带回丈夫的音讯，他们已经分别太久了。想写一首思念的诗却无从下笔，想喝一杯又怕喝空了酒壶。知心的人你何时回来，山高水远我是望穿秋水。

原来，《两相思》名副其实，夫妻互相思念，互诉衷肠，一首诗将夫妻间彼此思念的感情表达得淋漓尽致。

这种表达手法，在古代有一个专门名词，叫回文体。《两相思》，即是回文体诗的封神之作，是为数不多的回文体诗的典范。

回文诗是古代一种特殊的诗歌形式，使用词序回环往复的修辞方法，既可以正着读，又可以倒着读，不同的读法表达不同的意义。作为我国古典诗歌中的一种特殊体裁，回文诗充分展现了诗人对文字的驾驭能力，更激发了众多文采高妙者的创作欲望，是一种高雅而又有趣的创作形式。

《两相思》属于通体回文诗，无论是顺着读还是倒着读，都自成一首独立的诗篇，并且全篇对仗工整，韵律和谐，情感呼应，表达了诗人与妻子山水相隔的思念之苦，感情真挚，感人肺腑。

宋朝的李禺在历史上籍籍无名，史书上找不到关于他生平的记载，他的作品也只有这首《两相思》流传至今。

作者简介

李禺，宋代诗人，生卒不详。史料无载，仅因回文诗《两相思》而留名。

历代回文诗的数量都十分稀少，甚至可以说是寥若晨星，因为其本身结构复杂，所以很少有人能将其完整地创作出来。回文诗讲究的是“回”，也就是正反双读都可以连字成句，故此而言，大多数诗人即使能写回文诗，也难以将其上升至佳作的程度。

一般来说，回文诗往往都是以言志为创作方向的，但是在兼顾回文的过程中，一些好词好句往往会被忍痛割弃，这无疑注定了回文诗几乎都只能是三流之作的命运。

回文诗的代表作品还有苏惠的《璇玑图》、苏轼的《题金山寺》《赏花》、朱熹的《虞美人》以及纳兰容若的《菩萨蛮》等。

作为一种结构精巧的古典诗歌形式，回文体也遭到了一部分人的批判。认为这种体裁的诗歌是斟字酌句的文字游戏，很大程度上限制了诗人的创作自由。

令人遗憾的是，李禺这样一个能写出千古佳作的诗人，在历史的记载中却没有留下任何的痕迹，后人只是在流传的诗作中知道了他的名字，对于他的介绍也只有“生卒不详”四个字。

紫阳朱子家训

——处世之道，治家之经

经典原文

君之所贵者，仁也。臣之所贵者，忠也。父之所贵者，慈也。子之所贵者，孝也。兄之所贵者，友也。弟之所贵者，恭也。夫之所贵者，和也。妇之所贵者，柔也。

事师长贵乎礼也，交朋友贵乎信也。

见老者，敬之；见幼者，爱之。

有德者，年[①]虽下于我，我必尊之；不肖者，年虽高于我，我必远之。

慎勿谈人之短，切莫矜己之长。

仇者以义解之，怨者以直报之，随所遇而安之。

人有小过，含容而忍之；人有大过，以理而谕之。

勿以善小而不为，勿以恶小而为之。

人有恶，则掩[②]之；人有善，则扬之。

处世无私仇，治家无私法。

勿损人而利己，勿妒贤而嫉能。勿称忿而报横逆[③]，勿非礼而害物命。

见不义之财勿取，遇合理之事则从。

诗书不可不读，礼义不可不知。子孙不可不教，童仆不可不恤。斯文不可不敬，患难不可不扶。

守我之分者，礼也；听我之命者，天也。

人能如是，天必相④之。

此乃日用常行之道，若衣服之于身体，饮食之于口腹，不可一日无也，可不慎哉！

字词注解

① 年：年龄。

② 掩：遮掩。

③ 横逆：横流逆行，谓突破常规。指耍赖皮或无理取闹之人。

④ 相：相助。

奇文共赏

《紫阳朱子家训》，简称《朱子家训》，原载于《紫阳朱氏宗谱》，是朱熹晚年对其长孙朱鑑修身进德的深情嘱咐和殷切期望，是朱熹关于治家方面的一篇重要著作。

全文短短三百余字，内容涵盖了个人在家庭和社会中应该承担的责任和义务，精辟地阐明了修身治家之道。家训以简朴的言语，勾勒出富含哲学思辨的道德伦理思想。文句工整对仗，言辞清晰流畅，具有极强的感召力和深厚的人生智慧。

南宋中期，金、蒙南侵，赋税苛重，百姓怨声载道，民族危机深重；加之儒道衰弱，封建统治的腐朽，致使纲常破坏，礼教废弛，官场贪风日盛，道德沦丧，致使人们精神空虚，理想失落，社会动荡不安。为了稳定国家秩序，加强家庭和社会的凝聚力，拯救社稷，拯救国家，朱熹以弘扬理学为己任，奉行“格物致知、实践居敬”的教育理念，力主以“存天理、去人欲”为内容的道德修养，力求重整伦理纲常、道德规范，重建价值理想、精神家园。《朱子家训》正是在这样的背景下产生的。

《朱子家训》寥寥数百字，却全面阐述了朱熹关于做人的准则：仁、义、礼、智、信。家训倡导家庭亲睦、人际和谐、重德修身，字字珠玑，是朱熹治家、做人思想的浓缩。

朱熹强调："爱亲敬长隆师亲友之道，皆所以为修身齐家治国平天下之本。"除了理论上的精辟论述，朱熹本人在行动上也堪为楷模。

朱熹对父母至孝。他少年失父，与母亲相依为命。他 40 岁时母亲不幸病故，为守孝道，他筑寒泉精舍（又名方谷书院）于墓旁，在此著书立说，讲学授徒，直到守墓追孝三年期满。

朱熹对妻子感情深厚。就在他临终前还抱着病体，咬紧牙关，握笔为亡妻刘清四写下一篇表达他至死不忘夫妻情谊的《墓祭文》，真情挚爱溢于文中。

朱熹在教育子女方面也用心颇深。朱熹长子朱塾从小顽皮贪玩，朱熹唯恐他在家耽误学业，便送他到千里之外的婺州金华县（今浙江金华市）拜吕祖谦为师。临别前，朱熹还写下《训子从学帖》交付朱塾，帖中从日常生活小事到具体待人接物无不悉数训诫。女婿黄干在外为官，甚为清廉。一次朱熹去看望女儿朱兑，朱兑因家贫只能准备简单的葱汤麦饭招待老父，心中内疚不安。朱熹洒然一笑，挥笔写下一首诗："葱汤麦饭两相宜，葱补丹田麦疗饥。莫道此中滋味薄，前村还有未炊时。"后来这首诗还成为黄氏家训。

朱熹在交友上，无论是志同道合的同人，还是水火不相容的论敌，"举凡士子儒生、骚人墨客、羽士释子、田夫野老"，只要是有德者，他都能将其视为知己。他的学生回忆说，朱熹"待野叟樵夫，如接宾客，略无分毫畦町（界限；规矩）"。

朱熹一生淡泊名利，安守清贫，从不妄取不义之财。他一生生活不幸，幼年失父，中年丧偶，幼女夭折，胞妹早逝，晚年失子。朱熹生活相当贫困，其斋舍无以避风雨。友人赵汝愚悯其贫，欲为其建造新宅，他婉言谢绝道："此是私家斋舍，不当烦官司。"赵汝愚又怜其穷，想要周济他，也被他坚决辞谢。他创办了很多书院，却没有为自己置办任何产业，也没有为家人谋取任何私利。对他人惠赠的财物，倘若于法有碍，他一概以礼谢绝。然而他与亲友间的礼尚往来，却又十分慷慨。

朱熹为官时间不长，但每到一处，都极度重视荒政，重农桑，兴水利，正经界，轻赋敛，惩贪官，治豪强。他于1171年创建的社仓，奏请朝廷颁行诸路州军，救助了无数灾民，被誉为“先儒经济盛迹”。

《朱子家训》是治家理论的总纲，被尊为“千古治家之经”，后世多有所发挥与阐述。如明末清初朱氏后裔朱柏庐便在《朱子家训》的基础上，写出了《治家格言》。

作者简介

朱熹（1130—1202年），字元晦，又字仲晦，号晦庵，晚称晦翁。祖籍徽州府婺源县（今江西省婺源市），生于南剑州尤溪（今属福建省尤溪县），侨寓建阳（今属福建南平）崇安。南宋著名理学家、思想家、哲学家、诗人、教育家、文学家。

朱熹19岁考中进士，曾任江西南康、福建漳州知府、浙东巡抚等职，做官清正有为，振举书院建设；后官拜焕章阁待制兼侍讲，为宋宁宗讲学；晚年遭遇庆元党禁，被列为“伪学魁首”，削官奉祠；死后被追赠为太师、徽国公，赐谥号“文”，故世称朱文公。

朱熹是理学集大成者，闽学代表人物，被后世尊称为朱子。他的理学思想影响很大，成为元、明、清三朝的官方哲学。

朱熹学识渊博，对经学、史学、文学、乐律乃至自然科学都有研究。其词作语言秀正，风格俊朗，无浓艳或典故堆砌之病。

朱熹一生热心于教育事业，孜孜不倦地授徒讲学，无论在教育思想或教育实践上，都取得了重大的成就。

朱熹著述甚多，有《四书章句集注》《太极图说解》《通书解说》《周易读本》《楚辞集注》等，后人辑有《朱子大全》《朱子集语象》等。其中《四书章句集注》还成为历代钦定的教科书和科举考试的标准。

九张机[①]

——行行读遍，厌厌无语

经典原文

一张机，采桑陌上[②]试春衣。风晴日暖慵无力。桃花枝上，啼莺言语，不肯放人归。

两张机，行人[③]立马意迟迟。深心未忍轻分付[④]。回头一笑，花间归去，只恐被花知。

三张机，吴蚕[⑤]已老燕雏飞。东风宴罢长洲苑[⑥]。轻绡催趁[⑦]，馆娃宫[⑧]女，要换舞时衣。

四张机，咿哑[⑨]声里暗颦眉。回梭织朵垂莲子[⑩]。盘花易绾[⑪]，愁心难整[⑫]，脉脉乱如丝。

五张机，横纹织就沈郎[⑬]诗。中心一句无人会。不言愁恨，不言憔悴，只恁寄相思。

六张机，行行都是耍花儿。花间更有双蝴蝶。停梭一晌[⑭]，闲窗影里，独自看多时。

七张机，鸳鸯织就又迟疑。只恐被人轻裁剪。分飞两处，一场离恨，何计再相随?

八张机，回文知是阿谁诗[⑮]？织成一片凄凉意。行行读遍，厌厌[⑯]无语，不忍更寻思。

九张机，双花双叶又双枝。薄情自古多离别。从头到底，将心萦系，穿过一条丝。

字词注解

①九张机：词牌名，属“转踏”类大曲，平韵格。全曲九段，每段三十字。

②采桑陌上：指织锦女子在田间小路上采桑。汉乐府有《陌上桑》，写采桑女罗敷拒绝太守调戏之事。

③行人：行旅之人；外出远行之人。此指织锦女子的爱人。

④轻分付：随口说出。分付，同“吩咐”。

⑤吴蚕：吴地（今江苏南部一带）是产丝之区，故称吴蚕。唐李白《寄东鲁二稚子》：“吴地桑叶绿，吴蚕已三眠。”

⑥长洲苑：吴王夫差的宫苑。长洲，在今江苏苏州西南。

⑦轻绡：一种透明而有花纹的丝织品。催趁：催促；催赶。

⑧馆娃宫：吴王夫差所造的宫殿，故址在今苏州灵岩山。

⑨咿哑：纺织时织机发出的声响。

⑩垂莲：“垂怜”的谐音双关语。子，男子的美称，这里指织锦女子的爱人。

⑪绾：盘结回绕。

⑫整：安排。

⑬沈郎：指南朝梁诗人沈约。这里借指织锦女子的爱人。

⑭一晌：一顿饭的时间。晌，一作“饷”。

⑮回文：即回文诗，可以颠倒、回环读的诗。阿谁：犹言谁，何人。

⑯厌厌：同“恹恹”，烦恼，愁苦。

奇文共赏

《九张机》本是宋朝宫廷大曲歌舞表演的一种形式，演出分为若干节，每节一诗一词，歌唱时伴以舞蹈，其内容多为描写妇女织丝时的情愫哀怨与相思挂念。宋初道教学者曾慥集编的《乐府雅词》中收录两篇，俱为无名氏所作。其一为整曲九阕，由九段词组成一个整体；其二为整曲十一阕，由九段词加两段口号组成。本文为其二。

这支大曲主要运用民歌的手法，所以词文比较简单。全曲共九段旋律，从一张机、二张机一直唱到九张机，讲述了一位织锦姑娘寂寞幽怨的情绪，以及对爱情的美好向往，共同组成一组优美的辞章。

以上九首，组成一气贯通的整体。前三首从采桑、离别写到织锦；第四首起，从不同的锦纹翻出相思之情，感情缠绵悱恻，节奏婉转回环。曲中的织女向往着能与心上人风雨同舟，而不是现在孤独地织锦绣花，绣出了别人家的浪漫温情，却把自己的青春埋进了细密的针脚。

这是一组具有浓郁的民歌色彩的抒情小词，塑造了一个来自民间的对爱情无比忠贞的织锦少女形象。她对旖旎明媚的春光无比热爱，对美满幸福的生活执着追求，从采桑到织锦，从惜别到怀远，形成一幅色彩缤纷、形象鲜明的生活画卷，给人以极大的审美享受，显然是少女春愁春恨、离情别绪的抒写。

全曲用词雅致，情真意挚，深沉感人，既有民歌之清新自然，富有生活气息，又文采俊逸，格律精工，婉转的节奏里蕴含着缠绵悱恻的真挚感情。

清代陈廷焯在《白雨斋词话》中对此评价颇高："宋无名氏九张机，自是农臣弃妇之词。凄婉绵丽，绝妙古乐府也"，"九张机纯自小雅、离骚变出。词至是，已臻绝顶。虽美成（周邦彦）、白石（姜夔）亦不能为。"

作者简介

此文作者称无名氏，是指身份不明或者尚未了解姓名的人。源于古代或民间、不知由谁创作的作品，只好以佚名为作者名称。

曾慥《乐府雅词》中收录无名氏《九张机》作品两篇，另一篇整曲十一阕，前有曾慥序文与序诗，文后亦有附诗一首。兹录于此，仅供鉴赏。

九张机者，才子之新调。凭戛玉之清歌，写掷梭之春怨。章章寄恨，句句言情。恭对华筵，敢陈口号。

一掷梭心一缕丝，连连织就九张机，从来巧思知多少，苦恨春风久不归。

一张机，织梭光景去如飞。兰房夜永愁无寐。呕呕轧轧，织成春恨，留著待郎归。

两张机，月明人静漏声稀。千丝万缕相萦系。织成一段，回纹锦字。将去寄呈伊。

三张机，中心有朵耍花儿。娇红嫩绿春明媚。君须早折，一枝浓艳，莫待过芳菲。

四张机，鸳鸯织就欲双飞。可怜未老头先白，春波碧草，晓寒深处，相对浴红衣。

五张机，横纹织就沈郎诗。中心一句无人会。不言愁恨，不言憔悴。只恁寄相思。

六张机，行行都是耍花儿。花间更有双蝴蝶，停梭一晌，闲窗影里。独自看多时。

七张机，鸳鸯织就又迟疑。只恐被人轻裁剪，分飞两处，一场离恨，何计再相随。

八张机，纤纤玉手住无时。蜀江濯尽春波媚。香遗囊麝，花房绣被。归去意迟迟。

九张机，象床玉手出新奇。千花万草光凝碧。裁缝衣著，春天歌舞，飞蝶语黄鹂。

轻丝，象床玉手出新奇，千花万草光凝碧。裁缝衣著，春天歌舞，飞蝶语黄鹂。

春衣，素丝染就已堪悲，尘世昏污无颜色。应同秋扇，从兹永弃，无复奉君时。

歌声飞落画梁尘，舞罢香风卷绣茵。更欲缕成机上恨，尊前忽有断肠人。

敛袂而归，相将好去。

正气歌

——气贯日月，凛烈万古

经典原文

天地有正气，杂然赋流形[①]。下则为河岳，上则为日星。
于人曰浩然，沛乎塞苍冥[②]。皇路当清夷[③]，含和吐明庭[④]。
时穷节乃见，一一垂丹青。在齐太史简[⑤]，在晋董狐笔[⑥]。
在秦张良椎[⑦]，在汉苏武节[⑧]。为严将军头[⑨]，为嵇侍中血[⑩]。
为张睢阳齿[⑪]，为颜常山舌[⑫]。或为辽东帽[⑬]，清操厉冰雪[⑭]。
或为《出师表》[⑮]，鬼神泣壮烈。或为渡江楫[⑯]，慷慨吞胡羯[⑰]。
或为击贼笏[⑱]，逆竖头破裂[⑲]。是气所磅礴[⑳]，凛烈万古存[㉑]。
当其贯日月，生死安足论。地维赖以立[㉒]，天柱赖以尊。
三纲实系命，道义为之根[㉓]。嗟予遘阳九[㉔]，隶也实不力[㉕]。
楚囚缨其冠[㉖]，传车送穷北[㉗]。鼎镬甘如饴[㉘]，求之不可得。
阴房阒鬼火[㉙]，春院閟天黑[㉚]。牛骥同一皂[㉛]，鸡栖凤凰食[㉜]。
一朝蒙雾露，分作沟中瘠[㉝]。如此再寒暑，百沴自辟易[㉞]。
嗟哉沮洳场[㉟]，为我安乐国。岂有他缪巧[㊱]，阴阳不能贼[㊲]。
顾此耿耿在，仰视浮云白。悠悠我心悲，苍天曷有极[㊳]。
哲人日已远[㊴]，典刑在夙昔[㊵]。风檐展书读[㊶]，古道照颜色[㊷]。

字词注解

① 杂然：纷繁，多样。流形：指事物的不同形态。

② 沛乎：旺盛的样子。苍冥：指天地之间。

③ 皇路：国运，国家的局势。清夷：清平，太平。

④ 和：祥和。吐：表露。明庭：指开明的朝廷。

⑤ 太史简：出自《左传·襄公二十五年》。春秋时，齐国大夫崔杼把国君杀了，齐国的太史在史册中写道“崔杼弑其君”。崔杼大怒，把太史杀了。太史的两个弟弟继续这样写，又都被杀了。太史的第三个弟弟仍坚持这样写，崔杼没有办法，只好作罢。太史，史官。简，古代用以写字的竹片。

⑥ 董狐笔：出自《左传·宣公二年》。春秋时，晋灵公被大臣赵穿杀死。晋大夫赵盾没有处置赵穿，太史董狐便在史册上写道：“赵盾弑其君。”孔子称赞这样写是“良史”笔法。

⑦ 张良椎：出自《史记·留侯传》。张良祖上五代人都是韩国的丞相。韩国被秦始皇灭掉后，他一心要替韩国报仇。他找到一个大力士，持120斤的大椎，在博浪沙(今河南省新乡县南)伏击出巡的秦始皇，结果未击中。后来张良辅佐刘邦建立汉朝，被封为留侯。

⑧ 苏武节：出自《汉书·李广苏建传》。汉武帝时，苏武出使匈奴，匈奴人要他投降，他坚决拒绝，被流放到北海（今西伯利亚贝加尔湖）边牧羊。为了表示对汉家的忠诚，他一天到晚拿着从汉朝带去的符节，牧羊19年，始终坚贞不屈，后来终于获释归汉。

⑨ 严将军：出自《三国志·蜀志·张飞传》。严颜在刘璋手下做将军，镇守巴郡，被张飞捉住，要他投降。他回答说：“我州但有断头将军，无降将军！”张飞见其威武不屈，便把他释放了。

⑩ 嵇侍中：指嵇绍，嵇康之子，晋惠帝时做侍中(官名)。出自《晋书·嵇绍传》。晋惠帝永兴元年（304年），皇室内乱，惠帝的侍卫都被打死了。嵇绍用自己的身体遮住惠帝，也被杀死，血溅到惠帝的衣服上。变乱结束后，有人要洗去惠帝衣服上的血，惠帝说：“此嵇侍中血，勿去！”

⑪ 张睢阳：即唐朝的张巡。出自《旧唐书·张巡传》。安禄山叛乱，张巡固守睢阳（今河南省商丘市），每次上阵督战，大声呼喊，声嘶力竭，

牙齿都咬碎了。城破被俘后，张巡拒不投降。敌将问他："闻君每战，皆目裂，嚼齿皆碎，何至此耶？"张巡回答说："吾欲气吞逆贼，但力不遂耳。"敌将视其齿，存者不过三数。

⑫ 颜常山：即唐朝的颜杲卿，任常山太守。出自《新唐书·颜杲卿传》。安禄山叛乱时，他起兵讨伐，后城破被俘，当面大骂安禄山，被钩断舌头，不屈而死。

⑬ 辽东帽：出自《三国志·卷十一·魏书十一·袁张凉国田王邴管传第十一》。东汉末年的管宁有高节，是在野的名士。他避乱居辽东（今辽宁省辽阳市），一再拒绝朝廷的征召。他常戴一顶黑色帽子，安贫讲学，闻名于世。

⑭ 清操：清廉的节操。厉：严肃，严厉。

⑮《出师表》：指诸葛亮出师伐魏之前，给蜀汉后主刘禅的上表。表文中有"鞠躬尽力，死而后已"的名言，表明自己为统一事业奋斗到底的决心。

⑯ 渡江楫：出自《晋书》卷六十二。东晋爱国志士祖逖率兵北伐，渡长江时，敲着船桨发誓北定中原，后来终于收复黄河以南失地。楫，船桨。

⑰ 胡羯：古代对北方少数民族的称呼。过去史书上曾称匈奴、鲜卑、羯、氐、羌为五胡。

⑱ 击贼笏：出自《旧唐书·段秀实列传》。唐德宗时，朱泚谋反，召段秀实议事。段秀实不肯同流合污，以笏猛击朱泚的头，大骂："狂贼，吾恨不斩汝万段，岂从汝反耶？"笏，古代大臣朝见皇帝时所持的手板。

⑲ 逆竖：叛乱的贼子，指朱泚。

⑳ 是气：指浩然之气。磅礴：充塞。

㉑ 凛烈：庄严、令人敬畏的样子。

㉒ 地维：维系大地的绳子。古人以为天圆地方，天有九柱支持，地有四维系缀，故亦指地的四角。古代人认为地是方的，四角有四根支柱撑着。

㉓ 三纲实系命：是说三纲实际系命于正气，即靠正气支撑着。三纲，君为臣纲、父为子纲、夫为妻纲，合称三纲。

㉔ 遘：遭逢，遇到。阳九：古人用以指灾难年头，此指国势的危亡。

㉕ 隶：地位低的官吏。此为作者谦称。

㉖ 楚囚缨其冠：出自《左传·成公九年》。春秋时被俘往晋国的楚国俘虏钟仪戴着一种楚国帽子，表示不忘祖国。晋侯问这是什么人，旁边人回答说是“楚囚”。此处作者表示自己虽为囚徒仍不忘宋朝。

㉗ 传车：古代官办交通站的车辆。穷北：极远的北方。

㉘ 鼎镬：大锅。此指古代一种酷刑，把人放在鼎镬里活活煮死。

㉙ 阴房阒鬼火：囚室阴暗寂静，只有鬼火出没。阴房：见不到阳光的居处，此指囚房。阒：充满、填塞。

㉚ 春院闷天黑：虽在春天里，院门关得紧紧的，照样是一片漆黑。閟，关闭。

㉛ 骥：良马。皂：马槽。

㉜ 鸡栖：鸡窝。

㉝ 分：料，估量。沟中瘠：弃于沟中的枯骨。

㉞ 百沴：一切病毒。沴，指天地四时之气不和而生的灾害。辟易：退避，避开。

㉟ 沮洳场：指低下阴湿的地方。

㊱ 缪巧：智谋，机巧。

㊲ 贼：害。

㊳ 曷：何，哪。极：尽头。

㊴ 哲人：贤明杰出的人物，指上面列举的古人。

㊵ 典刑：即典型，榜样，模范。夙昔：从前，过去。

㊶ 风檐：临风的廊檐。

㊷ 古道照颜色：古人的正道和我的颜色相映照。古道：古代传统的美德；古人的正道。照：闪耀，映照。颜色：脸色。此指面前，自身。

奇文共赏

《正气歌》是南宋诗人文天祥在狱中写的一首五言古诗。

文天祥是南宋末年的抗元名臣。祥兴元年（1278年）卫王赵昺继位后，文天祥拜少保，封信国公。十二月，因叛徒的出卖，文天祥在五坡岭被俘，第二年十二月被解至大都。元朝统治者对他软硬兼施，威逼利诱，许以高位，文天祥都丝毫不为所动，誓死不屈，决心以身报国，因而被囚三年。元至元十九年十二月（1283 年 1 月），文天祥从容就义，终年 47 岁。

文天祥于祥兴元年（1278 年）十二月因叛徒的出卖被元军所俘。第二年十二月被解至燕京。元朝统治者对他软硬兼施，威逼利诱，许以高位，文天祥都誓死不屈，决心以身报国，丝毫不为所动，因而被囚三年，至元十九年十二月九日（1283 年 1 月 9 日）慷慨就义。

这首诗是他死前一年在狱中所作。据传，文天祥就义几天后，他的妻子欧阳氏收殓他的尸体，发现他的面色如同生者一般。这时，刑场上出现十位江南义士，冒死来为文天祥办理后事。在遗体的衣带间，他们发现了一篇附有序言的赞：

吾位居将相，不能救社稷，正天下，军败国辱，为囚虏，其当死久矣！顷被执以来，欲引决而无间，今天与之机，谨南向百拜以死。其赞曰：孔曰成仁，孟曰取义，惟其义尽，所以仁至。读圣贤书，所学何事？而今而后，庶几无愧！宋丞相文天祥绝笔。

《正气歌》前有序文，文中曰：“彼气有七，吾气有一，以一敌七，吾何患焉！况浩然者，乃天地之正气也，作《正气歌》一首。”

在序中，作者先以排句铺陈，以骈散穿插描写了牢狱之中的“七气”，极力渲染出监牢环境的恶浊之至。而诗人又说自己身体本来孱弱，但在“七气”的夹攻之下，竟然安好无恙，那就是因为靠着胸中的浩然正气；有了正气在胸，便能抵御所有的邪气、浊气。这些说明了写《正气歌》的原因，接着便引出下面对“正气”的咏叹。因此，序和诗在构思上是有连属的，在技巧上是前后照应的，是全诗的有机组成部分。

诗的开头即点出浩然正气存乎天地之间，至时穷之际，必然会显示出来。随后连用十二个典故，都是历史上有名的人物，他们的所作所为凛然显示出浩然正气的力量。接下来八句说明浩然正气贯日月、立天地，为三纲之命、道义之根。最后联系到自己的命运，自己虽然兵败被俘，处在极其恶劣的牢狱之中，但是由于自己一身正气，各种邪气和疾病都不能侵犯自己，因此自己能够坦然面对自己的命运。

全诗感情深沉，气壮山河，直抒胸臆，毫无雕饰，充分体现了作者崇高的民族气节和强烈的爱国主义精神。

全诗篇幅宏大而主旨突出、脉络分明，浩然正气直贯全篇。正由于继承、光大了优秀文化传统，才使作者文天祥成为一位民族英雄，让他发扬了爱国精神和民族气节。也使他的这篇古诗成为弘扬爱国精神和民族气节的典范之作。

文天祥被俘后，先被押至潮阳。在见南宋降将张弘范时，文天祥不肯行跪拜之礼，张弘范以客礼接见，同他一起入崖山，要他写信招降张世杰。文天祥说：“我不能保卫父母，还教别人叛离父母，可以吗？”因张弘范多次强迫索要书信，在经过零丁洋时，文天祥创作了《过零丁洋》一诗：

辛苦遭逢起一经，干戈寥落四周星。
山河破碎风飘絮，身世浮沉雨打萍。
惶恐滩头说惶恐，零丁洋里叹零丁。
人生自古谁无死，留取丹心照汗青。

张弘范看后，“但称好人好诗，竟不逼”。

崖山海战后，宋朝彻底灭亡，元军置宴犒军，张弘范说：“丞相的忠心孝义都尽到了，若能改变心意，像侍奉宋朝那样侍奉皇上，不失宰相之位。”文天祥含泪说：“国家沦亡却不能补救，作为臣子，死有余罪，怎敢怀有二心苟且偷生呢？”张弘范感其仁义，便派人护送文天祥到大都。

文天祥于21岁时考中状元，出仕为官，迭经宦海风波，后罢官闲居。当宋末蒙元大举入侵，一路长驱直入，直指南宋都城临安时，文天祥毁家纾难，起兵勤王。其间经历过惊心动魄的谈判被囚、九死一生的只身逃亡、艰苦卓绝的率军抵抗，最终再次兵败被俘。

当文天祥第二次被俘，南宋残余力量的抵抗正接近尾声，此时距文天祥起兵勤王已过去四年。回顾四年来的经历，蒙元入侵，山河破碎，南宋的江山如飘摇的柳絮，眼看就要随风而逝；他自己也屡战屡败，而今成为阶下囚，恰如雨打浮萍，飘零凄苦，命悬一线。文天祥清楚地知道他面临的命运，所以他毅然吟唱出了“人生自古谁无死，留取丹心照汗青”这极其悲壮崇高的声音。

在后来被囚大都时所作的《正气歌》中，第一句就是“天地有正气”，可见，文天祥的气节和诗作，岂不就是天地间的浩然正气？

作者简介

文天祥（1236—1283年），字宋瑞，又字履善，别号文山，吉州庐陵（今江西吉安）人。南宋爱国诗人、政治家、民族英雄。宝祐四年（1256年）中进士第一。历官江西提刑、平江知府，官至右丞相兼枢密使，加少保，封信国公。

文天祥的诗、词和散文记录了抗元斗争的经历，表达了强烈的爱国思想，反映了南宋末年广大军民勇赴国难、誓死不屈的英雄气概和大无畏精神，风格悲壮，感人至深。

开庆元年（1259年），文天祥任签书宁海军节度判官。时元军攻鄂州（今武汉武昌），宦官董宋臣主张迁都避兵。文天祥上书宋廷，建策建方镇分地防守，从民兵中选精兵，破格选用将帅，并请除杀动摇民心的董宋臣，未被采纳，辞官回乡。

德祐元年（1275年），元军沿长江东下，宋守将多降。文天祥罄家财为军资，招勤王兵至5万人，入卫临安（今杭州）。他上书建议分全国为四镇，集中财力、军力抗元，随后任浙西、江东制置使兼知平江府。文天祥遣将救援常州（今属江苏），因淮将张全见危不救而退守余杭（今杭州西）。

德祐二年（1276年），文天祥力请同浙西制置副使兼知平江府张世杰率京师军民20余万，与元军背城一战，宋廷不许。其后，文天祥因赴敌营谈判一度被元廷扣押，北上途中逃至温州（今属浙江）。五月，在福州与张世杰、礼部侍郎陆秀夫、右丞相陈宜中等拥立益王赵昰为帝。文天祥建策取海道北复江浙，为陈宜中所阻，遂赴南剑州（今福建南平）聚兵抗元。十一月，进军江西失败。

景炎二年（1277年）五月，在各地抗元义军和人民支持下，再攻江西，于雩都（今于都）击败元军，收复兴国（今属江西）及赣州、吉州的属县，终因势孤力单，败退广东。

祥兴元年（1278年）十二月，文天祥在五坡岭（今广东海丰北）兵败被俘，四年后被元廷杀害。

文天祥就义的消息传到南方后，他旧日在勤王军的部属和朋友非常悲痛，纷纷设酒祭奠，撰文赋诗，以表悼念之情。元至元二十一年（1284年），文天祥归葬于故乡富田村东南二十里的鹜湖之原，乡人邓光荐为之作墓志铭。

元至治三年（1323年），吉安郡学奉文天祥像于先贤堂，和欧阳修、杨邦乂、胡铨、周必大、杨万里并列，实现了文天祥少年时的志愿。

明洪武九年（1376年），明廷在北平教忠坊建文丞相祠，岁时遣官致祭；后庐陵也建文丞相忠烈祠。终明一代，宣城、温州、汀州、潮阳、五坡岭、崖山、大兴均兴建了文天祥的纪念祠堂。明代宗景泰七年（1456年），经巡抚江西的右佥都御史韩雍、华盖殿大学士陈循等奏请，按照《谥法》中“临患不忘国曰‘忠’，秉德遵业曰‘烈’”的含义，代宗赐文天祥谥号为“忠烈”。

清道光年间，文天祥从祀于孔庙。

天净沙[①]·秋思

——景中雅语，秋思之祖

经典原文

枯藤老树昏鸦[②]，小桥流水人家，古道西风[③]瘦马。

夕阳西下，断肠人在天涯[④]。

字词注解

①天净沙：曲牌名，又名“塞上秋”，属北曲越调，用于剧曲、套数或小令。

②昏鸦：指日落时归巢的乌鸦。

③西风：指秋风。

④断肠人：此处指漂泊天涯、极度忧伤的旅人。天涯：远离家乡的地方。

奇文共赏

《天净沙·秋思》是元曲作家马致远创作的散曲小令。此曲以多种景物并置，组合成一幅秋郊夕照图，让天涯游子骑一匹瘦马出现在一派凄凉的背景上，从中透出令人哀愁的情调，抒发了一个飘零天涯的游子在秋天思念故乡、倦于漂泊的凄苦愁楚之情。

马致远年轻时热衷功名，但由于元统治者实行民族高压政策，因而一直未能得志，几乎一生都过着漂泊无定的生活。他也因之而郁郁不得志，困窘潦倒一生。于是，他在羁旅途中，写下了这首《天净沙·秋思》。

这首小令仅5句28字，语言极为凝练，但容量巨大。诗人仅用寥寥数笔就勾画出一幅悲情四溢的“游子思归图”，淋漓尽致地刻画出漂泊羁旅的游子心。这幅图画由两部分构成：一部分是由精心选取的几组能代表秋天的景物组成的一幅暮色苍茫的秋野图景；另一部分是由内心深处无尽的伤痛交织而成的天涯游子剪影。

第一部分共18个字，9个名词，其间无一虚词，却自然流畅而底蕴丰富。作者以其娴熟的艺术技巧，让九种不同的景物沐于夕阳的余晖之下，像电影镜头一样，在我们面前依次呈现，一下子就把读者带入深秋时节。

到第二部分，我们可以看到，在萧瑟的秋风中，在寂寞的古道上，饱尝乡愁的游子骑着一匹瘦马，在沉沉的暮色中向着远方孤独而行。此时此刻，漂泊他乡的游子面对如此萧瑟凄凉的景象，怎能不悲从中来，怎能不撕心裂肺，怎能不柔肠寸断？一颗漂泊羁旅的游子心在秋风中鲜血淋漓。

这一支极为简短的小曲，表达了难以尽述的内蕴，形象地描绘出天涯游子凄楚、悲怆的内心世界，给人以震撼灵魂的艺术感受，让人读之而倍感其苦，咏之而更感其心。

此曲语言极为凝练，却容量巨大，意蕴深远，结构精巧，顿挫有致，被后人誉为“景中雅语”“秋思之祖”。

作者简介

马致远（约 1250—约 1321 年），字千里，号东篱，大都（今北京）人。元代杂剧家、散曲家、散文家。

马致远出生在一个富有且有文化素养的家庭，年轻时热衷于求取功名，似曾向太子孛儿只斤·真金献诗并因此而曾为官，之后大概由于孛儿只斤·真金去世而离京任江浙行省务官；后在元贞年间（1295 年初—1297 年初）参加了“元贞书会”，晚年似隐居于杭州，最终病逝于至治元年（1321 年）至泰定元年（1324 年）秋季间。

戏曲创作方面，马致远在音乐思想上经历了由儒入道的转变，在散曲创作上具有思想内容丰富深邃而艺术技巧高超圆熟的特点，在杂剧创作上具有散曲化的倾向和虚实相生之美。作品多写神仙道化，有“马神仙”之称。曲词豪放洒脱，与关汉卿、白朴、郑光祖同称“元曲四大家”。其散曲成就尤为世所称，有辑本《东篱乐府》，存小令百余首，套数 23 套；所作杂剧今知有 15 种，现存 7 种。

人月圆[①]·山中书事

——松花酿酒，春水煎茶

经典原文

兴亡千古繁华梦，诗眼[②]倦天涯。孔林[③]乔木，吴宫[④]蔓草，楚庙[⑤]寒鸦。数间茅舍，藏书万卷，投老村家[⑥]。山中何事？松花[⑦]酿酒，春水煎茶[⑧]。

字词注解

①人月圆：曲牌名。此词调始于北宋王诜，因其词中“人月圆时”之句，取以为名。

②诗眼：指诗人的洞察力。

③孔林：指孔丘的墓地，在今山东曲阜。

④吴宫：指吴国的王宫。

⑤楚庙：指楚国的宗庙。

⑥投老：临老，到老。村家：农家。

⑦松花：又叫松黄，就是马尾松开的花。

⑧煎茶：古代泡茶的一种方法。

奇文共赏

《人月圆·山中书事》是元代散曲作家张可久所写的一首散曲。

张可久出生在南宋时期，但生活在元朝，且也为元朝统治者服务过。他的内心一直是愧疚的，觉得自己是失了节气，于是借亲身体验过的朝代的更替、历史的兴衰之事，写下这首著名的《人月圆·山中书事》，以表达悔恨之心。

此曲名为记事，实为怀古，借感叹古今的兴亡盛衰表达自己看破世情、隐居山野的生活态度。全曲上片咏史，下片抒怀。

开头两句，总写历来兴亡盛衰，都如幻梦，自己早已参破世情，厌倦尘世，气势阔大。接下来三句，以孔林、吴宫与楚庙为例，说明往昔繁华，如今只剩下凄凉一片。

下片转入对眼前山中生活的叙写，写归隐山中的淡泊生活和诗酒自娱的乐趣。虽然这里仅有简陋的茅舍，但有诗书万卷。喝着自酿的松花酒，品着自煎的春水茶，幽闲宁静，诗酒自娱，自由自在。

这首小令当是作者寓居西湖山下时所作，通过感慨历史的兴亡盛衰，表现了作者勘破世情、厌倦风尘的人生态度，以及放情烟霞、诗酒自娱的恬淡情怀。

此曲风格更近于豪放一路，语言也较浅近质朴，未用典故，直抒胸臆。结构上则以时间顺序为线索，写勘破世情而生倦，倦而归山卜居，居而恬淡适意。感情亦由浓到淡，由愤激渐趋于平静。

全曲意境不输唐诗，风韵直追宋词，语言格调既雅正又不脱自然本色，而其中所蕴含的心境更是超然恬淡，堪称千古名篇！

作者简介

张可久（约1270—约1350年），字小山（《录鬼簿》）；一说名伯远，字可久，号小山（《尧山堂外纪》）；一说名可久，字伯远，号小山（《词综》）；又一说字仲远，号小山（《四库全书总目提要》），庆元（治所在今浙江宁波鄞州区）人，元朝著名散曲家、剧作家。

张可久一生怀才不遇，时官时隐，曾漫游江南之名胜古迹，足迹遍及江苏、浙江、安徽、湖南一带，晚年隐居在杭州一带。

张可久毕生致力于词曲的创作，是元代最为多产的散曲大家，也是元曲的集大成者之一，其在世时便享有盛誉，与乔吉并称“双璧”，与张养浩合为“二张”。其作品风格多样，“或咏自然风光、或述颓废生活、或为酬作、或写闺情”，是元代散曲中“清丽派”的代表作家。

张可久仕途失意，遂借诗酒消磨时光，徜徉山水，作品大多记游怀古、赠答唱和。擅长写景状物，刻意于炼字断句，讲求对仗协律，使他的作品形成了一种清丽典雅的风格。可以说，元曲到张可久时，已经完成了文人化的历程。

张可久是元代散曲“清丽派”的代表，被誉为“词林之宗匠”；清代诗论家刘熙载推崇他为“曲家翘楚”；许光治说他“俪辞追乐府之工，散句撷唐宋之秀”（《江山风月谱·自序》）；李开先《小山小令序》评小山乐府，谓如“瑶天笙鹤，有不食烟火气”，可称之为“曲仙”。

第六章

明清奇文

陶庵梦忆·序

——万般繁华，一番梦呓

经典原文

陶庵[1]国破家亡，无所归止。披发入山，駴駴[2]为野人。故旧见之，如毒药猛兽，愕窒不敢与接[3]。作《自挽诗》[4]，每欲引决[5]，因《石匮书》[6]未成，尚视息[7]人世。然瓶粟屡罄[8]，不能举火[9]。始知首阳二老[10]，直头[11]饿死，不食周粟，还是后人妆点语也。

饥饿之余，好弄笔墨。因思昔人生长王、谢[12]，颇事豪华，今日罹此果报[13]：以笠[14]报颅，以蒉报踵[15]，仇[16]簪履也；以衲[17]报裘，以苎报絺[18]，仇轻煖[19]也；以藿[20]报肉，以粝报粻[21]，仇甘旨[22]也；以荐[23]报床，以石报枕，仇温柔也；以绳报枢[24]，以瓮报牖[25]，仇爽垲[26]也；以烟报目，以粪报鼻，仇香艳也；以途报足，以囊[27]报肩，仇舆从[28]也。种种罪案，从种种果报中见之。

鸡鸣枕上[29]，夜气方回[30]。因想余生平，繁华靡丽，过眼皆空，五十年来，总成一梦。今当黍熟黄粱[31]，车旋蚁穴[32]，当作如何消受？遥思往事，忆即书之，持问佛前，一一忏悔。不次[33]岁月，异年谱也；不分门类，别《志林》[34]也。偶拈一则，如游旧径，如见故人，城郭人民，翻用自喜[35]。真所谓“痴人前不得说梦”矣。

昔有西陵[36]脚夫为人担酒，失足破其瓮。念无以偿，痴坐伫想曰：“得是梦便好。”一寒士乡试中式[37]，方赴鹿鸣宴[38]，恍然犹意[39]未真，自啮其臂曰：“莫是梦否？”一梦耳，惟恐其非梦，又惟恐其是梦，其为痴人则一[40]也。

余今大梦将寤[41]，犹事雕虫[42]，又是一番梦呓。因叹慧业文人[43]，名心难化，政如邯郸梦断[44]，漏尽钟鸣[45]，卢生遗表，犹思摹榻二王[46]，以流传后世。则其名根[47]一点，坚固如佛家舍利[48]，劫火[49]猛烈，犹烧之不失也。

字词注解

①陶庵：作者张岱的号。

②䮾䮾：通“骇骇”，令人惊异的样子。

③愕窒：惊愕窒息。接：接近、接触。

④《自挽诗》：查无此诗，当指《自为墓志铭》。

⑤引决：自裁，自杀。

⑥《石匮书》：又名《石匮藏书》，纪传体明史，含纪、表、志、世家、列传各篇的总论和史赞等，是张岱史学成就的集中体现。

⑦视息：观看和呼吸，即指活着。

⑧罄：空，净尽。

⑨举火：指生火做饭。

⑩首阳二老：指伯夷、叔齐，商末孤竹君的两个儿子。相传其父遗命要立次子叔齐为继承人。孤竹君死后，叔齐让位给伯夷，伯夷不接受，叔齐也不愿意登位，先后都逃到周国。周武王伐纣，二人叩马谏阻。武王灭商后，他们耻食周粟，采薇而食，饿死于首阳山。

⑪直头：直到，一直。

⑫生长王、谢：意思是说生长在王、谢这样的家庭里。王、谢，指东晋时王导、谢安两大望族，后世用以代指高门望族。

⑬罹：遭到，遭受。果报：因果报应。

⑭笠：草帽，斗笠。

⑮蒉：草编的筐子，这里指草鞋。踵：脚后跟，代指脚。

⑯仇：报答、报应。

⑰衲：补裰的衣服。

⑱苎：通“苧”，麻织品。絺：粗葛布。

⑲轻煖：形容衣服华丽而暖和。煖，同“暖”“㬉”，暖和。

⑳藿：一种野菜。

㉑粝：粗米。粻：好粮米。

㉒甘旨：美味的食品。

㉓荐：草褥子。

㉔枢：门轴。

㉕牖：窗口。

㉖爽垲：高爽干燥。此指明亮干燥的房子。

㉗囊：包裹。

㉘舆从：车马随从。舆，车、轿。从，随从的人。

㉙鸡鸣枕上：意思是在枕上听见鸡叫。

㉚夜气：黎明前的清新之气。《孟子·告子上》：“夜气不足以存，则其违禽兽不远矣。”孟子认为，人在清明的夜气中一觉醒来，思想未受外界感染，良心易于发现。因此用此比喻人未受物欲影响时的纯洁心境。方回：指思想刚一转动。

㉛黍熟黄粱：指从梦中醒来。黄粱，即黄粱一梦，典出唐沈既济作的《枕中记》。大意是说，有一卢生在邯郸路上遇见道士吕翁，吕翁给他一个瓷枕，他枕着入睡，梦见自己一世富贵。梦醒以后，才明白是道士警告他富贵只是一场虚空。在他初睡时，旁边正煮着一锅黄黍，醒来时，黄黍还没有煮熟。

㉜车旋蚁穴：自己的车马刚从蚂蚁穴中回来。蚁穴，典见唐李公佐作的《南柯太守传》。大意是说，淳于棼在家中酒醉，梦至“槐安国”，国王以女嫁之，任南柯太守，荣华富贵，显赫一时。后与敌战而败，公主亦死，被遣回。醒之后，寻找梦里踪迹，见槐树南枝下有一蚁穴，即梦中所历。

㉝次：排列。

㉞《志林》：指《东坡志林》，后人整理苏轼的笔记分类编辑而成。这里借指一般分类编排的笔记。

㉟ 城郭人民，翻用自喜：汉朝人丁令威学道于灵虚山，后来变成了一只鹤，飞回家乡辽东，见到人世已经发生了很大的变化，于是唱道："有鸟有鸟丁令威，去家千年今始归。城郭如故人民非，何不学仙冢累累。"（见《搜神后记》）这两句是说，如同见到了昔日的城郭人民，自己反而因此很高兴。张岱所作《陶庵梦忆》一书，多记明代旧事，所以暗用此典。

㊱ 西陵：古西陵国，位于古蜀西部成都平原一带的丘陵地区的一个古代国家，即今四川省绵阳市盐亭县境内。

㊲ 乡试：科举考试名。唐宋时称"乡贡""解试"。由各地州、府主持考试本地人，一般在八月举行，故又称"秋闱"。明、清两代定为每三年一次，在各省省城（包括京城）举行，凡本省生员与监生、荫生、官生、贡生，经科考、岁科、录遗合格者，均可应试。逢子、午、卯、酉年为正科，遇庆典加科为恩科，考期亦在八月。各省主考官均由皇帝钦派。中试称为"举人"，第一名称"解元"第二名称为亚元，第三、四、五名称为经魁，第六名称为亚魁。中试之举人原则上即获得了选官的资格。凡中试者均可参加次年在京师举行的会试。中式：即中试，科举考试合格。

㊳ 鹿鸣宴：唐代乡试后，州县长官宴请考中举子的宴会。因宴会时歌《诗经·小雅·鹿鸣》之章，故名。明清时，于乡试放榜次日，宴请主考以下各官及考中的举人，也称鹿鸣宴。

㊴ 意：以为。

㊵ 一：相同。

㊶ 大梦将寤：指人的一生将尽。佛家常称人生一世为大梦一场。寤，醒。

㊷ 事：从事。雕虫：雕虫小技，这里指写作。

㊸ 慧业文人：能运用智力、写作文章的人。慧业，佛家名词，运用智慧的事业，这里指文事。

㊹ 邯郸梦断：即指前所述的黄粱梦醒。

㊺ 漏尽钟鸣：古代用铜壶滴漏来计时刻，又在天明时打钟报晓。漏尽，即指夜尽。钟鸣，即指天明。

㊻ 卢生遗表，犹思摹榻二王：《枕中记》载卢生将殁时上疏，没有"犹思摹榻二王"的事。汤显祖根据同一故事写的戏曲《邯郸记》，在卢生临

死时，却说过这样的话："俺的字是钟繇法帖，皇上最所爱重，俺写下一通，也留与大唐作镇世之宝。"摹榻，亦作"摹拓"，依样描制，复制。二王，指王羲之、王献之，他们和钟繇都是著名书法家。

㊼ 名根：指产生好名这一思想的根性。根，佛家的说法，能生之义。人的眼、耳、鼻、舌、身、意，都能生出意识，称为六根。

㊽ 舍利：梵语"身骨"的译音。佛教徒死后火葬，身体内一些烧不化的东西，结成颗粒，称为"舍利子"。

㊾ 劫火：佛家以为坏劫中有水、风、火三劫灾，这里指焚化身体（结束一生）的火。

奇文共赏

《陶庵梦忆》是明末散文家张岱记述自己亲身经历过的杂事的著作，它详细描述了明代江浙地区的社会生活，如茶楼酒肆、说书演戏、斗鸡养鸟、放灯迎神以及山水风景、工艺书画等。其中不乏对贵族子弟的闲情逸致、浪漫生活的描写，但更多的是对社会生活和风俗人情的反映。同时本书中含有大量关于明代日常生活、娱乐、戏曲、古董等方面的记录，将种种世相展现在人们面前，因此它也是研究明代物质文化的重要参考文献。

该书共八卷，成书于甲申明亡（1644 年）之后，直至乾隆四十年（1775 年）才初版行世。此文张岱为《陶庵梦忆》创作的一篇序文。

文章第一段简述国破家亡后，自己的思想矛盾和贫困生活；第二段以简洁的句法，将早年的豪华生活与今日的蔽败潦倒做种种对比，认为这都是现世的因果报应；第三段用黄粱梦、槐安国的典故，点明"五十年来，总成一梦"的主旨，自比"痴人"，犹喜说梦；第四段说了两则故事来比喻人生的虚幻；末段承认自己虽大梦将醒，仍旧难舍名根，故有种种记叙。

张岱的前半生恣意游乐，阅尽人间繁华，后半生历经国破家亡，穷困潦倒，晚年时追忆平生，便不由得发出"五十年来，总成一梦"的慨叹。

明朝的灭亡，也是张岱人生的转折点。张岱出生于江南官宦世家，从小生长于温柔富贵乡中，他又是一个极喜享乐的人，举凡天下美食美景、各种音乐曲艺，无所不喜。然而明朝覆亡，战乱中他家财散尽，隐遁入山，做了遗民。他的后半生经历了各种艰辛困苦，到了“瓶粟屡罄，不能举火”的程度。他不无戏谑地把后半生的穷困潦倒看作是前半生富贵荣华的报应，是他应该承受的。但他对曾经的“繁华靡丽”终究不能忘怀，于是把像梦一般的红尘往事写下，称为“梦忆”。这些回忆都能让他心生欢喜，“如游旧径，如见故人”。

张岱觉得自己就像一个痴人一样，前尘如梦，却念念不忘；一场大梦而已，却还希望着名传后世。

全文篇幅不长，但作者的生活变迁、心路历程、著文渊源清晰可见，自嘲、自悔、自诩之情毕备，可谓言约而意丰；同时多处用典，讲究对仗，文字整齐凝练，清丽活泼，饶有诗意，既增强了文章的品位、厚度，又提高了语言的表现力。

作者简介

张岱（1597—约 1689 年），又名维城，字宗子；又字石公，号陶庵、天孙，别号陶庵老人、蝶庵、古剑老人、古剑陶庵、古剑陶庵老人、古剑蝶庵老人等，晚年号六休居士、蝶庵居士。山阴（今浙江绍兴）人，祖籍四川绵竹。明末清初文学家、史学家，还是一位精于茶艺鉴赏的行家。

张岱出生于仕宦世家，早年过着富裕的生活，喜爱游山玩水，通晓音乐戏剧。明亡后张岱曾参加抗清斗争，后见大势已去，才隐居浙江剡溪山中，从事著述。

张岱是公认成就最高的明代文学家，以小品文见长，有“小品圣手”之称。著作题材广泛，行文或清新通脱，或细致沉郁，富有情趣，自成一格。其小品文多描写江南山水风光、民风和对过去生活的回忆，文笔丰神绰约，富有诗意，有“晚明小品集大成”的誉称。其散文造诣颇高，语言清新活泼，形象生动，广览简取。著有《琅嬛文集》《陶庵梦忆》《西湖梦寻》《夜航船》《三不朽图赞》等绝代文学名著。

史学上，张岱与谈迁、万斯同、查继佐并称“浙东四大史家”，明末李长祥以为“当今史学，无逾陶庵”。史学名著《石匮书》为其代表作。

桃花庵歌

——折花沽酒，老死花间

经典原文

桃花坞里桃花庵[①]，桃花庵里桃花仙。
桃花仙人种桃树，又折花枝当酒钱。
酒醒只在花前坐，酒醉还须花下眠。
花前花后日复日，酒醉酒醒年复年。
但愿老死花酒间，不愿鞠躬车马[②]前。
车尘马足贵者趣，酒盏花枝贫者缘。
若将富贵比贫贱，一在平地一在天。
若将贫贱比车马，他得驱驰我得闲。
世人笑我忒风颠[③]，我笑世人看不穿。
不见五陵[④]豪杰墓，无酒无花锄作田。

字词注解

① 桃花坞：位于苏州金阊门外。北宋时章楶父子在此建成别墅，后渐废为蔬圃。桃花庵：唐寅在桃花坞建屋，名为桃花庵。此诗拓本诗幅有“弘治乙丑三月”，可知唐寅建此庵当在1505年。

② 车马：此处代指高官权贵。

③ 风颠：同“疯癫”。

④ 五陵：原指汉朝的长陵、安陵、阳陵、茂陵、平陵五陵，后用来指豪门贵族。

奇文共赏

《桃花庵歌》是明代文人唐寅创作的一首七言古诗。

据周道振、张月尊所编《唐伯虎年表》云：“弘治十八年乙丑，三月，桃花坞小圃桃花盛开，作《桃花庵歌》。”可知此诗写于弘治十八年（1505年）三月。

说到桃花庵，这里有一个故事。说是唐伯虎当年在苏州桃花坞看上了一处房子，是别人废弃的别墅，“长久未有人别业”。据记载，唐伯虎在决定买房时，因为没有钱，只好用自己的部分藏书作抵押，向京城一位当官的朋友借的钱。后来，他用了两年多时间努力写字画画卖钱，才还清了购房款。

1505年，上距唐寅科场遭诬仅六年。唐寅曾中过解元，后来受到科场舞弊案牵连，功名被革。在长期的生活磨炼中，他看穿了功名富贵的虚幻，认为以牺牲自由为代价换取的功名富贵不能长久，遂绝意仕进，卖画度日，过着以花为朋、以酒为友的闲适生活。诗人作此诗即为表达其乐于归隐、淡泊功名，不愿与世俗交接追求闲适的生活态度。

诗中诗人以桃花仙人自喻，以“老死花酒间”与“鞠躬车马前”分别代指两种截然不同的生活方式；又以富贵与贫贱者的各有所失，形成鲜明强烈的对比，表现了作者看穿世事的真实内心，带有愤世嫉俗之意气。

整首《桃花庵歌》，虽然满眼都是花、桃、酒、醉等香艳字眼，却毫无低俗之气，画面艳丽清雅，风格秀逸清俊，音律回风舞雪，笔力直透纸背，意蕴醇厚深远，意象生动鲜明，让人猛然一醒。

全诗层次清晰，语言浅近，却蕴涵无限的艺术张力，给人以绵延的审美享受和强烈的认同感。

桃花因与“逃”同音而具隐者之意，更体现出追求自由、珍视个体生命价值的可贵精神。

酒，在中国古代文化和古代士人中也有着重要的地位。它不仅可以用来表达悲壮慷慨情怀，更与世事苍凉、傲岸不羁、特立独行结缘。晋有刘伶、嵇康，唐有“饮中八仙”，宋有东坡“把酒问青天”；而到了明代，又有了唐寅醉酒花下眠。

在《桃花庵歌》中，又见到那个潇洒的唐伯虎。

犹如作者在《言志》一诗中所言：

不炼金丹不坐禅，不为商贾不耕田。
闲来写就青山卖，不使人间造孽钱！

这首诗表白了作者清高的处世态度。虽然功名未就，但自适的志趣，卖书画为生的生活方式，给他带来了人格的独立，故有感做此诗向世人言志。

清清白白做人，正正当当谋生。人靠自己生活，灵魂都是安宁的。

若我们收拢身心，远离对名利、物质、世俗的过度追求，心情自然会变得宁静起来，人亦会变得淡然优雅。

仕宦之旅的断送，人生的诸多挫折，也让唐伯虎逐渐地看破红尘，选择醉生梦死，流连于花酒之间。从此，世间又多了一位逍遥的桃花庵主。

作者简介

唐寅（1470—1524年），字伯虎，小字子畏，号六如居士、桃花庵主等。南直隶苏州府吴县（今江苏省苏州市）人。祖籍凉州晋昌郡。明朝著名画家、书法家、诗人。

成化二十一年（1485年），唐寅考中苏州府试第一名，进入府学读书；弘治十一年（1498年），考中应天府乡试第一（解元），入京参加会试；弘治十三年（1500年），卷入徐经科场舞弊案，坐罪入狱，贬为浙藩小吏。从此，唐寅丧失科场进取心，游荡江湖，埋没于诗画之间，终成一代名家。唐寅晚年生活穷困，依靠朋友接济，于嘉靖二年（1523年）十二月二日病逝，时年54岁。

唐寅的山水画宗法李唐、刘松年，融会南北画派，笔墨细秀，布局疏朗，风格秀逸清俊；其人物画师承唐代传统，色彩艳丽清雅，体态优美，造型准确；亦工写意人物，笔简意赅，饶有意趣；其花鸟画长于水墨写意，洒脱秀逸。

唐寅的书法取法赵孟頫，风格丰润灵活，俊逸秀拔。

绘画上，唐寅与沈周、文徵明、仇英并称“吴门四家”，又称“明四家”。诗文上，唐寅与祝允明、文徵明、徐祯卿并称“吴中四才子”。

唐寅诗文以才情取胜，其诗多纪游、题画、感怀之作。早年作品工整妍丽，有六朝骈文气息。“泄题案”之后，多为伤世之作，不拘成法，大量采用口语，意境清新，常含傲岸不平之气，情真意挚。

一世歌

——把酒高歌，花月满天

经典原文

人生七十古来少，前除幼年后除老。
中间光景不多时，又有炎霜与烦恼。
花前月下得高歌，急须满把金樽倒。
世人钱多赚不尽，朝里官多做不了。
官大钱多心转忧，落得自家头白早。
春夏秋冬捻指间[①]，钟送黄昏鸡报晓。
请君细点[②]眼前人，一年一度埋芳草。
草里高低多少坟，一年一半无人扫。

字词注解

①捻指间：弹指间，一会儿。

②点：数。

奇文共赏

自古以来，不同的生死观和价值观形成了不同的人生观。唐寅的《一世歌》便真实地道出了人生的苦短和无常，意在劝诫世人要洞明世事，看淡人世的无常与人生的失意，不要为外境所束缚，过好自己当下所拥有的生活。

人生在世，生命苦短，芸芸众生大都以求得荣华富贵为终极目标。古语说得好：荣华是草上露，富贵是瓦上霜。高贵和富有总是昙花一现转瞬即逝的，永是一场大梦。不如及时享乐，快意人生。“花前月下得高歌，急须满把金樽倒”，与大诗人李白的“人生得意须尽欢，莫使金樽空对月”，有异曲同工之妙。

唐寅出生在一个小商人家庭，才华出众；可成年后，一年之内，竟连丧五位亲人。在好友的鼓励下，他进军科举，却因为科场舞弊一案，无辜受到牵连。因无功名傍身，回家后连妻子都嘲笑他。

明朝弘治十一年（1498年），唐伯虎在乡试中考了第一名，人称他为唐解元。主考官对他的才学十分欣赏，便带他的文章给京城的学士程敏政看，程敏政看后啧啧称奇。凑巧，下一届京师会试（考进士）的主持人恰是程敏政。本来，唐寅参加这次考试是有中进士希望的，没料到会横生枝节。

明弘治十三年（1500年），京城会试，主考官为程敏政和李东阳。两人皆饱学之士，出题十分冷僻，很多应试者答不上来。唯有两张试卷，答题贴切，且文辞优雅，程敏政脱口而出：“此两张卷子定为唐寅、徐经所做。”在场人听见并传了出来。会试中三场考试结束，便蜚语满城，盛传“江阴富人徐经贿金预得试题”。

户科给事华昶未经查验，便匆匆弹劾主考程敏政鬻题，事涉徐经、唐寅。明孝宗敕令大学士李东阳会同其他试官进行复审，证明徐、唐两人皆不在录取之中。鬻题之说，虽属乌有，但舆论仍喧哗不已。明孝宗为平息舆论，便着锦衣卫将二人拘押加以审讯。最终查明无鬻题实据，但以徐经进京晋见程敏政时曾送过见面礼、唐寅也因曾用一个金币向程敏政乞文送乡试座主梁储为由，将两人削除仕籍，发回县衙为小吏；程敏政罢官还家；华昶坐奏事不实，降职处分。

一场科场大狱，以各打五十大板结案。程敏政归家后，愤郁不平，不久发疽而亡。

唐寅不甘忍受这种侮辱，干脆回到乡里，以卖字画为生。归家后夫妻反目，唐寅也因此消极颓废。

历史上的唐寅尽管才华出众，有理想抱负，是位天才的画家，但他那愤世嫉俗的狂傲性格不容于这个社会。他一生坎坷，最后潦倒而死，年仅54岁。唐寅的悲剧，实际是有抱负不甘心沦落的读书人共同的悲剧。

也许也正是他的这种心境，才写下了如此通透的《一世歌》。人生在世不管如何的风光，而死亡是必然的结局。人的一生是从无到有，从有到无，你没有什么损失，何必失落呢？同样，得到了也没有什么可欢喜的，你总要失去的，什么东西都不可能永远拥有。所以，不如自在洒脱，逍遥度日。

正如他在《把酒对月歌》中所写：

李白前时原有月，惟有李白诗能说。
李白如今已仙去，月在青天几圆缺？
今人犹歌李白诗，明月还如李白时。
我学李白对明月，白与明月安能知！
李白能诗复能酒，我今百杯复千首。
我愧虽无李白才，料应月不嫌我丑。
我也不登天子船，我也不上长安眠。

姑苏城外一茅屋，万树梅花月满天。

唐寅与李白有着一样的性格，饮酒赋诗，狂放不羁；李白的才华，让他也钦佩不已。

他与李白又是不一样的，我也不曾登上天子船，我也不曾到过长安眠。

唐寅用“把酒对月”的举动，将自己和李白相联系、相对比，抒写了李白敢于蔑视权贵的品质，表明了作者学习李白不求功名利禄的愿望和蔑视权贵的态度。

没有人不感慨人生苦短，洒脱如唐寅也不例外。

作者简介

关于唐寅的生平与成就，在《桃花庵歌》篇中有详细介绍，此不多赘。

这里谈一谈唐寅经“泄题案”而回乡后发生的另一件大事。

唐寅被罢黜官职后，内心低落的他开始纵情山水。只不过由于他不善经营，所以家中的积蓄越来越少；而在与弟弟分家之后，他更是只能靠卖画为生。其间他年仅 12 岁的侄儿又离自己远去，他甚至与好友文徵明闹了矛盾，就此绝交。

时间一晃来到了正德十年（1515 年），这年宁王朱宸濠广聘天下才子，而唐寅就在聘请之列。

在宁王知道唐伯虎科场失意，并且无心仕途之后，就开始主动拉拢唐寅。

但唐寅并不是能为金钱所惑的喜好名利之辈，无奈之下宁王也只能拿书画诱惑，果然唐寅也因此而成为宁王的幕僚。

宁王朱宸濠是明太祖朱元璋的第五代孙，本来是一个世袭的王爷，但是他不愿意屈尊王爷，而是想谋反做皇帝。

早在正德二年（1507 年），朱宸濠就贿赂皇帝身边的太监、伶人，希望他们可以在皇帝那里多多美言；同时暗地里招贤纳士、养精蓄锐，准备在合适的时机，一举反叛拿下大明。

在天时、地利都齐备之后，正德十五年（1520 年），宁王趁着自己过生日的时机宣布造反。由于朝廷没有防备，所以宁王很快就占领了半个江西，并且挥师东南，大有占据南京的趋势。

只不过在宁王造反的时候，他的克星王阳明已经做好了准备。在不到两个月时间，宁王的十万大军就全军覆没，宁王也成了阶下囚。

最终，宁王朱宸濠被废为庶人，伏诛，其党羽亦是诸多被株连族属。不过，令人意外的是，本是身处宁王造反旋涡中的唐伯虎却全身而退，这是怎么回事呢？

原来，唐寅在宁王身边时间久了之后，就发现宁王的招徕并非简单的招贤纳士，而是意有所指。

造反对于唐伯虎这样接受了圣贤教育的文人而言，显然是难以接受的。于是，唐伯虎便想方设法地要逃出宁王府。

万般无奈之下，唐寅只好装疯卖傻。起初宁王并不相信唐寅是真的疯傻，认定是唐寅的权宜之计。后来唐寅一看，这个计谋骗不了宁王，就开始随地大小便，当着宁王等众人的面做一些出格的事情，满口的胡言乱语。

据说他还专门写了一首诗《诗赠宁王》，表明自己的“癫痴”：

信口吟成四韵诗，自家计较说和谁？
白头也好簪花朵，明月难将照酒卮。
得一日闲无量福，作千年调笑人痴；
是非满日纷纷事，问我如何总不知？

安居无是无非之中即是好，他人笑我痴那又怎样呢？

在唐寅的精湛演技之下，宁王相信他是真的疯了，遂放任唐寅离开。

就这样，唐寅赶在宁王起兵造反之前，离开了这个是非之地。

虽说唐寅最终没有参与到宁王的叛乱之中，但是最后还是因此受到了朝廷的责罚。自此，唐寅雄心不在，不再做无妄之想，彻底流连于山水玩乐之中。

治家格言

——治家之经，童蒙必读

经典原文

黎明即起，洒扫庭除[①]，要内外整洁；既昏便息，关锁门户，必亲自检点。

一粥一饭，当思来处不易；半丝半缕，恒念物力维艰。

宜未雨而绸缪，毋临渴而掘井。

自奉必须俭约，宴客切勿流连。

器具质而洁，瓦缶胜金玉；饮食约而精，园蔬愈[②]珍馐。

勿营华屋，勿谋良田。

三姑六婆[③]，实淫盗之媒[④]；婢美妾娇，非闺房之福。

童仆勿用俊美，妻妾切忌艳妆。

祖宗虽远，祭祀不可不诚；子孙虽愚，经书不可不读。

居身务期质朴，教子要有义方[⑤]。

勿贪意外之财，勿饮过量之酒。

与肩挑贸易，毋占便宜；见贫苦亲邻，须加温恤。

刻薄成家，理无久享；伦常乖舛[⑥]，立见消亡。

兄弟叔侄，须分多润[⑦]寡；长幼内外，宜法肃辞严。

听妇言，乖[⑧]骨肉，岂是丈夫？重资财，薄父母，不成人子。

嫁女择佳婿，毋索重聘；娶媳求淑女，勿计厚奁[⑨]。

见富贵而生谄容者，最可耻；遇贫穷而作骄态者，贱莫甚。

居家戒争讼，讼则终凶；处世戒多言，言多必失。

勿恃势力而凌逼孤寡，毋贪口腹而恣杀生禽。

乖僻自是，悔误必多；颓惰自甘，家道难成。

狎昵[10]恶少，久必受其累；屈志[11]老成，急则可相依。

轻听发言，安知非人之谮诉[12]，当忍耐三思；因事相争，焉知非我之不是，须平心暗想。

施惠勿念，受恩莫忘。

凡事当留余地，得意不宜再往。

人有喜庆，不可生妒忌心；人有祸患，不可生喜幸心。

善欲人见，不是真善；恶恐人知，便是大恶。

见色而起淫心，报在妻女；匿怨[13]而用暗箭，祸延子孙。

家门和顺，虽饔飧不济，亦有余欢；国课[14]早完，即囊橐无余，自得至乐。

读书志在圣贤，非徒科第；为官心存君国，岂计身家[15]。

守分安命，顺时听天。

为人若此，庶乎[16]近焉。

字词注解

① 庭除：庭前阶下；庭院。

② 愈：超过，胜过。

③ 三姑六婆：古代中国民间女性的几种职业。陶宗仪《辍耕录》卷十三："三姑者，尼姑、道姑、卦姑也；六婆者，牙婆、媒婆、师婆、虔婆、药婆、稳婆也。"

④ 媒：媒介。

⑤ 义方：行事应该遵守的规范和道理。多指家教。

⑥ 乖舛：反常；违背。

⑦ 润：扶助。

⑧ 乖：背离。

⑨ 奁：嫁妆。

⑩ 狎昵：过分亲近。

⑪ 屈志：曲意迁就，抑制意愿。

⑫ 谮诉：诬蔑人的坏话。

⑬ 匿怨：对人怀恨在心，而面上不表现出来。

⑭ 国课：国家的赋税。囊橐：袋子，口袋。也借指粮仓、粮库。

⑮ 身家：本人和家庭；指家产；指身份地位。

⑯ 庶乎：差不多。

奇文共赏

《治家格言》，又名《朱柏庐治家格言》《朱子家训》，是清代学者朱柏庐所著的家训经典。

《治家格言》以修身齐家为宗旨，精辟地阐明了修身治家之道，集儒家做人处世方法之大成，思想植根深厚，含义博大精深。

《治家格言》的宗旨是儒家思想的宗旨，这个宗旨就是修身齐家，主要告诫家人要勤俭持家、尊敬师长、和睦邻里、做好人、行好事。其中许多内容继承了中国传统文化的优秀特点，比如勤俭持家、周密谋划等，其中一些警句，如“一粥一饭，当思来处不易；半丝半缕，恒念物力维艰”“宜未雨而绸缪，毋临渴而掘井”等，在今天仍然具有教育意义。

《治家格言》将中国几千年形成的道德教育思想，以名言警句的形式表达出来，可以口头传训，也可以写成对联条幅挂在大门、厅堂和居室，作为治理家庭和教育子女的座右铭，因此，很为官宦、士绅和书香门第乐道，自问世以来流传甚广，被历代士大夫尊为“治家之经”，清至民国年间一度成为童蒙必读课本之一。

全书虽然仅仅500多字，却凝结了几千年来我们中国传统文化的家教精华，对教化人心、传承中华传统美德，产生了积极广泛的影响。

当然，其中封建性的糟粕如对女性的某种偏见、迷信报应、自得守旧等是那个时代的历史局限，我们不必苛求。

作者简介

朱柏庐（1627—1698年），原名朱用纯，字致一，自号柏庐。江苏昆山（今昆山市）人。明末清初著名理学家、教育家。著有《删补易经蒙引》《四书讲义》《劝言》《耻耕堂诗文集》《愧讷集》和《毋欺录》等。

朱柏庐的父亲朱集璜是明末的知名学者，清顺治二年（1645年）守昆城抵御清军，城破后投河自尽。朱柏庐自幼致力读书，曾考取秀才，有志于仕途。清军入关明亡后，朱柏庐不再求取功名，居乡教授学生，并潜心程朱理学，主张知行并进，一时颇负盛名，与徐枋、杨无咎号称“吴中三高士”。康熙帝曾多次征召，均为其所拒绝。

山坡羊[1]·十不足

——大限不到，阔步登天

经典原文

逐日[2]奔忙只为饥，才得有食又思衣。
置下绫罗身上穿，抬头却嫌房屋低。
盖了高楼并大厦，床前缺少美貌妻。
娇妻美妾都娶下，又虑出门没马骑。
将钱买下高头马，马前马后少跟随。
家人招下十数个，有钱没势被人欺。
一铨[3]铨到知县位，又说官小职位卑。
一攀攀到阁老[4]位，每日思想要登基。
一朝南面坐天下，又想神仙下象棋。
洞宾[5]陪他把棋下，又问哪是上天梯。
上天梯子未做下，阎王发牌[6]鬼来催。
若非此人大限[7]到，上到天上还嫌低。

字词注解

①山坡羊：曲牌名，又名“山坡里羊”“苏武持节”。北曲属中吕宫，以张可久《山坡羊·酒友》为正体，十一句，押九韵，或每句入韵。南曲

属商调，以沈璟《山坡羊·学取刘伶不戒》为正体，十一句，押十一韵。代表作品有张养浩[中吕]《山坡羊·潼关怀古》、乔吉[中吕]《山坡羊·寄兴》、唐寅[商调]《山坡羊·嫩绿芭蕉庭院》等。

② 逐日：每日，整日。

③ 铨：指铨选，此处指捐纳。铨选，即由吏部按规定选补官缺。明代吏部设有铨选局。

④ 阁老：明代大学士。因如阁办事，尊称阁老，职权相当于丞相。

⑤ 洞宾：即吕洞宾，神话传说中的八仙之一。

⑥ 牌：指传说中的生死牌。

⑦ 大限：死期。

奇文共赏

《山坡羊·十不足》是明代律历学家朱载堉的散曲作品。

朱载堉虽贵为宗室，但因其特殊的生活经历，对统治阶级内部的腐朽黑暗和世事炎凉深有体会，作品多有感叹人间冷暖和荣辱无常之作。这首《山坡羊·十不足》即可视为此类作品的代表作。

明中叶以后，政治日趋腐败，统治阶级贪婪的本性日益得到充分的暴露。大而至于九重天子，小而至于胥吏乡绅，上上下下充斥着一种永远无法满足的财富欲与权势欲。朱载堉冷眼旁观，洞若观火，创作了《山坡羊·十不足》，对统治阶级这种贪婪的本性作了概括。

此曲淋漓尽致地描写了贪心不足者的恶性发展，如抽丝剥茧般层层剥开一些人无止境地追求富贵功名的心理情态，寓意深刻，具有警世启人的现实意义。

全曲运用层递手法，前后勾连，层层推进，语言通俗而不失诙谐，描摹情状生动形象而又讽刺深刻，显示出很强的艺术感染力。

作者简介

朱载堉（1536—1611年），字伯勤，号句曲山人。明宗室郑恭王朱厚烷之子。父死后，不承袭爵位，而以著述终生。著有《乐律全书》《律吕融通》等，其散曲编成《醒世词》。

朱载堉出生于怀庆（今河南沁阳），是明太祖朱元璋九世孙，明成祖朱棣的第八世孙，明仁宗朱高炽的第七代孙，郑恭王朱厚烷之子。

朱载堉早年从舅父何塘习天文及律历之学。后因皇族内讧，父获罪而下狱。朱载堉因悲痛于父亲无罪而遭禁锢，遂筑土室宫门外，独居生活 19 年，潜心钻研乐律、数学、历学。其父复爵后，虽以世子身份重入王宫，仍潜心学术。

1591 年，郑王朱厚烷去世，作为长子的朱载堉本该继承王位，他却七疏让国，辞爵归里，潜心著书。

朱载堉成就非凡，一生著述颇丰，共完成《乐律全书》《律吕正论》《律吕质疑辨惑》《嘉量算经》《律吕精义》《律历融通》《算学新说》《瑟谱》等著作，是明代著名的律学家（有“律圣”之称）、历学家、音乐家。朱载堉的成就震撼世界，中外学者尊崇他为“东方文艺复兴式的圣人”“东方百科艺术全书式的人物”。

醒世歌

——红尘白浪，寿夭穷通

经典原文

红尘白浪两茫茫，忍辱柔和是妙方。
到处随缘延岁月，终身安分度时光。
休将自己心田昧[①]，莫把他人过失扬。
谨慎应酬无懊恼，耐烦作事好商量。
从来硬弩弦先断，每见钢刀口易伤。
惹祸只因闲口舌，招愆[②]多为狠心肠。
是非不必争人我，彼此何须论短长。
世事由来多缺陷，幻躯焉得免无常[③]。
吃些亏处原无碍，退让三分也不妨。
春日才看杨柳绿，秋风又见菊花黄。
荣华终是三更梦，富贵还同九月霜。
老病死生谁替得，酸甜苦辣自承当。
人从巧计夸伶俐，天自从容定主张。
谄曲贪嗔[④]堕地狱，公平正直即天堂。
麝因香重身先死，蚕为丝多命早亡。
一剂养神平胃散，两钟和气二陈汤[⑤]。

生前枉费心千万，死后空留手一双。
悲欢离合朝朝闹，寿夭穷通⑥日日忙。
休得争强来斗胜，百年浑是戏文场。
顷刻一声锣鼓歇，不知何处是家乡。

字词注解

①昧：掩蔽，隐藏。

②愆：罪过，过失。

③幻躯：虚幻的肉体。无常：佛教谓世间一切事物不能久住，都处于生灭成坏之中，故称无常。

④谄曲贪嗔：谄为奉承，献媚，曲为曲意迎合，贪为贪求多得，嗔为气躁发怒。以上均为人常犯的错误，或者说是人性的弱点。

⑤钟：同“盅”。二陈汤：消化通气之药。此处取其前和气二字。

⑥寿夭穷通：长寿、夭折、贫困、富足。

奇文共赏

憨山德清是明代四大高僧之一，精通儒、释、道三教，主张三家思想融合。他留有众多作品，其中《醒世歌》被称为“千古奇文”。

《醒世歌》是一首脍炙人口的禅诗，七言排律。全文讲述的是憨山德清大师经历曲折坎坷，进而成为著作成就丰富的大德高僧。该诗广为流传，情文并茂，说理深刻透彻，发人深省。

这首七言古风《醒世歌》，是警醒世人、指引世人学佛向善的一支路标。全诗写得非常通俗，节奏明快，朗朗上口。

这首《醒世歌》不光是写来提醒他人，同时也是作为自己的座右铭。鉴于自己出家六十年的遭遇，有很多深刻的教训，德清于晚年写下此诗，同样也在为自己做人生的最后总结。全诗形象生动，比喻贴切，道理也说得深刻透彻，可称为一篇情文并茂的佳作。

看尽人生百态，遍览世事悲欢。憨山大师的这首诗偈，用朴实无华的简洁口语陈述深刻睿智的人生哲理如暮鼓晨钟，唤醒了人们灵魂深处的觉知。

此处说一点题外话，简单介绍一下明代四大高僧的其他三位。

中国佛教至明代已呈颓废之态，佛门各宗到此时后继乏人，社会各界对佛教也不像前代那样极力支持。晚明出现了中兴的四大高僧，收拾颓废局面，佛教出现了回升之势，为近代佛教复兴打下了坚实的理论基础。

这四位高僧指的是云栖祩宏、紫柏真可、憨山德清、蕅益智旭。

云栖祩宏被认为是明代中兴净土的宗师。云栖祩宏（1535—1615年），别号莲池，俗姓沈，仁和（今浙江杭州）人。他在30岁左右时，连续遭受父母双亡、丧妻、失子的刺激，看破红尘，于32岁时出家，受具足戒后云游参学，后居杭州云栖寺。云栖祩宏对于华严圆融学说和禅悟都有极深的造诣，力主佛教内部的融合并归向净土。祩宏很清楚，在明末的衰世再讲高深的佛理已经不合时宜，故而他重视一些浅显的说教和宣称，比如作《戒杀放生文》，宣扬佛教最基本的爱护生命的精神。他更不满于当时的佛教道场中男女混杂、不守时规的状况，作《水陆仪轨》整理佛教礼仪。这些都在民众中留下了深刻的印象。

紫柏真可（1543—1603年），字达观，俗姓沈，江苏吴江人。紫柏真可是和祩宏同一时代的高僧，许多著名学者如汤显祖等都曾向他问教，可见其学问功底之深。真可一生参访尊宿，没有专一的师承，立志复兴禅宗，同时又对儒、释、道三家以及教内各宗持调和的态度，和当时佛教文化发展的大趋势合拍而动。真可一生从未受请担任寺院主持，也从不开坛说法，但却十分重视语言文字在接度后学方面的作用。

明末四大高僧中最晚也是影响最大的是蕅益智旭，他在佛学理论方面作出了极有影响的贡献。蕅益智旭（1599—1655年），别号八不道人，俗姓钟，江苏吴江人。少习儒书，曾著《辟佛论》，对佛学进行批判；后来因为读到了袾宏的著作，转而信佛。24岁时，智旭从德清弟子雪岭出家，论师承也应算是临济宗门人。智旭出家后，有感于明末清初禅门败落之况，“每每中夜痛哭流涕”，甚至把法师骂成乌龟。起初他着意于宣传戒律，但根本没有人注意他的行动，从此他潜心研究佛经，开始做禅教一致与净土理论的工作。

智旭的佛学深受天台宗学说影响，以一念统摄教禅各家，而最终则归于念佛的当下之念。智旭不但要把诸宗归入净土，还试图论证诸宗本来就出自净土，“若律、若教、若禅，无不从净土法门流出，无不归还净土法门”。

智旭思想的另一特色是他对地藏菩萨的大力宣扬，在智旭看来，要修净土，要追求现世的幸福，都必须至心供养持颂地藏名号，如此能切实地灭除罪报。他曾结坛百日，持颂地藏菩萨灭定业真言五百万遍；又让僧俗共持“十万万”遍，“求转大地众生共业”，颇有关怀全人类的风范。在智旭的倡导下，地藏信仰在东南地区广为传播，九华山道场盛极一时。

智旭的活动带有极强的宗教实践色彩，他不但大力宣扬以得救，还在具体的宗教行事中实施礼忏、持咒、血书、燃香等活动，有效地唤起了下层民众的热情，给处于兵荒马乱中的人们以巨大的精神安慰。

净土往生也好，地藏信仰也可，智旭强调的都是一个“信”字，这在中国宗教史上留下了巨大的影响。

作者简介

憨山德清（1546—1623年），俗姓蔡，字澄印，号憨山，法号德清，谥号弘觉禅师，安徽全椒人。明朝佛教出家众，为临济宗门下。与紫柏真可、莲池袾宏、蕅益智旭并称明代四大高僧。

德清12岁寻佛金陵报恩寺，19岁出家，25岁受戒，历参法会、明信、遍融、笑岩诸大德。明神宗万历初年（1573年）游五台山，爱其憨山奇秀，遂以为号；后于山东崂山建海印寺。万历二十三年（1595年）以私造庙宇罪充军广东雷州，五年后得赦。在广东时，他住在曹溪宝林寺，大兴禅宗；受赦后游武昌、黄梅，于庐山五乳峰静住，专修净业；晚年复返曹溪。圆寂后，舍身为塔，今其肉身犹存南华寺中。

德清学识渊博，宗说兼通，主张释、道、儒三教一致。倡导禅净双修，教人念自性佛，其思想见解颇与禅宗六祖惠能大师相契。中国禅宗的祖庭曹溪，经过憨山德清的锐意经营，由荒废恢复旧观，因此被称为曹溪“中兴祖师”。其功德巍巍，为后人所敬仰。

德清博学多才，通诗文，精书法，著作极为丰富，主要有《憨山梦游集》55卷、《憨山语录》20卷，另有《法华通义》《楞伽笔记》及注解《庄子》《老子》《中庸》等。

警世通言

——黄庭高枕，万事无常

经典原文

一生都是命安排，求甚么？
今日不知明日事，愁甚么？
不礼[①]爹娘礼鬼神，敬甚么？
弟兄姊妹皆同气[②]，争甚么？
儿孙自有儿孙福，忧甚么？
奴仆也是爹娘生，凌[③]么？

当官若不行方便，做甚么？
公门里面好修行，凶甚么？
刀笔杀人[④]终自杀，刁[⑤]甚么？
举头三尺有神明，欺甚么？
自古文章无凭据，夸甚么？
荣华富贵眼前花，傲甚么？

他家富贵前生定，妒甚么？
前世不修今世苦，怨甚么？

岂可无人得运时，急甚么？
人世难逢开口笑，苦甚么？
补破遮寒暖即休，摆[⑥]甚么？
才过三寸成何物[⑦]，馋甚么？

死后一文带不去，悭甚么？
前人田地后人收[⑧]，占甚么？
得便宜处失便宜，贪甚么？
聪明反被聪明误，巧甚么？
虚言折尽平生福，谎甚么？
是非到底自分明，辩甚么？

暗里催君骨髓枯，淫甚么？
嫖赌之人无下梢[⑨]，耍甚么？
治家勤俭胜求人，奢甚么？
人争闲气一场空，恼甚么？
恶人自有恶人磨，憎甚么？
冤冤相报几时休，结[⑩]甚么？

人生何处不相逢，狠甚么？
世事真如一局棋，算甚么？
谁人保得常无事，诮[⑪]甚么？
穴[⑫]在人心不在山，谋甚么？
欺人是祸饶人福，强甚么？
一旦无常[⑬]万事休，忙甚么？

字词注解

① 礼：礼敬。流润：流布滋润。
② 同气：有血缘关系的亲属。一般指同胞兄弟。

③ 凌：欺凌，凌辱。

④ 刀笔杀人：指通过舞弄文字陷人于罪。

⑤ 刁：刁难。

⑥ 摆：摆阔，招摇，装样。

⑦ 才过三寸成何物：再美味的食物经过了舌头后最终都会成为排泄物。三寸，指舌头。

⑧ 前人田土后人收：比喻前人钱物终为后人所有。

⑨ 下梢：结局，结果。

⑩ 结：结怨。

⑪ 诮：责备；讥讽。

⑫ 穴：指风水吉地。

⑬ 无常：死去。

奇文共赏

陈继儒先生可谓一位特立独行的践行者。

他自幼聪敏过人，年少即得盛名，人赞奇才，亦为朝廷所重。但他发觉世事纷杂不堪，"人间十九倚尘堵，五浊纷纷不堪数"，早年即有出世之想，决意远离尘世。

人到中年，则多适世之情，如他在《山中作》云："话隐惬中年，山庐枕墓田。心空鄙章句，骨傲薄神仙。"相当典型地反映了以隐逸为适世享乐的惬意情怀。此时的陈继儒，早已断绝功名利禄之想，也逐渐从困顿的生活窘境中解脱出来。

晚年的陈继儒，则较明显地沉浸于娱世之乐。除偶尔出游外，日常隐居佘山，或听泉试茶，或坐蒲踏梅，或山中采药，更多地追求一种世俗生活的朴实、宁静、温馨。《自咏》一诗可以说是陈继儒对自己生存选择的总结："若非睥睨乾坤，定是流连光景。半瓢白酒初醒，一卷黄庭高枕。"其中既包含几分遗世的失落、出世的洒脱和娱世的惬意，更多的是对自在生活的自赏和自足。

从他存世的娱性之作中，譬如投刺见访、游山玩水、莳竹养花、品茶饮酒、焚香抚琴、赏月晒书等，我们都可以感受到陈继儒这位“山中宰相”与世无争、自得其乐的生活概貌。

《警世通言》便是他与世无争、知足常乐、心如止水的明证。

全文不加铺设，如同民谣一般，将世间的各种贪嗔痴淫、争名夺利以驳问的形式一一揭开。

整体来看，这篇小文更像是一首偈语，句句在理，字字皆真，但又言简意赅，通俗易懂。若然反复咀嚼，但得一悟，自当受益匪浅！

短短36句话，数百年来，点醒了无数“梦中人”！

作者简介

陈继儒（1558—1639年），字仲醇，号眉公、麋公。明代文学家、书画家。松江府华亭（今上海金山枫泾泖桥村）人。

陈继儒自幼聪颖，诸生出身，自29岁时便归隐山林，先是隐居在小昆山，后移居东佘山，闭门著述，悠然自得地享受退隐生活。陈继儒多才多艺，为世人所重，在社会上很有声望，被称誉为“山中宰相”。朝廷屡次下诏征用，他皆以疾辞。

陈继儒工诗善文，书法学习苏轼和米芾，兼能绘事。其人擅长墨梅、山水，画梅多册页小幅，自然随意，意态萧疏；论画倡导文人画，持南北宗论，重视画家修养，赞同书画同源，有《梅花册》《云山卷》等传世。

陈继儒一生著述甚多，有《陈眉公全集》《小窗幽记》《吴葛将军墓碑》《妮古录》等传世。

狱中上母书

——不孝之罪，上通于天

经典原文

不孝[1]完淳今日死矣！以身殉父，不得以身报母矣！痛自严君见背[2]，两易春秋[3]，冤酷[4]日深，艰辛历尽。本图复见天日[5]，以报大仇，恤死荣生，告成黄土[6]；奈天不佑我，钟虐先朝[7]，一旅才兴[8]，便成齑粉。去年之举[9]，淳已自分必死，谁知不死，死于今日也。斤斤[10]延此二年之命，菽水之养[11]无一日焉。致慈君托迹于空门[12]，生母寄生于别姓[13]，一门漂泊，生不得相依，死不得相问；淳今日又溘然先从九京[14]：不孝之罪，上通于天！

呜呼！双慈[15]在堂，下有妹女，门祚[16]衰薄，终鲜[17]兄弟。淳一死不足惜，哀哀八口，何以为生？虽然，已矣！淳之身，父之所遗；淳之身，君之所用。为父为君，死亦何负于双慈！但慈君推干就湿[18]，教礼习诗，十五年如一日。嫡母慈惠，千古所难[19]，大恩未酬，令人痛绝。——慈君托之义融女兄[20]，生母托之昭南女弟[21]。

淳死之后，新妇遗腹得雄[22]，便以为家门之幸。如其不然，万勿置后[23]！会稽大望[24]，至今而零极[25]矣！节义文章，如我父子者几人哉？立一不肖后如西铭先生[26]，为人所诟笑，何如不立之为愈[27]耶！呜呼！大造茫茫[28]，总归无后。有一日中兴再造，则庙食[29]千秋，岂止麦饭豚蹄[30]，不为馁鬼[31]而已哉！若有妄言立后者，淳且与先文忠在冥冥诛殛顽嚚[32]，决不肯舍！

兵戈天地，淳死后，乱且未有定期。双慈善保玉体，无以淳为念。二十年后[33]，淳且与先文忠为北塞之举[34]矣！勿悲勿悲！相托之言，慎勿相负！武功甥将来大器[35]，家事尽以委之。寒食盂兰[36]，一杯清酒，一盏寒灯，不至作若敖之鬼[37]，则吾愿毕矣！新妇结褵[38]二年，贤孝素著。武功甥好为我善待之，亦武功渭阳情[39]也。

语无伦次，将死言善[40]。痛哉痛哉！人生孰无死？贵得死所[41]耳！父得为忠臣，子得为孝子。含笑归太虚[42]，了我分内事。大道本无生[43]，视身若敝屣。但为气[44]所激，缘悟天人理[45]。恶梦十七年，报仇于来世。神游天地间，可以无愧矣！

字词注解

①不孝：作者自称。过去子女在写给父母的信件中或祭奠父母的悼词中，普遍自称“不孝（子女）”。

②严君：对父亲的敬称。见背：去世。

③两易春秋：换了两次春秋，即过了两年。作者父亲在两年前即弘光元年（1645年）殉国。

④冤酷：冤仇与惨痛。

⑤复见天日：指光复明朝。

⑥告成黄土：把复国成功的事向祖先的坟墓祭告。告成，祭告（复国）成功。黄土，指祖坟。

⑦钟：聚焦。虐：灾祸。指上天惩罚。先朝：指明朝。

⑧一旅才兴：指吴易的抗清军队刚刚崛起。夏完淳参加了吴易的军队，担任参谋。一旅，古代兵制，五百人为一旅。据说夏少康曾凭借着“有土一城有众一旅”的基础，终于恢复了国家（见《左传·哀公元年》和《史记·吴太伯世家》）。后世便以一旅代称初建的义军。

⑨去年之举：指隆武二年（1646年）起兵抗清失败之事。吴易兵败后，夏完淳只身流亡。

⑩斤斤：仅仅。

⑪菽水之养：代指对父母的供养。语出《礼记·檀弓下》：“啜菽饮

水尽其欢，斯之谓孝。”

⑫ 慈君：作者的嫡母盛氏。托迹：藏身。空门：佛门，佛寺。

⑬ 生母：作者的生母陆氏，是夏允彝的妾。寄生：寄居。

⑭ 溘然：忽然。从：追随。九京：亦称“九原”，本是古代晋国贵族的墓地。后泛指墓地。

⑮ 双慈：嫡母与生母。

⑯ 门祚：家运。

⑰ 鲜：少。这里指没有。

⑱ 推干就湿：把床上干处让给幼儿，自己睡在湿处。比喻母亲抚育子女的辛劳。

⑲ 难：罕见。

⑳ 义融女兄：指作者的姐姐夏淑吉，字美南，号荆隐。义融当是她的又一名号。

㉑ 昭南女弟：指作者的妹妹夏惠吉，字昭南，号兰隐。

㉒ 新妇：这里指作者新婚的妻子钱秦篆。雄：男孩。

㉓ 置后：指抱养别人的孩子为后嗣。

㉔ 会稽大望：会稽郡的大族。这里指夏姓大族。古代传说，夏禹曾会诸侯于会稽，于是后来会稽姓夏的人就说禹是他们的祖先。

㉕ 零极：零落到极点。

㉖ 西铭先生：张溥，别号西铭，明末文学家，复社的领袖。死于崇祯十四年（1641 年），无后，次年由钱谦益等代为立嗣。钱谦益后来投降了清朝。人们认为这有损张溥的名节。

㉗ 愈：好。

㉘ 大造：造化，指上天。茫茫：不明。

㉙ 庙食：指鬼神在祠庙里享受祭祀。

㉚ 麦饭豚蹄：指简单的祭品。麦饭，磨麦连皮做成的面食。豚蹄，猪蹄。

㉛ 馁鬼：挨饿的鬼。

㉜ 先文忠：指父亲夏允彝。夏允彝死后，南明鲁王谥为文忠公。冥冥：阴间。诛殛：诛杀。顽嚚：愚顽而多言不正的人。

㉝ 二十年后：古时有人死之后“二十年后又是一条好汉”的说法。

㉞ 北塞之举：指出师北伐，把清兵驱赶出北方的边界。

㉟ 武功甥：作者姐姐夏淑吉的儿子侯檠，字武功。大器：大材。

㊱ 寒食：这里指清明节，是人们上坟祭祖的时节。盂兰：旧俗的农历七月十五日燃灯祭祀，超度鬼魂，称盂兰盆会。

㊲ 若敖之鬼：没有后嗣按时祭祀的饿鬼。若敖，若敖氏，春秋时楚国公族名。这一族的后代令尹子文看到族人之子越椒行为不正，估计他可能会给整个家族带来灾难，临死前，对族人哭着说：“鬼犹求食，若敖氏之鬼，不其馁而！”后来，若敖氏终于因为越椒叛楚而被灭了全族。

㊳ 结褵：指女子出嫁。褵，古代女子的佩巾。古代女子出嫁时，母亲要亲自为她结褵。

㊴ 渭阳情：指甥舅之间的情谊。《诗经·秦风·渭阳》有“我送舅氏，曰至渭阳”句。据说是写晋公子重耳出亡，秦穆公收容他做晋君送他归国时，他的外甥康公送他到渭水之阳，作诗赠别。后世遂用渭阳比喻甥舅。

㊵ 将死言善：语出《论语·泰伯》：“人之将死，其言也善。”

㊶ 得死所：即死得其所。指死得有意义。

㊷ 太虚：指天。

㊸ 大道本无生：依照道家的说法，人本来是从无而生，死后又归于无。

㊹ 气：忠愤之气；正义之气。

㊺ 缘：因。天人：天意与人事。

奇文共赏

《狱中上母书》是明代少年民族英雄、诗人夏完淳在南京狱中写给嫡母盛氏的诀别信，也是他一生中的最后一篇作品。这封书信，熔骨肉之情与民族之痛、家庭琐事与国家大计于一炉，充满了国亡、家破、嗣绝的无限悲痛和视死如归、死而不已的战斗精神，血泪交迸，力透纸背，感人肺腑，光照人间。

夏完淳是一位早慧的天才。他五岁知五经，七岁能诗文。其父夏允彝是承东林党之后的几社创始人之一，老师是明末大诗人、东南士林领袖陈子龙。他自幼随父交游的，都是如张溥、陈眉公、钱谦益之辈的当代名士，深受这些人的影响。

夏完淳是一位民族英雄。他14岁时，清兵入关南下，江南地区爆发了一系列可歌可泣的抵抗运动。夏完淳也随父亲、老师起兵抗清。义军兵败，父亲、老师先后殉国。此后，他又佐同吴易在太湖起义。永历元年（清顺治四年，1647年）七月，他也不幸被俘，押赴南京。洪承畴亲自劝降，夏完淳大义凛然，严词拒绝，于当年九月英勇就义，年仅17岁。

夏完淳在南京狱中时，他自知必死，也怀着视死如归的精神，但“以身殉父”，却不能“以身报母”，留下许多遗憾，于是写下了诀别之作——《狱中上母书》。

全文共五段：第一段申诉与母诀别的原因；中间三个段分别从三个方面立下遗嘱，感谢母亲的养育之恩，嘱咐安排家人的生活和自己的身后事；最后一段抒发与母诀别的慷慨之情。全文条理清晰，层次分明，悲壮苍凉，一唱三叹，雄强恣肆，感人至深。

“在这封信里，作者从传统的道德精神出发，把骨肉亲情与民族慨恨交织在一起，表现了对国仇家恨的无限悲痛和视死如归的战斗气概陈情哀婉，嘱托殷切，终而汇为悲壮的抒怀，凄凄绵绵，坦坦荡荡，情悲而意气豪壮，辞婉而格调高昂，通篇写出这位少年英雄的凛然正气，读来令人肃然动容。由于时代等局限，本文也表现出忠孝节义、男尊女卑等封建思想，但其主旨所显示的美的人格力量，直足以惊天地、泣鬼神！”（傅璇琮《中国古典散文基础文库·书信卷》）

柳亚子曾作诗称赞他：“悲歌慷慨千秋血，文采风流一世宗。”

这里再补充一点后续之事：

在《狱中上母书》中，我们除了能感受到夏完淳的凛凛正气外，还有他对一门妇孺的牵挂。尽管他在信中反复嘱托，细细交代，让姐姐照顾嫡母，妹妹照顾生母，托外甥照顾妻子，可是易代之际，兵荒马乱，他如何放心得下？在另外一封给妻子的信《遗夫人书》中说：“呜呼，言至此，肝肠寸断，执笔心酸，对纸泪滴。欲书则一字俱无，欲言则万般难吐。吾死矣！吾死矣！方寸已乱。平生为他人指画了了，今日为夫人一思究竟，便如乱丝积麻。身后之事，一听裁断，我不能道一语也！”他的担忧和悲痛倾诉无遗。

夏完淳就义前，还留下绝命诗一首，名为《别云间》：

三年羁旅客，今日又南冠。
无限山河泪，谁言天地宽。
已知泉路近，欲别故乡难。
毅魄归来日，灵旗空际看。

此诗表达了作者在就义前宁死不屈、视死如归的决心，流露出少年英雄对国家山河的热爱与对故乡亲人的依恋，发出了壮志难酬的感慨！

夏完淳的妻子钱秦篆，同时受父死母丧夫亡的重大打击，悲痛欲绝，身体亦非常衰弱。几个月后她果然生下一个男孩，只是这孩子似乎在母体内感受了太多人间的苦难，很快便也夭折了，夏家最终无后！秦篆的哥哥钱默这时也终于看破红尘，出家为僧，不知所终。年仅 18 岁的秦篆随后也削发为尼，独守青灯古佛，孤独地度过了一生。

作者简介

夏完淳（1631—1647 年），原名复，字存古，号小隐，松江华亭（今上海松江）人。明末诗人，抗清英雄。有《夏完淳集》。

夏完淳 14 岁随父夏允彝、师陈子龙起兵抗清。父败自杀后，与陈子龙等倡议，受鲁王封为中书舍人。后被捕下狱，赋绝命诗，遗书于母与妻，在南京被杀。夏允彝、夏完淳父子合葬墓今存于松江区小昆山镇荡湾村华夏公墓旁。

夏完淳聪颖早慧，五岁知书史，九岁就著有诗赋文集《代乳集》。受老师陈子龙和父亲夏允彝的影响，模拟古诗，走复古派的道路。参加抗清活动以后，战斗的磨砺使他的文风大变，形成了悲壮激越的艺术风格。他生命短暂，但著作极富，除《代乳集》已经失传外，我们今天还能见到的有《玉樊堂集》《内史集》《南冠草》《续幸存录》等。

祭妹文

——风雨晨昏，羁魂有伴

经典原文

乾隆丁亥[1]冬，葬三妹素文于上元之羊山[2]，而奠以文曰：

呜呼！汝生于浙，而葬于斯，离吾乡[3]七百里矣；当时虽觭梦[4]幻想，宁知此为归骨所[5]耶？

汝以一念之贞，遇人仳离[6]，致孤危托落[7]，虽命之所存，天实为之；然而累汝至此者，未尝非予之过也。予幼从先生授经[8]，汝差肩[9]而坐，爱听古人节义事；一旦长成，遽躬蹈[10]之。呜呼！使汝不识《诗》《书》，或未必艰贞[11]若是。

余捉蟋蟀，汝奋臂出其间；岁寒虫僵，同临其穴。今予殓汝葬汝，而当日之情形，憬然赴目[12]。予九岁，憩书斋，汝梳双髻，披单缣[13]来，温《缁衣》[14]一章；适先生奓户[15]入，闻两童子音琅琅然，不觉莞尔，连呼"则则"[16]，此七月望日[17]事也。汝在九原[18]，当分明记之。予弱冠粤行[19]，汝掎[20]裳悲恸。逾三年，予披宫锦[21]还家，汝从东厢扶案出，一家瞠视[22]而笑，不记语从何起，大概说长安登科、函使[23]报信迟早云尔。凡此琐琐[24]，虽为陈迹，然我一日未死，则一日不能忘。旧事填膺，思之凄梗[25]，如影历历，逼取[26]便逝。悔当时不将嫛婗[27]情状，罗缕[28]记存；然而汝已不在人间，则虽年光倒流，儿时可再，而亦无与为证印者矣。

汝之义绝高氏[29]而归也，堂上阿奶[30]，仗汝扶持；家中文墨[31]，眣[32]

汝办治。尝谓女流中最少明经义、谙雅故[33]者。汝嫂非不婉嫕[34]，而于此微缺然。故自汝归后，虽为汝悲，实为予喜。予又长汝四岁，或人间长者先亡，可将身后托汝；而不谓汝之先予以去也！

前年予病，汝终宵刺探[35]，减一分则喜，增一分则忧。后虽小差[36]，犹尚殗殜[37]，无所娱遣[38]；汝来床前，为说稗官野史[39]可喜可愕之事，聊资一欢。呜呼！今而后，吾将再病，教从何处呼汝耶？

汝之疾也，予信医言无害，远吊[40]扬州；汝又虑戚吾心[41]，阻人走报[42]；及至绵惙[43]已极，阿奶问："望兄归否？"强应曰："诺。"已予先一日梦汝来诀，心知不祥，飞舟渡江，果予以未时[44]还家，而汝以辰时[45]气绝；四支[46]犹温，一目未瞑，盖犹忍死待予也。呜呼痛哉！早知诀汝，则予岂肯远游？即游，亦尚有几许心中言要汝知闻、共汝筹画也。而今已矣！除吾死外，当无见期。吾又不知何日死，可以见汝；而死后之有知无知，与得见不得见，又卒难明也。然则抱此无涯之憾，天乎人乎！而竟已乎！

汝之诗，吾已付梓[47]；汝之女，吾已代嫁[48]；汝之生平，吾已作传[49]；惟汝之窀穸[50]，尚未谋耳。先茔在杭，江广河深，势难归葬，故请母命而宁[51]汝于斯，便祭扫也。其傍，葬汝女阿印；其下两冢：一为阿爷侍者[52]朱氏，一为阿兄[53]侍者陶氏。羊山旷渺，南望原隰[54]，西望栖霞[55]，风雨晨昏，羁魂[56]有伴，当不孤寂。所怜者，吾自戊寅年[57]读汝《哭侄诗》后，至今无男[58]；两女牙牙[59]，生汝死后，才周晬[60]耳。予虽亲在未敢言老，而齿危发秃，暗里自知；知在人间，尚复几日？阿品[61]远官河南，亦无子女，九族[62]无可继者。汝死我葬，我死谁埋？汝倘有灵，可能告我？

呜呼！生前既不可想，身后又不可知；哭汝既不闻汝言，奠汝又不见汝食。纸灰飞扬，朔风野大[63]，阿兄归矣，犹屡屡回头望汝也。呜呼哀哉！呜呼哀哉！

字词注解

① 乾隆丁亥：即公元1767年。

② 素文（1719—1759年）：名机，字素文，别号青琳居士。上元：旧县名，在今南京市内。羊山：在南京市东。

③ 吾乡：袁枚的故乡在浙江钱塘（今杭州市）。

④ 觭梦：做梦。觭，得。

⑤ 归骨所：指葬身之地。

⑥ 遇人："遇人不淑"的略文。仳离：分离。特指妇女被丈夫遗弃。

⑦ 孤危：孤单困苦。托落：即落拓，孤独不遇；失意无聊。

⑧ 授经：指读儒家的"四书五经"。授，同"受"。

⑨ 差肩：比肩，肩挨肩。

⑩ 躬蹈：亲身实践。

⑪ 艰贞：困苦而又坚决。

⑫ 憬然赴目：清醒地来到眼前。憬然，醒悟的样子。

⑬ 单缣：绢绸单褂。缣，双丝织成的细绢。

⑭《缁衣》：《诗经·郑风》篇名。缁，黑色。

⑮ 奓户：开门。奓，打开，张开。

⑯ 则则：犹"啧啧"，赞叹声。

⑰ 望日：阴历每月十五。此日日月相对，月亮圆满，所以称为"望日"。

⑱ 九原：春秋时晋国卿大夫的墓地。后泛指墓地。

⑲ 弱冠：古时汉族男子20岁称弱冠。这时束发加冠，举行加冠礼，即戴上成人的帽子，以示成年；但体犹未壮，还比较年少，故称"弱"。后世泛指男子20岁左右的年纪。粤行：到广东去。袁枚21岁时经广东到了广西他叔父袁鸿（字健槃）那里。袁鸿是广西巡抚金鉷（原名郭鉷，字震方）的幕客。金鉷器重袁枚的才华，举荐他到北京考博学鸿词科。

⑳ 掎：拉住。

㉑ 披宫锦：指袁枚于乾隆三年（1738年）考中进士，选授翰林院庶吉士，请假南归省亲的事。宫锦，宫廷作坊特制的丝织品。这里指用这种锦制成的宫袍。因唐代李白曾任翰林待诏，着宫锦袍，后世遂用以称翰林的朝服。

㉒ 瞠视：瞪眼。

㉓ 函使：递送信件的人。唐时新进士及第，以泥金书帖，报登科之喜。此指传报录取消息的人，俗称"报子"。

㉔ 琐琐：细小琐碎。

㉕ 凄梗：悲咽，泣不成声。梗，通“哽”。

㉖ 逼取：强迫索取。此处是真要接近、把握之意。

㉗ 婴娩：婴儿。这里引申为儿时。

㉘ 罗缕：有条理地细细说明。

㉙ 义绝高氏：这里指逃离夫家。义绝，断绝情谊。

㉚ 阿奶：指袁枚的母亲章氏。

㉛ 文墨：指有关文字方面的事务。

㉜ 眣：即用眼色示意。这里作“期望”解。

㉝ 雅故：文章典实；雅正的训释。此处有古书古事、佳话典故的意思。

㉞ 婉嫕：温柔和顺。

㉟ 刺探：打听、探望。

㊱ 小差：病情稍有好转。差，同“瘥”。

㊲ 殗殜：病不甚重，半起半卧。

㊳ 娱遣：消遣。

㊴ 稗官野史：指私人编定的笔记、小说之类的历史记载，与官方编号的“正史”相对而言。稗官，即小官。

㊵ 吊：凭吊，游览。

㊶ 虑戚吾心：顾虑着怕我心里难过。戚，忧愁。

㊷ 走报：奔往相告；驰报。

㊸ 绵惙：病势危险。

㊹ 未时：相当下午一至三时。

㊺ 辰时：相当于上午七时至九时。

㊻ 支：同“肢”。

㊼ 付梓：付印。梓，树名。这里指印刷书籍用的雕版。素文的遗稿，附印在袁枚的《小仓山房全集》中，题为《素文女子遗稿》。

㊽ 代嫁：指代妹妹做主把外甥女嫁出去。

㊾ 作传：即《女弟素文传》。

㊿ 窀穸：墓穴。

51 宁：指安葬。

㊾ 阿爷：指父亲袁滨，曾在各地为幕僚，于袁枚 33 岁时去世。侍者：这里指侍妾。

㊿ 阿兄：袁枚自称。

(54) 原隰：平广的潮地。亦泛指原野。高而平的地叫原，低下而潮湿的地为隰。

(55) 栖霞：山名。一名摄山。在南京市东。

(56) 羁魂：飘荡在他乡的魂魄。

(57) 戊寅年：1758 年（乾隆二十三年）。

(58) 男：儿子。袁枚长子于 1758 年病死。袁枚写这篇祭文的时候还没有儿子。再后两年，其妾钟氏才生了一个儿子，名阿迟。

(59) 两女：袁枚的双生女儿，也是钟氏所生。牙牙：小孩学话的声音。这里说两个女儿还很幼小。

(60) 周晬：周岁。

(61) 阿品：袁枚的堂弟袁树，字东芗，号芗亭，小名阿品，由进士任河南正阳县县令，当时还没有子女。

(62) 九族：此指家族。

(63) 朔风：指冬天的风，也指寒风、西北风。野大：指在旷野上北风显得更猛烈。

奇文共赏

《祭妹文》是清代文学家袁枚创作的一篇祭文，作于乾隆三十二年（1767 年）冬，在其妹去世后八年。

《祭妹文》所祭祀的是袁枚的三妹素文。素文的一生是在封建礼教迫害下悲惨的一生。她与江苏如皋高家子弟原是“指腹为婚”，正式受聘时还不满周岁。二十多年以后，高家因为儿子恶劣无赖，曾经建议解除婚约。但是，她本人由于受封建礼教的毒害，坚持“从一而终”，不愿解除婚约，坚持成婚。过门以后，丈夫行为放荡，经常向她勒索嫁妆做嫖妓的费用，不依便百般毒打。后来她丈夫因赌博输钱，下狠心要将她卖掉抵债时，她才逃回娘家告官，判决断绝夫妻关系。素文回娘家后，郁郁寡欢，忧愤交加，不幸在40岁时早逝。

素文这悲剧的一生，令人同情、叹息、哀伤；而对于袁枚来说，兄妹手足之情，生离死别之悲，更是化作无限的哀思，如同泉水一样从心中喷发出来。

《祭妹文》从兄妹之间的亲密关系着眼，选取自己所见、所闻、所梦之事，对妹妹素文的一生做了绘声绘色的描述，渗透着浓厚的哀悼、思念以及悔恨的真挚情感。

这篇祭文以自由抒发的散文抒写作者不尽的哀思，感情真切，动人心弦。历来的评论家将它同韩愈的《祭十二郎文》、欧阳修的《泷冈阡表》相提并论，称为古今哀悼文章中的杰作。

袁素文死后，被收录在《清史·烈女传》中。值得欣慰的是，素文过世几年后，袁枚实现了妹妹的遗愿，为家族添了男丁，而阿品也后继有人。

作者简介

袁枚（1716—1798年），字子才，号简斋，晚年自号仓山居士、随园主人、随园老人，世称“随园先生”。钱塘（今浙江省杭州市）人，祖籍浙江慈溪。清朝诗人、散文家、文学批评家和美食家。

袁枚少有才名，擅长写诗文。乾隆四年（1739年）进士，授翰林院庶吉士。乾隆七年（1742年），外调江苏，先后于溧水、江宁、江浦、沭阳共任县令七年，为官勤政，颇有声望。但仕途不顺，遂于乾隆十四年（1749年）辞官隐居于南京小仓山随园，广收弟子。去世后葬在南京百步坡。

袁枚倡导“性灵说”，主张诗文审美创作应该抒写性灵，要写出诗人的个性，表现其个人生活遭际中的真情实感。袁枚与赵翼、蒋士铨合称为“乾嘉三大家”（或江右三大家），又与赵翼、张问陶并称“性灵派三大家”，为“清代骈文八大家”（袁枚、邵齐焘、刘星炜、吴锡麒、曾燠、洪亮吉、孙星衍、孔广森）之一。其文笔与大学士纪昀齐名，时称“南袁北纪”。主要著作有《小仓山房文集》《随园诗话》及《随园诗话补遗》《随园食单》《子不语》《续子不语》等。

大观楼长联

——千秋怀抱，万里云山

经典原文

五百里滇池[1]奔来眼底，披襟岸帻[2]，喜茫茫空阔无边。看：东骧神骏[3]，西翥灵仪[4]，北走蜿蜒[5]，南翔缟素[6]。高人韵士何妨选胜登临。趁蟹屿螺洲[7]，梳裹就风鬟雾鬓[8]；更苹天苇地[9]，点缀些翠羽丹霞，莫辜负：四围香稻，万顷晴沙，九夏芙蓉[10]，三春[11]杨柳。

数千年往事注到心头，把酒凌虚，叹滚滚英雄谁在？想：汉习楼船[12]，唐标铁柱[13]，宋挥玉斧[14]，元跨革囊[15]。伟烈丰功费尽移山心力。尽珠帘画栋，卷不及暮雨朝云；便断碣残碑[16]，都付与苍烟落照。只赢得：几杵疏钟，半江渔火，两行秋雁，一枕清霜。

字词注解

① 五百里滇池：《云南通志·地理志》："滇池为南中巨浸，周广五百余里。"滇池，亦称昆明湖、昆明池、滇南泽、滇海。在昆明市西南，有盘龙江等河流注入，云南省最大的淡水湖，有"高原明珠"之称。

② 披襟岸帻：敞开衣襟，解下头巾。多喻舒畅心怀，态度洒脱。岸，推起。帻，古时的一种头巾。

③ 东骧神骏：指昆明东面的金马山。骧，马快跑时抬头的样子。有此

处腾跃之意。

④ 西翥灵仪：指昆明西面的碧鸡山。翥，飞举。灵仪，神灵；圣贤的图像。

⑤ 北走蜿蜒：指昆明北面的蛇山。

⑥ 南翔缟素：指昆明南面的白鹤山。缟素，缟与素都是白色的生绢，引申为白色。

⑦ 蟹屿螺洲：指滇池中如蟹似螺的小岛或小沙洲。

⑧ 风鬟雾鬓：形容女子头发的美；也形容女子头发蓬松散乱。此处比喻摇曳多姿的垂柳。

⑨ 苹天苇地：指漫天的水草与遍地的芦苇。

⑩ 九夏：指夏季的90天。芙蓉：莲花。

⑪ 三春：春季的三个月。农历正月称孟春，二月称仲春，三月称季春。

⑫ 汉习楼船：据《史记·平准书》载，公元前120年，汉武帝"大修昆明池，治楼船……"，操习水军，以打通从滇池通往印度的路径。

⑬ 唐标铁柱：据《新唐书·吐蕃列传上》载，公元707年，吐蕃及姚州蛮寇边，"九征毁絙夷城，建铁柱于滇池以勒功"。标：标示。

⑭ 宋挥玉斧：据《续资治通鉴·宋纪》载：北宋初年，"王全斌既平蜀，欲乘势取云南，以图献。帝鉴唐天宝之祸，起于南诏，以玉斧画大渡河以西曰：'此外非吾有也！'"玉斧，为文房古玩，作镇纸用。

⑮ 元跨革囊：据《元史·宪宗本纪》载，公元1252年，"忽必烈征大理过大渡河，至金沙江，乘革囊及皮筏以渡"。革囊，皮革做的袋子。

⑯ 断碣残碑：指历代帝王所立的功德碑，已随时间而断裂残破。

奇文共赏

范仲淹一篇《岳阳楼记》让岳阳楼荣享"江南三大名楼"之誉，孙髯一副《题昆明大观楼》让大观楼跻身"天下名楼"之列。

说起这副长联的作者孙髯，虽是一介布衣，却也是个传奇人物。据说，他一生下来就有胡须，所以取名叫"髯"，字髯翁。

孙髯老家在陕西三原，当年父亲到云南做武官，孙髯也随之到了昆明。

孙髯从小就写得一手好诗文，连出游都身不离书。孙髯生性清高，到了科举考场，见要搜身，扭头便走，从此与仕途失之交臂，一生都为草民。

昆明大观楼，又称近华浦，在昆明西南，濒临滇池草海北滨。自清代康熙年间建成以后，“周围添筑外堤，夹种桃柳，点缀湖山风景”，“从此高人韵士，选胜登临者无虚日”，达官显贵喜欢临湖宴饮，骚人墨客喜欢登楼歌赋。孙髯既然是草民，自然无法入权贵的法眼，为大观楼题联，当为风流雅士的事情。当时吟咏大观楼的诗词，也多为描绘山光水色、粉饰“太平盛世”、屈膝歌功颂德之作，离不开吟风弄月，离愁别恨。

孙髯虽一布衣寒士，却胸怀黎民天下，游走于江河山川。他曾溯流而上考察金沙江，有“引金济滇”的设想；又考察盘龙江，写成“盘龙江水利图说”。他一路游走，目睹了官吏强取豪夺、敲骨吸髓之举，致百姓流离失所，滇中深藏隐患，一腔激愤寓于心中。当他登上大观楼，见满眼趋炎附势、歌舞升平之作，心绪难平，激愤如潮，于是泼墨挥毫，一副惊世骇俗的 180 字长联脱颖而出。

这副长联以空间与时间为两条主线，纵横于自然景色，驰骋于历史沧桑，让楹联艺术与心灵感触，让人百读不厌，余味绕梁，叹为观止。从总体讲，上联写登大观楼感怀，书极目所见“五百里滇池”的妖娆风光，下联尽情抒发了对云南“数千年往事”的无限感慨，跨度从汉代到清代，一一道来，情景交融，发人深思。梁章钜《楹联丛话》中说：“虽一纵一横，其气足以举之。”

长联尽摹万载滇池之美，极言千年滇史之实，辞采灿烂，气贯长虹，沉郁顿挫，一扫俗唱。全联以四言模式为基础，通过在不同位置添加不同数量领、衬字的方法，构建了三组不同形式的同边自对，其对仗工丽多姿，声调荡气回肠。全构思新巧，对比强烈，典故迭出，气魄宏大。

可惜，就是这样一位才华横溢之人，心怀天下忧国忧民之士，终为一介草民，贫困落魄，晚年寄居昆明圆通寺后的咒蛟台上，自号“蛟台老人”，靠卜卦为生，三餐竟难以为继。最后他只得投靠子女，终老于云南红河弥勒州（今弥勒市）。

其生前曾自撰挽联曰：

这回来得忙，名心利心，毕竟糊涂到底；
此番去正好，诗债酒债，何曾亏负着谁？

孙髯去世后，老伴清理卧室，却只见断卷残篇，一气之下将原稿全部火化。此时他却无寸土归葬，幸得苗姓人家相助，草草收殓，葬于苗姓祖茔。当地有两句民间歌谣唱道："山中若有王侯地，难得拣来葬髯翁。"清末时，知州胡国瑞重修髯翁墓，并为之撰墓志铭。

在孙髯百年之后，他的《题昆明大观楼》长联才得以传世。昆明名士陆树堂以行书书写刊刻此联，现存陆书拓本摹刻联。长联一出，振聋发聩，四座皆惊，被誉为"海内第一长联"，以至昆明百姓，竞抄殆遍，蔚为滇中盛事。原先那些权贵富贾、文人墨客的笔墨楹联，立马相形见绌，黯然失色。

"海内第一长联"之作者孙髯，也为后人尊称为"联圣"。

清嘉庆年间，迤西道宋湘以"千秋怀抱三杯酒，万里云山一水楼"十四字联，高度概括了孙髯的长联，大观楼也跻身于"中国名楼"行列。

大观楼初建于清康熙三十五年（1696 年），楼前原悬挂孙髯长联为昆明名士陆树堂所书，至清咸丰七年（1857 年）毁于兵燹。现存三层楼宇系清同治五年（1866 年）所建，长联是光绪十四年（1888 年）由云南剑川人赵藩重书。

作者简介

孙髯（生卒不详），字髯翁，号颐庵，自号"咒蛟老人""万树梅花一布衣"。生于清康熙年间，卒于乾隆年间，享年 80 余岁。清代著名民间学者，古滇名士。

孙髯一生勤奋，著述甚丰，有《金沙诗草》《永言堂诗文集》；纂辑过《国朝诗文》《滇诗》等，惜均佚失。目前仅有《孙髯翁诗残抄本》与《滇南诗略》所收 20 首诗传流于世。

曾氏五箴

——疢疾益智，逸豫亡身

经典原文

少不自立，荏苒遂洎今兹[①]。盖古人学成之年，而吾碌碌尚如斯也，不其戚[②]矣。继是[③]以往，人事日纷，德慧[④]日损，下流之赴，抑又可知。夫疢疾[⑤]可以益智，逸豫[⑥]所以亡身。仆以中才而履[⑦]安顺，将欲刻苦而自振拔[⑧]。谅[⑨]哉，其难之欤？作《五箴》以自创[⑩]云。

立志箴

煌煌先哲，彼不犹人？藐[⑪]焉小子，亦父母之身。聪明福禄，予我者厚哉。弃天而佚[⑫]，是及凶灾。积悔累千，其终也，已往者不可追。请从今始，荷道以躬[⑬]，舆[⑭]之以言。一息尚存，永矢弗谖[⑮]。

居敬[⑯]箴

天地定位，二五胚胎[⑰]。鼎[⑱]焉作配，实曰三才[⑲]。俨恪斋明[⑳]，以凝[㉑]汝命。女[㉒]之不庄，伐生戕性[㉓]。谁人可慢？何事可弛？弛事者无成，慢人者反尔。彼不反，亦长吾骄。人则下女[㉔]，天罚昭昭。

主静箴

斋宿日观[㉕]，天鸡一鸣。万籁一息[㉖]，但闻钟声。后有毒蛇，前有猛虎。神定不慑[㉗]，谁敢予侮？岂伊[㉘]避人，日对三军。我虑则一，彼纷不纷。

驰骛[29]半生，曾不自主。今其老矣，殆忧忧以终古[30]。

谨言箴

巧语悦人，自扰其身。闲言送日，亦搅女[31]神。解人不夸，夸者不解。道听途说，智笑愚骇。骇者终明，谓女贾欺[32]。笑者鄙女，虽矢[33]犹疑。尤悔既丛[34]，铭以自攻[35]。铭而复蹈，嗟女既耄[36]。

有恒箴

自古识字，百历及兹。二十有八载，则无一知。曩者所忻[37]，阅时而鄙[38]。故者既抛，新者旋徙。德业之不常，日为物迁。尔之再食[39]，曾未闻或衍[40]。黍黍[41]之增，久乃盈斗。天君司命，敢告马走[42]。

字词注解

①荏苒：时光渐渐过去。形容时光易逝。洎：及，到。兹；现在。

②戚：悲伤。

③是：此，现在。

④德慧：道德与智慧。

⑤疢疾：疾病。疢，热病，也泛指病。

⑥逸豫：闲适安乐。

⑦履：经历，过往。

⑧振拔：振作。即发愤图强意。

⑨谅：确实，委实。

⑩创：惩戒。

⑪藐：通“渺”，渺小。

⑫佚：通“逸”，安逸。

⑬荷道以躬：亲身担负起道义。荷，担负。躬，亲自。

⑭舆：担负。

⑮矢：通“誓”。谖：忘记。《诗·卫风·考槃》：“独寐寤言，永矢弗谖。”

⑯居敬：持身恭敬。

⑰二五胚胎：犹十月怀胎。二五，指十个月。

⑱鼎：鼎立。

⑲三才：指天、地、人。

⑳俨恪：庄严敬肃。斋明：谨肃严明。

㉑凝：形成。

㉒女：通“汝”。

㉓伐生戕性：败坏生命，残害性命。

㉔下女：把你看成下等。

㉕斋：素食。日观：日观峰。泰山观日出处峰名。

㉖一息：一起停止；一起消失。

㉗慑：恐惧，害怕。

㉘伊：是。

㉙驰骛：奔走趋赴。

㉚殆：大概，恐怕。忧忧：疑为“扰扰”之误，忙乱，纷扰。终古：经常，永远。

㉛女：通“汝”。

㉜贾欺：兜售谎言。贾：卖。

㉝矢：通“誓”，发誓。

㉞尤：过失。丛：丛集，积聚。

㉟攻：批评。

㊱耄：泛指年老。《礼记·曲礼上》：“八十、九十曰耄。”《盐铁论·孝养》：“七十曰耄。”

㊲曩：往昔，从前。忻：喜悦。

㊳阅：经历。鄙：轻视。

㊴再食：吃了一顿饭又吃一顿饭。

㊵衍：多余。

㊶黍黍：同“黍絫”，古时极轻的重量单位，一千二百黍絫为一合，十合为一升，十升为一斗。

㊷马走：即“牛马走”的简缩之语。意为像牛马一样被役使的人，或

像牛马般奔波劳碌。旧时也为自称之谦辞。

奇文共赏

曾国藩作为“晚清四大中兴名臣”之首和“千古第一完人”，一直都被许多后世人等尊为偶像。虽然曾国藩在历史上的风评褒贬不一，但不可否认的是，他的一生就是一个传奇。

少年时候的曾国藩天资鲁钝，一篇课文常常背一晚上还记不住，甚至于藏在他家墙头上的小偷，听了一晚上都听会了。

他的同僚左宗棠也不止一次说他“蠢笨”，就连曾国藩自己也知道自己这个缺点。

但就是这样的一个人，却十年七迁，连升十级，成了大清朝廷的顶梁柱，他之所以有如此的成就，离不开平日里的严于律己，就比如他用来警醒磨砺自己的“五箴”。

《曾氏五箴》包括立志、居敬、主静、谨言、有恒五个方面：

立志为第一，有志事乃存；居敬为第二，人己皆安稳；主静为第三，一静定乾坤；谨言为第四，力拔惹祸根；有恒为第五，万事可成真。

这五条可精练为“五字箴言”：志、敬、静、谨、恒。

古语说：少壮不努力，老大徒伤悲，这里曾国藩也提出了类似的想法。不为圣贤，即为禽兽。人之初，性本善，习相近，性相远。人的本性，最先天之性是符合天道的，本性至善，但是由于人先天本性受到习气的染污和环境的影响，导致后天的性格是有缺陷的，可以这么说，每一个人都有着性格或大或小的缺陷，完美的人格除非经历后天的磨炼，否则是不会产生的。所以，人生如逆水行舟，不进则退。尤其是在社会大染缸中，很多人做不到成为那一股清流，只能随波逐流。

人的性格缺陷和后天的染污影响，如果放任不管，只能是积小恶成大祸，所以要想培养良好人格，建功立业，只有依靠学问的修养，修养人格，学会做事，这就需要一方面自身反省，一方面学习古人的修养智慧哲学，所以曾国藩做出的这《五箴》，也是我们现代人创造美好生活需要值得借鉴和学习的。

《曾氏五箴》吸收了宋明理学的思想，并有所创新。从中我们能够看出曾国藩的远大抱负，他立志做一个“以道为己任”的圣贤，并要求自己从静坐、守礼、谨言、有恒四个方面来践行。

在封建时代，大多数读书人的目标是当官，因此一旦科举考中进士后，便不再以读书修身为主，转而融入官场的大染缸中，整日觥筹交错、声色犬马。而曾国藩则不一样，他在北京生活几年后，真正开阔了在学问上的眼界，了解了圣贤学问是怎么回事，也交了很多好朋友。他感觉自己以前学的八股文都是为了考试，不是真正的学问，几乎没有什么益处。有鉴于此，他立志学圣贤，并在师友的督促和帮助下，很快就取得了进步。

曾国藩这样的人在当时并不多见，因此，他的举动引起了越来越多人的关注，名气也越来越大，皇帝也喜欢上了这个朴实勤学严谨的湖南青年，对他连连破格提拔。

显而易见，曾国藩的成功不是偶然的，没有一贯的刻苦与坚持，就不会有后来的成就。

曾国藩的自我修炼是多方面的，除本文的“五箴”外，还有流传甚广的“修身十三课”，即：

一、主敬：整齐严肃，无时不惧。无事时，心在腔子里；应事时，专一不杂。

二、静坐：每日不拘何时，静坐片刻，来复仁心，正位凝命，如鼎之镇。

三、早起：黎明即起，醒后勿沾恋。

四、读书不二：一书未点完，断不看他书。东翻西阅，都是徇外为人。

五、读史：每日圈点十页，虽有事不间断。

六、谨言：刻刻留心。

七、养气：气藏丹田，无不可对人言之事。

八、保身：节欲，节劳，节饮食。

九、写日记：须端楷，凡日间身过、心过、口过，皆一一记出，终身不间断。

十、日知所亡：每日记茶余偶谈一则，分德行门、学问门、经济门、艺术门。

十一、月无忘所能：每月作诗文数首，以验积理的多寡，养气之盛否。

十二、作字：早饭后作字。凡笔墨应酬，当作自己功课。

十三、夜不出门：旷功疲神，切戒切戒。

这些都是曾国藩给自己读书修身定下的目标和要求，这里一并分享给大家。

作者简介

曾国藩（1811—1872 年），初名子城，字伯涵，号涤生；谥号“文正”，后世称“曾文正”。湖南长沙府湘乡县杨树坪（今湖南省娄底市双峰县荷叶镇）人。官至两江总督、直隶总督、武英殿大学士，封一等毅勇侯。晚清时期政治家、战略家、理学家、文学家、书法家，清末汉族地主武装湘军的首领。

曾国藩为道光进士，曾任内阁学士，道光末年官至侍郎。太平天国进军湖南时，曾国藩被任命为帮办团练大臣，在湖南举办团练，后来组建起一支具有正规军规模的地主武装团练——湘军。咸丰四年（1854 年），曾国藩发布《讨粤匪檄》，率湘军出省作战，为清政府收复失地。为了强化镇压力量，他主张引进西方先进技术，设立安庆内军械所，制造新式枪炮。咸丰十年（1860 年），曾国藩任两江总督、钦差大臣，督办江南军务。次年，曾国藩率军攻占安庆，奉命统辖苏、皖、赣、浙四省军务。同治三年（1864 年），攻陷天京，次年奉命赴北方镇压捻军起义。同治七年（1868 年）调任直隶总督。同治九年（1870 年）在办理天津教案中媚外残民，受舆论谴责，回任两江总督，最终病死南京。

曾国藩的崛起，对清王朝的政治、军事、文化、经济等方面都产生了深远的影响。曾国藩为首的汉族地主经世派的崛起，使清封疆大吏由权贵当权变为经世派当权，促使清地方官员中满汉比例的变化、地方督抚力量的强化与离心倾向的加强。他曾鼓吹并推进洋务运动，主张对外坚守“以羁縻为上”；对内修明政事，急求贤才，引进西方的军事和技术。

曾国藩与胡林翼并称“曾胡”，与李鸿章、左宗棠、张之洞并称“晚清中兴四大名臣”。曾国藩一生著述甚多，有《治学论道之经》《持家教子之术》《冰鉴》《曾国藩家书》等。

老残游记 · 自序

——棋局已残，吾人将老

经典原文

婴儿堕地，其泣也呱呱；及其老死，家人环绕，其哭也号陶。然则哭泣也者，固人之所以成始成终也。其间人品之高下，以其哭泣之多寡为衡。盖哭泣者，灵性之现象也，有一分灵性即有一分哭泣，而际遇之顺逆不与焉。

马与牛，终岁勤苦，食不过刍秣[①]，与鞭策[②]相终始，可谓辛苦矣，然不知哭泣，灵性缺也。猿猴之为物，跳掷于深林，厌[③]饱乎梨栗，至逸乐也，而善啼；啼者，猿猴之哭泣也。故博物家[④]云：猿猴，动物中性最近人者，以其有灵性也。古诗云："巴东三峡巫峡长，猿啼三声断人肠。"其感情为何如矣！

灵性生感情，感情生哭泣。哭泣计有两类：一为有力类，一为无力类。痴儿騃女[⑤]，失果则啼，遗簪亦泣，此为无力类之哭泣；城崩杞妇之哭[⑥]，竹染湘妃之泪[⑦]，此有力类之哭泣也。有力类之哭泣又分两种：以哭泣为哭泣者，其力尚弱；不以哭泣为哭泣者，其力甚劲，其行乃弥远也。

《离骚》为屈大夫之哭泣，《庄子》为蒙叟[⑧]之哭泣，《史记》为太史公之哭泣，《草堂诗集》为杜工部之哭泣；李后主以词哭，八大山人[⑨]以画哭；王实甫寄哭泣于《西厢》，曹雪芹寄哭泣于《红楼梦》。王之言曰："别恨离愁，满肺腑难陶泄[⑩]。除纸笔代喉舌，我千种想思[⑪]向谁说？"曹之言曰:

“满纸荒唐言，一把辛酸泪；都云作者痴，谁解其中意？”名其茶曰“千芳一窟”，名其酒曰“万艳同杯”者：千芳一哭，万艳同悲也。

吾人生今之时，有身世之感情，有家国之感情，有社会之感情，有种教[12]之感情。其感情愈深者，其哭泣愈痛：此鸿都百炼生[13]所以有《老残游记》之作也。棋局已残[14]，吾人将老，欲不哭泣也得乎？吾知海内千芳，人间万艳，必有与吾同哭同悲者焉！

字词注解

① 刍秣：喂牛马的草料。

② 鞭策：马鞭子。

③ 厌：饱，满足。

④ 博物家：通晓众物之谓也。

⑤ 痴儿騃女：原指迷恋于情爱的男女。此指小儿女。騃，痴，愚笨。

⑥ 城崩杞妇之哭：传说春秋战国时齐大夫杞梁随齐侯伐莒国，死于莒国城下。其妻前往寻夫，枕尸痛哭，十日城崩。杞妇，指杞梁之妻。

⑦ 竹染湘妃之泪：相传舜死后，湘妃啼哭不止，泪洒竹枝，是为斑竹。湘妃，即湘夫人，舜的妃子。

⑧ 蒙叟：即庄周，自号蒙叟，著《庄子》。

⑨ 八大山人：朱耷，明末清初的著名画家，自号八大山人。

⑩ 陶泄：发抒宣泄。

⑪ 想思：想念。

⑫ 种教：种族和宗教。

⑬ 鸿都百炼生：《老残游记》的作者署名。

⑭ 棋局已残：比喻清王朝统治的残破局面。棋局，比喻当时的社会局势。

奇文共赏

《老残游记》是清末文学家刘鹗的代表作，本文为作者自序。

刘鹗身处千疮百孔的晚清时代，封建王朝日薄西山的时局，使他感到痛苦与忧惧，使他陷入苦思之中。作为一名传统文士，刘鹗希望通过修补、改良的方法挽救晚清社会，但他的这一张自以为能够妙手回春的“济世良方”却不被统治者重视，甚至因此招致灾祸。刘鹗也只能以纸笔代喉舌，寻求对于现实的超脱，寻求给予自我的慰藉。于是，有了一部旨在“匡世”的“哭泣之作”——《老残游记》。

《老残游记》写一个被人称作老残的江湖医生铁英在游历中的见闻和作为。老残是作品中体现作者思想的正面人物。他“摇个串铃”浪迹江湖，以行医糊口，自甘淡泊，不入宦途。但是他关心国家和民族的命运，同情人民群众所遭受的痛苦，是非分明，而且侠胆义胆，尽其所能，解救一些人民疾苦。

全书随着老残的足迹所至，揭示了风雨飘摇的艰险时运，暴露了封建酷吏的残忍行径，表达了“补残救世”的心愿。

《老残游记》自1903年诞生于刊报连载，随即在清末八股举士制度被废弃后的小说大潮中脱颖而出，获得了从民间到一流学者两方面的高度关注和赞誉。

此篇序文，深刻表达了作者无力“补残”、欲哭无泪的哀伤。

哭泣，原是人的一种生理现象，但作者却以独特的视角观照“哭泣”，将其视为“灵性”的征验，用以区别人与一般动物，并将其划分为“有力类”与“无力类”。所谓“无力类之哭泣”是低层次的，限于计较物质的得失；所谓“有力类之哭泣”是高层次的，散发着精神世界的光彩，而其中“不以哭泣为哭泣者”则为最高层次的哭泣，“其力甚劲”“其行弥远”。

在文章中，刘鹗列举了中国古代历史上一批杰出的文人画士，将其作品视为哭泣之凝聚、哭泣之结晶，这正是他所推崇的最高意义之哭泣。

“棋局已残，吾人将老，欲不哭泣也得乎？”作者正是要唤起那个时代中人们心底尚存的一份忧国忧民的情愫，共唱一曲时代的挽歌，与同志同人同哭同悲。然而，在无情的现实面前，刘鹗深知，“补残”也无非是一场慰骗自己的幻梦。

序文道出了作者创作《老残游记》的主旨与心声，我们从中感受到的是中国文人士子共有的一种崇高的使命感与责任感。知其不可而为之，这种悲壮的情怀永远让我们感动。

刘鹗的“哭泣”的确有力，《老残游记》被鲁迅先生列为清末“四大谴责小说”之一，王国维先生读后则赞叹：“不意中国有此人！可与英国最高小说平行！”

作者简介

刘鹗（1857—1909年），谱名震远，原名孟鹏，字云抟、公约。后更名鹗，字铁云，又字公约，号老残。署名“鸿都百炼生”。江苏丹徒（今镇江市六合区）人，寄籍山阳（今江苏淮安区）。

刘鹗出身于封建官僚家庭，从小得名师传授学业。他学识博杂，精于考古，并在算学、医道、治河等方面均有出类拔萃的成就，被海内外学者誉为“小说家、诗人、哲学家、音乐家、医生、企业家、数学家、藏书家、古董收藏家、水利专家、慈善家”。他涉猎众多领域，著述颇丰，著有《老残游记》《铁云藏龟》《历代黄河变迁图考》等书，为我们留下了丰富的文化遗产。

刘鹗个性放旷不拘，所见不同于流俗，观察时事尤其犀利。他早年曾于扬州行医，后改行经商。光绪十四年（1888年）黄河郑州段决口，他投效河督吴大澄、山东巡抚张曜，协助治河；后因治河有功，声誉大起，被保荐以知府任用。他曾上书建议修筑铁路，利用外资开采山西煤矿，兴办实业，以利民生。时人不解其用心，交相指责，视为汉奸。

光绪三十四年（1908年），刘鹗因被控“私购仓粟”罪，流放新疆，住在乌鲁木齐一座寺庙的戏台底下，靠为人治病度日，次年病死于迪化（今乌鲁木齐）。

蝶恋花[①]·阅尽天涯离别苦

——相看无语，人间难留

经典原文

阅[②]尽天涯离别苦，不道[③]归来，零落花如许。花底相看无一语，绿窗[④]春与天俱暮。

待把相思灯下诉，一缕新欢[⑤]，旧恨[⑥]千千缕。最是人间留不住，朱颜辞镜花辞树。

字词注解

①蝶恋花：词牌名，又名“凤栖梧”“鹊踏枝”等。

②阅：经历，经过。

③不道：没想到。

④绿窗：绿色的纱窗。通常用来代替女子居所。

⑤新欢：指久别重逢的喜悦。

⑥旧恨：指长期以来的相思之苦。

奇文共赏

《蝶恋花·阅尽天涯离别苦》是近代学者王国维创作的一首词。

光绪三十一年（1905年）春天，长期奔走在外的王国维回到家乡海宁。他的夫人莫氏原就体弱多病，久别重逢，见她益显憔悴，不禁万分感伤。这首词，可能就是此时而作。

这首词上片前三句写久别归来，后两句写花下看人；下片由上片的执手相看过渡到灯下的互相倾诉，衬出重逢之悲。全词以一个“苦”字引领，情绵长、意哀婉；又以一个“花”字贯穿全篇，情浪漫、意感伤。

这首词一改前人写重逢之喜，而抒重逢之苦，富有浓厚的悲剧色彩。作者以花暗喻妻子，通过写忍受离别的煎熬后回家看到的境况，表达了作者心中愧、悔、爱、怜齐集的复杂心情，抒写了作者对光阴易逝的感叹。

作者简介

王国维（1877—1927年），初名国桢，字静安，一字伯隅，号观堂。浙江海宁人。中国近、现代相交时期一位享有国际声誉的著名学者。

王国维是清末诸生，清光绪二十七年（1901年）留学日本，入东京物理学校。后因病归，任南洋公学虹口分校执事；又任教于南通、江苏师范学堂；授学部总务司行走。民国后，王国维受聘为清华研究院国学导师，一度为清废帝溥仪召为南书房行走。1927年，王国维自沉于颐和园昆明湖。

王国维早年追求新学，接受资产阶级改良主义思想的影响，把西方哲学、美学思想与中国古典哲学、美学相融合，研究哲学与美学，形成了独特的美学思想体系；继而攻词曲戏剧，后又治史学、古文字学、考古学。他平生学无专师，自辟门户，成就卓越，贡献突出，在教育、哲学、文学、戏曲、美学、史学、古文学等方面均有深诣和创新，为中华民族文化宝库留下了广博精深的学术遗产。著作有《观堂集林》《静安文集》《人间词话》《宋元戏曲考》《古史新证》《曲录》《殷周制度论》《流沙坠简》《苕华词》（又名《人间词》《观堂长短句》）等数十种。

施氏食狮史

——通国奇才，试释是事

经典原文

石室诗士施氏，嗜狮，誓食十狮。施氏时时适市视狮[①]。十时，适十狮适市。是时，适施氏适市。施氏视是十狮，恃矢势[②]，使是十狮逝世。氏拾是十狮尸，适石室。石室湿，氏使侍拭[③]石室。石室拭，施氏始试食是十狮尸。食时，始识是十狮尸，实十石狮尸。试释是事。

字词注解

①适：到，去。市：集市。

②矢势：弓箭的威力。

③侍：仆人。拭：擦。

奇文共赏

《施氏食狮史》是我国著名语言学家、“现代语言学之父”赵元任先生于20世纪30年代在美国写的一篇同音文，文章原题《石室施士食狮史》；同时他还用英文写了一篇说明，标题“Story of Stone Grotto Poet: Eating Lions”。1960年，《施氏食狮史》被《大英百科全书》收集在有关中国语言项内。

全文计96字，每个字的普通话发音都是shi。

这篇故事大概讲的是：有一个非常喜欢吃狮子的人发誓要吃够十只狮子，当他得到十只狮子之后才发现原来都是石狮子。

为什么赵元任要用96个音相同的字讲一个看起来有点“无聊”的故事呢？

《施氏食狮史》写于提倡“汉字拉丁化”期间。“汉字拼音化”指的是将拼音文字取代方块汉字。之所以会提出“汉字拼音化”，是因为当时有专家认为，我们国家之所以如此落后和旧的传统文化有关，而方块汉字就属于传统文化；为了拯救中国，就必须要通过清除旧文化和废除汉字才能达到这一目的。

废除汉字的热潮持续了半个世纪之久，然而，生搬硬套的直接后果就是水土不服，导致很多人都接受困难。就连许多原先支持“汉字拉丁化”的人也纷纷倒戈，逐渐认识到这种改法根本行不通。

赵元任的这篇《施氏食狮史》，就是在这种背景下出现的。至于赵先生写作这篇文章的目的，当时学界出现了两种截然不同的解读。

有人认为，赵元任写这篇文章，是为了说明汉字拼音只能用在白话上，而不能用在文言文上。这篇文言作品在阅读时并没有问题，但当用拼音朗读本作品时，问题便出现了，这是古文同音字多的缘故。赵元任希望通过这篇文字，引证中文拉丁化所带来的荒谬。作为相对较早认识到汉字无法完全拼音化的人之一，他的这篇文章，是对汉字拼音化提出质疑。

其实，这里面存在一种误解。赵元任是汉字拼音化的支持者，《施氏食狮史》限制性地使用一组同音异形的汉字来行文，他是用这种在现实口语中根本不会出现的情况，来反面证明汉字拼音化的可能性。

后来赵元任自己也特地解释说，他写《施氏食狮史》，是为了说明在某些有限的用词场合比如自然科学、工农商等学科领域内，是可以使用罗马字拼音的。

随后不久，赵元任为了证明《施氏食狮史》中同音不同字的创作并不是偶然发现的，又再次写出了一篇《季姬击鸡记》：

季姬寂，集鸡，鸡即棘鸡。棘鸡饥叽，季姬及箕稷济鸡。鸡既济，跻姬笈，季姬忌，急咭鸡，鸡急，继圾几，季姬急，即籍箕击鸡，箕疾击几伎，伎即齑，鸡叽集几基，季姬急极屐击鸡，鸡既殛，季姬激，即记《季姬击鸡记》。

此文以同样的文章风格，同样是讲述了一个故事，再度向世人展示汉字的精妙绝伦。

赵先生曾把汉字中同音多意的特点，比喻为承载冰激凌的蛋筒，每一个蛋筒上都有可能放上多种不同味道的冰激凌，就如同每一个同音字必须要由声调来区分一样。

其实，赵元任要阻止的是“汉语完全拼音化”。汉字因为具有独特的形成环境和演化历史，具备了其他文字无法取代的文化内涵。汉字极具民族性和习惯性，汉字不同于拉丁字母，它是一个象形文字，这是一个国家的文化表现，也是中文华化五千年的精髓。

事实上，汉语不能完全拼音化很大程度上还是取决于我们的文化传统，我们的同音字太多，不适合拼音；而如果我们不考虑现实，干着移花接木的事情，一定会闹得天翻地覆。

从我国现如今文字的发展和普通话的普及中，也能够证明赵元任的坚持的确是明智之举。

正因如此，著名语言学家、语言教育家罗常培这样评价赵元任：“他的学问基础虽然是数学、物理学和数理逻辑，可是他对于语言学的贡献特别大。近三十年来，科学的中国语言研究可以说由他才奠定了基石，因此年轻一辈都管他叫‘中国语言学之父’”。

作者简介

赵元任（1892—1982年），字宣仲，又字宜重。原籍江苏武进（今常州），生于天津。现代著名学者、语言学家、音乐家。

赵元任是清朝著名诗人赵翼的后人。1910年，年仅18岁的赵元任参加庚子赔款留美考试，取得了第二名的好成绩，同胡适坐上同一艘船赴美，一同进了康奈尔大学。大学期间，他选修了物理学、机械学、哲学、逻辑学、语言学、音乐等课程。事后证明，他在主修和全部副修领域都成名成家，简直是天才。

赵元任先后任教于美国康乃尔大学、哈佛大学，中国清华大学、中央研究院史语所，以及美国夏威夷大学、耶鲁大学、哈佛大学、密歇根大学，后长期（1947—1963年）任教于加州大学伯克利分校并在伯克利退休。

他被胡适点评为“留美人物第一”，与梁启超、王国维、陈寅恪并列为清华“四大导师”。

赵元任是中国现代语言学先驱，被誉为“中国现代语言学之父”；同时也是中国现代音乐学之先驱，“中国科学社”的创始人之一。

学术界公认赵元任是我国全面利用现代语言学理论方法研究中国语言，并取得世界性声誉的第一人。他在语言学方面的代表作有《现代吴语的研究》《中国话的文法》《国语留声片课本》等。

赵元任在音乐方面的代表作有《教我如何不想她》《海韵》《厦门大学校歌》等；翻译的代表作有《爱丽丝梦游仙境》等。

赵元任是一个通国奇才，物理、数学、逻辑学、心理学、哲学、文学……样样在行。人们想不出有什么合适的词才配得起这样一个鬼才，只能说他是一个“文艺复兴式的智者”。

赵元任本人的性格极好，说话风趣而不刻薄，和蔼可亲，遇事超然，从不与人大声争吵。无论是道德、风采、修养，还是学问、文章，均得到国际公认。美国语言学界有一句话，叫“赵先生永远不会错”，可见其学识之渊博。